给孩子们做讲座

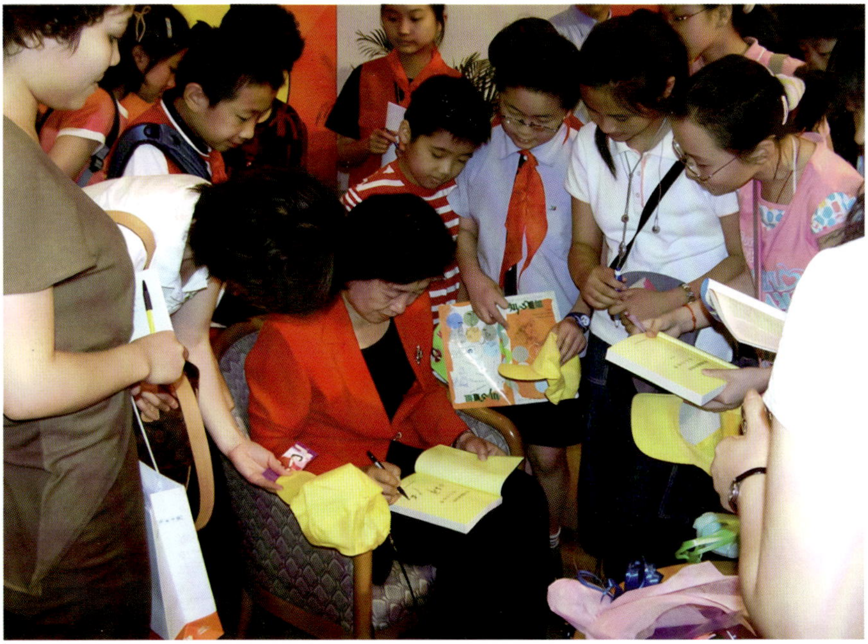

为读者签名

与地震灾区来京就读的孩子们合影

与孩子们合影

# 好父母 好孩子

HAO FUMU HAO HAIZI

卢勤 / 著

漓江出版社
· 桂林 ·

图书在版编目（CIP）数据

好父母 好孩子 / 卢勤著 .—桂林：漓江出版社，2021.1

ISBN 978-7-5407-8701-1

Ⅰ.①好… Ⅱ.①卢… Ⅲ.①家庭教育 Ⅳ.① G78

中国版本图书馆 CIP 数据核字（2019）第 131895 号

好父母 好孩子

作　　者 卢　勤

出 版 人 刘迪才
策划编辑 文龙玉
责任编辑 章勤璐
封面设计 周泽云
封面插图 白云轩主人
责任监印 黄菲菲

出版发行 漓江出版社有限公司
社　　址 广西桂林市南环路 22 号
邮　　编 541002
发行电话 010-65699511　0773-2583322
传　　真 010-85891290　0773-2582200
邮购热线 0773-2582200
电子信箱 ljcbs@163.com
网　　址 www.lijiangbooks.com
微信公众号 lijiangpress

印　　制 香河县闻泰印刷包装有限公司
开　　本 710 mm × 960 mm　1/16
印　　张 17.25
字　　数 230 千字
版　　次 2021 年 1 月第 1 版
印　　次 2021 年 1 月第 1 次印刷
书　　号 ISBN 978-7-5407-8701-1
定　　价 39.80 元

# 目录

Contents

# 序一　家庭教育事关千家万户的幸福

徐惟诚

生孩子，把孩子养育成人，是一件喜事，快乐的事。从母亲怀孕开始，就会得到家人和亲友的祝福、祝贺，然后父母就开始各种忙碌，自然是带着喜悦的忙碌。孩子的身上，寄托着父母的全部希望。

教育孩子又是一件苦恼的事。许多做父母的人费尽了心血，培养出的孩子却总不能如自己所愿。有的孩子越学越不爱学习。有的父母节衣缩食尽量满足孩子的各种需求，孩子却满不在乎，甚至仍然对父母不满。有的父母的谆谆教诲被孩子视为啰唆。有的父母被自己的孩子瞧不起。他们问：现在的孩子怎么啦？他们想，自己小时候可不是这样的。

许多孩子也觉得苦恼。为什么作业越做越多？为什么怎么努力也不能让大人满意？为什么许多好的想法不能被理解？

进入新世纪，这样的矛盾会不会更尖锐？

进入新世纪，这样的矛盾是不是应当得到比较合理的解决？

卢勤的这部作品，就是为解决这样的矛盾问题所做的努力。

现在做父母的人，当然都是在上一个世纪中成长起来的。他们要在新的世纪中教育孩子。这些孩子将要在新的世纪中生存、发展，创造自己的幸福。

以过去获得的知识和经验教育今天的孩子，期望他们在未来的世界中获得成功，这是教育中的永恒矛盾。在社会以空前的速度向前发展的今天，这种矛盾显得更加尖锐。这就要求为人父母者首先必须具备正确的儿童观。

什么是儿童?

第一，儿童是人，是独立存在的人。不能把孩子当成是一件东西、一件玩具，也不能把他们当成任由大人支配的附属品。

第二，儿童是在成长过程中的人。在他们成长的每一个阶段，都有其独特的规律。不能把他们当成大人那样去对待，去要求，否则就是不切实际，必然事与愿违。

第三，儿童终究要成长为大人，他们终将独立地生活。我们的全部教育工作都是为了这样的目标，所做的教育都应当有利于他们自己能独立应付各种问题，能创造和保卫自己的幸福生活，而不是助长他们的依赖心、不思进取心和懒散心。

有了正确的儿童观，还需要进一步了解当代少年儿童所处的客观环境和过去相比发生了哪些变化，这些变化在孩子身上产生了哪些影响，时代对今日中国少年儿童提出了哪些新要求，为他们的成长提供了哪些新的条件，如何根据少年儿童的认知规律以及非智力因素形成的规律，采取适当的教育措施来帮助他们健康成长。

在这些方面，卢勤有独到的长处。她作为《中国少年报》的“知心姐姐”，多年来同广大少年儿童有密切的联系。她又是一位热爱孩子的人，一说起孩子的事，眼睛就放光，浑身就来劲。她对孩子说知心话，又能倾听孩子说话，孩子们也乐意把知心话说给这位姐姐听。她自己是一位成功的母亲，多年来又在全国各地为家长们做了大量的咨询工作，积累了丰富的经验。

她相信孩子、信任孩子，相信每个孩子身上都有可贵的积极因素，增加这些积极因素就一定有助于减少消极因素。

她善于发现孩子身上的积极因素，并且善于培育这种积极因素。

她热情鼓励孩子树立自信，把这种自信看作克服困难、战胜挫折、抵御不良诱惑的强大动力。

她重视培育孩子的责任感，培育孩子的爱心，在这个基础上让孩子形成正确的道德观。

她懂得人的正确认识归根到底只能来源于实践，因此必须设计各种有利于儿童健康成长的实践活动，让孩子自己在实践中经受磨炼，增长才干，得到体验，而不能只靠片面的灌输。

这些宝贵的认识在她的这本书中随处可见，而且有许多实际事例为证，很便于广大家长结合孩子的实际情况参考借鉴。

新世纪为我们伟大的民族提供了再次振兴的机遇。民族的复兴要求民族素质的提高。新世纪也向我们的民族提出了严峻的挑战。严峻的挑战也是对民族素质的考验。民族的未来，千家万户的幸福，都要求我们把家庭教育搞得更好。这是一个需要更多的有志者从事耕耘的领域。我们高兴地看到，这些年已经出现了许多可喜的成果。我们希望，已有的成果能更普遍地被家长们掌握、运用，还有更多的新成果不断地创造出来。

（作者为中宣部原常务副部长、中国家庭文化研究会原会长）

# 序二　最重要的是教孩子学会做人

柳　斌

人活着，总要做点事。无所事事，虚度年华，是最没有出息、最没有价值的。

做点什么事呢？做点令人满意的事，做点对人民有益的事，做点使他人生活得更美好的事。一句话：做点好事，不做坏事。

做好事不容易，一辈子做好事、不做坏事更不容易。能不能做到，要看一个人的综合素质。有了知识，有了基本的技能，就能做事，但不一定就能做好事。做事能否有益于人民，关键在于是否有理想、有道德、有良好的品格和行为习惯。因此，只做好事，不做坏事，其根本还在于要学会做人。

早期智力开发，无疑是十分重要的。但早期思想、品德及情感的培养，早期行为习惯的养成，则更为重要。因为它为一个人的成长和发展确定方向并提供动力。

少年儿童时期是一个人发育成长的重要阶段，在这个阶段，要教他们学会求知，学会做事，学会健身，学会审美，学会创造，但尤其重要的是要教他们学会做人。从不会做人到会做人是一个过程，这个过程的基础阶段就是少年儿童阶段。

少年儿童的“知心姐姐”卢勤为小朋友们、家长们和老师们献上了一份精美的礼物。卢勤以她贴近儿童、贴近生活、贴近实际的写作风格，针对大家十分关心的少年儿童教育的重大课题，娓娓动听地讲述了自己独到的见解。我相信这本书一定会成为广大读者的良师益友，也一定会受到少年儿童工作者和家长们的热情欢迎。

（作者为教育部原总督学）

# 引言　我们拥有同一个名字

这是我站在一所“家长学校”的讲台上说的第一句话。

那天，我第一次以一个孩子母亲的身份和《中国少年报》“知心姐姐”的身份，向小学生们的家长敞开我的心扉。那次到场的家长90%是妈妈。

我对他们说：天底下最平等的称呼就是“家长”。无论你职务高低、年龄大小，在孩子眼中都是家长。我们当妈妈的，在孩子心目中，究竟是个好妈妈，还是个不称职的妈妈？我们应该怎样做个好妈妈呢？

于是，我站在孩子的角度，用发生在妈妈和孩子中间的真实故事，向年轻的妈妈们讲述了当今家庭教育中的五大误区、当代孩子的六大需求和适应未来社会的五种能力，以及如何帮助孩子走向成功……

场上鸦雀无声。

我本想，妈妈爸爸的工作都十分繁忙，一定有不少人来不了，一定有不少人中途退场……然而，当我从“家长学校”的讲台上往下看时，上千人的会场竟座无虚席；三个多小时的讲话，竟无人退场。我不禁激情荡漾！

当我结束讲话时，场上掌声雷动，久久地在我耳边回响。

散场时，天已经黑了。可许多年轻的妈妈仍在门口等候我，有的眼含热泪，向我提出很多教子中的困惑。

几天后，校长交给我厚厚一摞“听后感”，字里行间渗透着妈妈们的反省与期待，抒发了妈妈们的情和爱。

读着一篇篇感想，我被感动得热泪盈眶。孩子，在妈妈的心中占有多么重要的位置！

小时候，我曾看过一部电影，叫《可怜天下父母心》；今天，我要说“可敬天下父母心”！

每当我走进孩子们的世界，听孩子倾诉心中的秘密、议论妈妈时，我感到，“妈妈”这个称号，对孩子是多么重要，他们多么希望妈妈能了解自己，成为他们的朋友啊！妈妈的教诲，将影响他们的一生；妈妈的失误，也会贻误孩子们的前程！

每当我走进妈妈们的世界，听妈妈倾诉烦恼、谈论孩子时，我感到，“孩子”这两个字，对妈妈是多么重要，她们多么希望孩子能了解妈妈的心，成为妈妈的朋友！孩子的每一点点进步，都会让妈妈激动得涕泪纵横；孩子的每一点点过失，都使妈妈痛苦得彻夜难眠！

于是，我找到了一个新的位置。

作为一个孩子的妈妈，作为全国少年儿童的“知心姐姐”，我想我应该成为联结孩子和妈妈的桥梁，不仅要成为孩子们的知心朋友，也应该成为年轻妈妈的知心朋友。

就这样，在全国妇联原副主席、第一书记黄启璪的建议下，我把我的心里话写成文字，献给每一位年轻的妈妈。

# 第一章　当代家庭“三人行”

一年春节，我和高中同学聚会。昔日的老同学一说起他们正在上学的孩子，一个个都唉声叹气。

一个同学对我说：“我们这代人上要照顾老，下要照顾小，好不容易把儿子养到十几岁，上了高中，竟然跟我们没话说，和他爸爸更是一见面就吵。儿子整天把自己关在房间里，不许我们进他的屋。我要是想跟他说句话，也只好写个纸条从门缝塞进去。我真是又难过又憋气。你是知心姐姐，你说说，我们跟儿子的关系怎么才能改变？”

她的话引起了大家的共鸣，许多同学都把目光投向我。我沉思着，眼前仿佛出现了一个男孩设计的《家长报》。

这个男孩是北京崇文小学四年级的学生。在一个飘雪花的日子，他的班主任徐老师请我去为同学们自办的小报评奖。让学生自己办报的建议是我提出的：每个同学都设计一张小报，每天贴一张，这样就等于出“日报”了，还让孩子们都有成功的感觉。如今，孩子们的报纸真的办起来了，我当然要去祝贺。

评比会开得十分热烈，五彩缤纷的小报展现在眼前，那些充满童趣的图画、别出心裁的设计，令人目不暇接。作为评委，我真不知道评哪张优秀才好。可以说，45张小报，张张都是那么出色。其中给我印象最深的，是一个男孩设计的《家长报》的报头。图案由涂实的红、绿、蓝三个圆组成，红色的在上，绿色、蓝色的在下，三个圆交叉在一起。

“能不能谈谈你的设计思想？”我认真地向小设计师发问。

男孩子站起来，神气十足地说："红圆代表我，绿圆代表我妈，蓝圆代表我爸。红圆与绿圆交叉的地方，说明我妈爱我，我爱我妈；红圆与蓝圆交叉的地方，说明我爸爱我，我爱我爸；绿圆与蓝圆交叉的地方，说明我妈爱我爸，我爸爱我妈！"

"太好了！"我禁不住为他的想法拍手叫绝。

教室里忽然响起热烈的掌声，鼓掌的是孩子们！

从这个男孩的设计中，从孩子们的掌声中，我理解了他们，他们需要自己独立的世界，他们把自己看成是和父母完全平等的。在他们心中，家庭是由三个完全平等的世界组成的，每个世界都是独立的，又是交叉的，也是互相支撑的。他们骄傲地把自己的世界设计成红色，而且放在上面。他们知道，自己是父母心中的太阳，是父母爱情的结晶。他们多么需要父母的爱，多么渴望与父母沟通！

孩子们的设计意图，向我们做父母的表达了这样的心愿：相互依托，相互合作，相互沟通。这应该是当代"三口人"之家，也就是独生子女家庭应该具备的人际关系。

假如让爸爸妈妈画一张家庭关系图，我相信，大部分父母都会在一个大圆里画上小圆，代表一种包容、从属的关系。在父母的心目中，孩子属于我，我可以主宰孩子，孩子必须服从我，我可以给你好吃的、好喝的、好穿的、好玩的……管你喜欢不喜欢，"爱你没商量"。

而如今，"三人世界"的家庭并不太平并不和睦，有的"三人世界"竟然发生对抗，甚至发生"战争"！

为此，大人伤心痛苦，孩子也觉得活得很累。

怎么办？怎样把对抗变为对话？怎样实现沟通？

我想，最重要的是：相互理解，相互尊重，相互学习。

## 一、我们是怎样的一代

当今父母应该意识到，家庭是孩子的第一课堂，也是终身课堂。在21世纪，变是唯一不变的真理。变是常态，不变是病态。因此，家庭教育要跟上变化的时代，父母就要重新学习，重塑自己。我们精心培养的孩子，终有一天要走向社会，要接受人才市场的挑选。而在人才市场上，孩子面对的已经不再是纸制的试卷，而是一道道生活的实践题，他答得怎么样，要看他是如何对待生活的。

今天的父母比以往任何一代父母都更加关注孩子的教育。

我自己感受到家庭教育的热度，是从我写的《写给年轻妈妈》一书的发行中体验到的。这本书三年内印刷46次，发行量达到213万册。为此《中国青年报》发表了一篇报道，题目是《一本书引出一股热潮——年轻父母渴望家教知识》。文章中说：

……很多家长连夜读完了这本书，含泪给作者和出版社写去了自己的感想。北京太平路小学学生家长赵燕华在信中说：“这本书写得太好了，许多章节催人泪下，它像一面镜子，鉴别出我做母亲经历中的对与错，它是开启年轻母亲们走进成功教子之门的一把钥匙。”很多小学生也纷纷写信或打电话告诉“知心姐姐”，他们的爸爸妈妈看了书后的确变了。一个同学说，他们年级最近进行了考试，由于题目有点偏，大多数同学没有考好。他们像往常一样准备好了回家挨揍，但是出乎意料地没有一个人挨打。他代表全体同学给“知心姐姐”鞠躬，谢谢“知心姐姐”改变了他们的父母。

一本有关家庭教育的书，在社会上竟然引起如此之大的反响，是出版界甚至作者本人都始料不及的，它从一个侧面反映出一个巨大的社会需求：家长们渴望了解孩子，渴求家教知识。

这种渴望，并非“中国特色”，它也带有很强的国际性。

几年前的一天，一位名叫侯明的年轻女士来找我，她说，她在美国攻读博士学位期间，考察了美国的家教，撰写了一部书稿《美国人的家庭教育》，希望由我来写序。

我对她说：“我感谢你对我的信任，但写序最好请德高望重的人，我是一个普通人，从未写过序。”

侯明非常诚恳，我答应看了再说。看完书稿，让我惊讶的是，书中大量发生在美国家庭的故事，好像就发生在我们身边。如果不是书中的孩子叫“艾米”“卡特”“杰西卡”……我甚至忘记了这是一本介绍美国家庭教育的书。

这种相似并非偶然。孩子的成长始终是与社会经济的发展、与他们生存的环境不可分的。美国社会在 20 世纪 60 年代经历了一段大动荡，主要根源在于 60 年代成熟起来的年轻人。这批青年成长的过程中，美国经历了其历史上最辉煌的发展年代。经济与综合国力的强盛给整个美国社会带来了极大的变化。人口向大中城市的集中，家用电器在一般家庭中的普及，人均收入的迅速增加，社会公共福利的改善，都象征着一个民族富裕时代的来临。物质相当丰富的社会大环境无疑为青少年的成长与教育带来了根本性的变化，小家庭独居代替了大家庭相邻相伴的格局，孩子们与祖父母、亲戚的关系由朝夕相处转为节假日相逢，电视、网络等阻碍了孩子与社会的更多接触，其结果是孩子对小家庭的依赖增强了，同时又使孩子失去了以往与大家庭直接相连的安全感。

在家庭中，孩子的地位也有很大变化。往日贫困生活所加在孩子身上的责任与义务渐渐被淡化，多数孩子不必为家庭的温饱操心，父母对孩子的期望更多地转向孩子的未来，希望他们做好学生，将来有好出路，并不要求他们为家庭做什么贡献。社会经济的增长，也为他们提供了更多的物质享受的选择。在这样的环境下，他们渐渐丧失以往因为能替家庭做贡献而带来的自豪与自信，取而代之的是以我为中心的个人主义与孤独感。美国的父母终于觉醒，开始注意培养孩子的独立生存能力，并从各方面给予关心。

这种情况，与我国的现状有相似之处。这个现实，给今天中国的家庭教育带来三个变化。

**1. 家长的心态变了**

这一代家长对孩子的成败带有“下赌注”的感觉，自己承受过的苦难，转化为强烈的补偿心理和惧怕心理，对孩子的培养表现出“四过”：过高的期望、过分的关心、过多的呵护、过分的保护。这使得这一代孩子中有不少人出现“三无”：无情、无能、无责任感。

**2. 孩子成长的环境变了**

孩子的成长环境由“儿童世界”转化为“成人世界”，成人对孩子的影响在加大，孩子对成人的依赖心理在加大，同时孩子与成人的矛盾也在加大。

**3. 孩子的生活内容变了**

今天的孩子基本上是在电视机和电脑前长大的孩子。虽然住房的空间越来越大，但孩子与父母沟通的时间却越来越少。慢慢地，孩子向父母关闭了心灵的大门，形成了不健康的心理。

中国的父母已经意识到，家庭是孩子的第一课堂，也是终身课堂；家庭教育要跟上变化的时代，父母就要重新学习，重塑自己。于是今天，家庭教育呈现出三大渴求：孩子渴求现代父母，父母渴求现代家教，社会渴求现代人才。

## 孩子渴求现代父母

新世纪当父母真难。

几年前，上海浦东三林镇妇联的“母亲素质大调查”调研活动曾遇到这样的情况：一边是母亲盼子成才的沉甸甸的爱，一边却是孩子对这份母爱的排斥和抗拒。

这个以全镇近千名学生为对象的调查，结果令母亲们大吃一惊。认为母亲缺乏魅力、语言粗俗、思想平庸的占 31.5%；认为母亲要加强学习、提高自身修养的占 75.8%；希望母亲改变教育方式，和他们多交朋友的占 80.2%；要求母亲尊重个人爱好，给予独立成长空间的占 80.2%。而另一方面，仅有 3.7% 的学生能接受母亲现行的教育方式，认为母亲能令自己敬佩、仰慕的仅占接受调查者总数的 7%。

从调查中可以看出，孩子们心目中理想的母亲形象，远远超过传统的“慈母形象”。他们理想的“现代母亲”可以概括为五个一点：懂一点电脑，化一点淡妆，少一点说教，露出一点微笑，多给一点空间，以及有气质，爱学习，像个朋友一样。

孩子们的要求并不过分。时代在变，孩子在变，孩子衡量父母的尺子也在变。

可是让传统的父母一下子变为“现代父母”，难度还是挺大的。当孩子们向我诉说对父母的“不满”时，我常常让他们对父母多一点体谅和宽容，可孩子们有时并不服气。

我的一位女友和上中学的儿子关系闹得挺僵，请我去调解。一天，我去她家，单独会见她的儿子。这个大男孩上小学时参加过我组织的夏令营，对我很热情，也很乐意和我聊。

“我妈对别人客客气气，对我却总是大发脾气。每天我妈下班一回来，我打开门，只要见她脸拉得老长，我便立刻跑回自己的房间，把门关紧，省得挨骂。”说着儿子举出几件实例。

“你妈也不容易，她在单位是领导，操心的事不少，她回家又要做饭，照顾你，够累的，爱发脾气可能是到了更年期……”

“更年期？”没等我讲完，男孩就迫不及待地接过话头，“自打我上学，我妈脾气就这么坏，更年期怎么这么长？您给我来个倒计时，更年期哪天结束，我也好有个盼头！”

我忍不住笑起来。

我很同情这个男孩，事后我对他妈妈说，我们不能怪孩子不理解我们，我们也该改变改变自己了，尽管改变自己不容易。平时，我们很在乎孩子的物质要求，注重对孩子生活上的照顾，却忽视了孩子的内心情感世界，特别是忽略了自己在孩子心目中的形象定位。

后来我这位女友听到儿子对她的看法，说了句：“如今当父母真难，我们小时候哪有那么多事！”可她还是答应，要改变自己对孩子的态度。

从另一个角度看，新世纪当父母真好。

孩子离“现代”两字近，在越来越丰富的信息时代中成长。家里有一个上学的孩子，就会时常带进来信息时代的气息，使我们跟上时代的步伐。

时代在变化，今天与昨天不同，明天与今天也不同。尤其当数字化、网络化、全球化这些新的名词和新的概念闯入我们的生活后，我们天天都能感受到科学技术的发展给人类生活带来的巨大变化。这些变化不仅包括我们所使用的许多产品不断更新换代，使用周期越来越短，也包括我们所学的知识与技能，随着社会的变革，贬值得越来越快。我们祖祖辈辈沿袭的教子模式，越来越不适用于今天的孩子。特别是当我们进入信息时代后，生活方式发生了巨大的变化。以后我们可能身上只带一张卡片，就可以走遍全球。人们将越来越感到学习新知识、新技能的重要，没有学习能力，就寸步难行。

孩子们天天在用现代的眼光审视我们，促使我们去学习新东西，促使我们朝时代潮头靠近，这是多么好的事情啊！在21世纪，变是唯一不变的真理。变是常态，不变是病态。因此，作为21世纪的父母，我们需要改变一下自己，用21世纪的尺子来量量自己，学点新知识，变个新形象，努努力，当好“现代父母”！

## 父母渴求现代家教

几年前，一位年轻的妈妈曾向我讲述了一件让她困惑的事。

女儿上初中了，整天蹦蹦跳跳，爱吃爱玩，对东西很不爱惜。新买的衣服，穿几天就不喜欢了，扔到一边不予理睬，对家人也漠不关心。

妈妈准备对女儿进行一次“忆苦思甜”教育。她花了400元，买了两张票，陪女儿去看芭蕾舞剧《白毛女》。

看后，她问女儿有什么感想，女儿想都没想就说：“喜儿去当白毛女，我看是让她爸逼的。借债还钱本来就是天经地义的事，杨白劳借了黄世仁的钱，为什么不早点儿还给人家，逼得女儿躲进山里？喜儿也够傻的了，黄世仁那么有钱，嫁给他算了，干吗要到深山老林去当白毛女？”

女儿的回答让妈妈目瞪口呆。

“我女儿好像是从另一个星球来的，怎么什么也不懂，真拿她没办法！”

这位妈妈困惑了。自己小时候看《白毛女》电影时，为喜儿流了那么多眼泪，恨死了黄世仁，可今天同样的故事，孩子怎么看不懂了呢？

我对她说，孩子不懂历史，又没有体验，她不知道今天的好日子是怎么来的，当然会产生这么幼稚的想法。

让孩子们了解历史，了解父母所经历的风雨，是孩子理解父母、宽容父母的前提。

别怪孩子不懂事，社会存在决定人的意识。孩子认识世界往往是通过自己切身的体验来完成的。父母要让孩子尊重自己、孝敬自己，除了要教会他们做人的责任，更重要的是让他们了解我们曾走过的路。与其把自己的感受告诉孩子，不如让孩子获取自己的体验。我相信，善良的孩子一旦体验到了父母的不易，便会发自内心地敬佩父母、体谅父母；一旦了解了过去的苦难，便会珍惜今天的幸福。

什么是“现代家庭教育”？李岚清同志曾做出过科学的论述：“家庭教育应当由经验育人向科学育人转变，由片面注重书本知识向注重教孩子正确做人转变，由单方面命令向平等沟通转变。”

看来，不断学习是父母们的必由之路了。

## 社会渴求现代人才

在知识经济社会里，人才是最需要和最珍贵的资源。当今世界，随着社会经济和科学技术的飞速发展，全球各国、各个地区间的经济联系和相互依存越来越密切，世界市场正在加速形成。因此，人才的争夺也趋于全球化，全球都需要高素质的“现代人才”。

在这种人才争夺全球化的推动下，教育越来越受到各国的重视。学校、家庭、社会作为教育的三大支柱，不断发生变化。这些变化，关系到孩子的成长，牵动着每个家庭。

我们精心培养出来的孩子，早晚有一天要走向社会。他们走向社会之时，首先要接受人才市场的挑选，所以，父母都不得不关注这个市场的“行情”。

当今，人才市场有三个变化特别引人注目。

**1. 由单向选择变为双向选择**

以前，没有人才市场，大学毕业生由国家统一包分配。毕业生只要“一颗红心，两种准备”就可以了，只要“服从分配”就可以走上工作岗位。在单向选择中，用人单位也只能是“爱你没商量”“厌你没办法”，不要也得要。作为毕业生，不想去也得去，否则要按“不服从分配”论处。

当今市场经济下，人才市场是双向选择。单位有权选择大学毕业生，大学毕业生也有权选择单位。学生从学校毕业，不是填写毕业分配表就可以找到工作，而是要接受人才市场的严格挑选。

对毕业生来说，他们同样有了择业自由。愿意去的单位，你可以去争取，不愿去的单位也没人勉强你一定要去，真可谓“海阔凭鱼跃，天高任鸟飞”。

这些变化，给毕业生、家长和社会都带来了活力，同时也带来了压力。

**2. 从看重“硬件”到看重素质**

我所在的单位在国际展览中心附近，每逢那里举办应届大学毕业生就业人才交流会，就会出现塞车现象。我常常到交流会上参观，用“人山人海”来形容交流会的盛况一点儿也不过分。

以前，招人单位看“硬件”的多，问的问题也大多是这样的：“是本科吗？”“是研究生吗？”“有北京户口吗？”近年来，用人单位更注重应聘人员的素质，尤其是心理素质，而大学毕业生更看重用人单位对自己价值的判断。

北京一所学院在校内举办了人才招聘会，有近百家公司参加，也吸引来不少外校的学生。在人头攒动的招聘会现场，一个应届毕业生拿着自荐书高声喊道：“我要到湘潭电机集团工作！”周围同学的目光都对准了他，但他没有胆怯，又喊了两声。正当人们疑惑不解时，正在现场招聘的湘潭电机集团人事部负责人说：“好，就要你了！”随后与这位同学签订了求职意向书。

这位人事部负责人说，他们这次招聘的是销售人员，需要应聘者具有良好的心理素质。前来报名的大学生不少，但真正具有开拓精神的人并不多。从学生的推荐材料来看，符合他们招聘条件的有十几个人，而敢于当众大喊三声的只有几个。最后，他们就录取了这几个人。

他还说，这种招聘方式可能并不完善，却是对以前招聘方式的一个反思。过去招人，过分看重学生的学历和成绩，有些成绩优秀的学生在实际工作中并不出色，甚至能力欠缺。所以，现在招人，在学历合格的条件下，更看重学生的实际能力。

社会上已经有很多人意识到了“分数不等于能力”这一道理。一位中学校长深有感触，他说：“两个学生来我校实习，一个是学习尖子，但管理能力差，他管的班乱哄哄的，学生根本不听他的；而另一个学习成绩中等的学生，有创造性，很会管理，学生喜欢他，他管理的班很快成为优秀班集体。你说这两个学生我要谁？当然要第二个。我要的是会教课的老师，而不是只会考试的学生！”

**3. 从注重笔试到注重面试**

凭着一张试卷可以进入大学，但凭着一张试卷就能进入工作岗位的时代已经过去。你要想得到你向往的职位，很重要的一关是通过面试。

在现在的人才市场上，用人单位越来越注重面试，甚至面试胜过笔试。这是我通过拜访择业的成功者得出的结论。

小音毕业于北京外国语大学英语系，理想是到某大银行去工作。这家世界著名的银行需要既有金融专业知识又有外语专长的人，而小音不懂金融，只懂英语。这次招聘，人家只录用十个人，报名的人竟有一千多！可是，在“强手如林”的竞争中，小音却获得了成功，成了那百分之一！

“那么多人竞争，你是怎么成功的呢？”我问小音。

“我过了三关，”小音说，“第一关是问我的经历。问我从小学、中学到大学都干过什么，当没当过干部，参加过什么样的社会活动，组织过什么社团……问得可详细啦！我做过学生会工作，所以这一关的通过占了不少便宜。第二关当然是笔试，很容易的，一般人都能过！”小音得意地说：“不过，最难过的是第三关。”

“为什么？”

“第三关是面试。面试最难，因为你摸不透他们要考你什么。实际上，从一进入面试室，主考官就开始留意你的一切了，比如走路的姿态好不好啦，目光是不是自信啦，说话的表情怎么样啦……通过你的不设防，他们可以更多地了解你身上的东西。当时，一位考官问我：‘你为什么要到我们银行来？’这个问题可难不倒我，因为我事先早做了充分的准备，对这家银行的百年历史了解得非常清楚，所以对答如流！”小音说到这里，眉目间透着那么多自信。

“考官接着问我：‘如果你能来我们银行，希望做什么工作？’说实话，我并不愿意到前台去收银，我希望到后面搞联络，我的口语好，擅长与人交往，这样可以发挥我的优势。但是，如果我这样讲，人家肯定会认为我有缺陷，所以我回答说：‘干什么我都能够胜任。’”

一位进入国家机关的博士生告诉我他应聘的故事：

在等待招聘结果的时候，用人单位的领导找他谈话：“你的各方面成绩都很优秀，但这次的名额只有一个，所以很遗憾，你没有被录取。”这位博士生当时想也没有想，马上说：“没有关系，我很有实力，今年没考中，明年我还来考。”

“没想到，这是最后一道考题，我被录取了！”博士生讲到这儿笑了。

他们的故事给我们这样的启示：人生的答卷不是背出来的，而是靠实力做出来的。

在人才市场上，你的孩子面对的已经不再是纸质的试卷，而是一道道生活的实践题，他答得怎么样，要看他是如何对待生活的。

作为父母，你企盼孩子成功，就把他培养成一个热爱生活、具有良好素质的人吧！

有的父母只注重自己孩子的考试分数，忽视了对孩子进行做人与做事的教育，对待孩子是以分为本，而不是育人为本，结果培养出来的孩子，只会做题，不会做人也不会做事。这样的孩子在考场上也许能得高分，可在人生的舞台上却会失分。

一个重点中学的学生每天晚上挑灯夜战，拼命读书，可是却让妈妈每天观看电视剧时记住剧中的情节，第二天早晨讲给他听。他到了学校，又添油加醋地讲给同学听，好像他每晚沉迷在电视机前一样。一些同学抵不住“诱惑”，晚上坐在电视机前看电视剧，成绩受到很大影响；还有的同学见他每天看电视剧成绩还是稳居前列，觉得他聪明过人，从而失去了与他竞争的信心——而这一切正是他想要达到的目的。母亲以为自己是在帮儿子竞争，实际上是将儿子一步步推向损人利己的泥潭。教育的功能不仅是知识的习得，更应该是道德的完善。这样的学习尖子，我们能说他是好学生吗？这样的母亲，我们能说她是好妈妈吗？

处在经济变革竞争激烈的时代，做父母的不能只注重帮孩子立业，更应该首先注重帮孩子立身。“以学立业，以德立身”须是教育的宗旨。

## 二、父母的误区

我们不能用自己过多的欲望，去扼杀孩子的童年。

有的妈妈像老母鸡一样，把孩子呵护在翅膀下，这使母爱变成了“母害”。

孩子的眼睛就像照相机，每天都拍下父母的形象。

家家户户有杆秤，那秤砣是孩子的心。

肯定的语言，是孩子成长的正信息；否定的语言，是孩子成长的负信息。

### 心理误区——把自己的兴趣爱好强加给孩子

年轻的妈妈，常情不自禁把自己的兴趣、爱好强加给孩子，从而残酷地剥夺了孩子自己的兴趣要求，致使今天生活富足的孩子生活得并不快乐。

有一次，“知心姐姐接待日”开展了营养咨询活动，请了首都各大医院 20 多位营养专家，专为儿童中的“小胖子”“小瘦子”咨询。

一位年轻妈妈，领着一个瘦弱的小女孩来咨询，她问专家，她的女儿为什么这么瘦？专家一问才知道，这个小女孩一个星期天要上三个“兴趣班”：上午学英语，下午学数学，晚上学美术。小女孩坐在那里，不说一句话，目光呆滞。专家结论：孩子太累了。星期天要休息好，不能总是学习。

兴趣班变成了负担班，妈妈的兴趣变成了孩子的烦恼。

我们说，今天的孩子头上压着“六座大山”：妈妈、爸爸、奶奶、爷爷、外公、外婆，一人一座山。每个人都把这唯一的孩子看成掌上明珠，每个人的期望值都很高，每个人都在加码。

孩子很累很累。家人的期望，变成了孩子沉重的负担。

为了圆爸爸妈妈“上大学”的梦，为了不叫父母在人前“没面子”，家里的书桌变成了课桌，温暖的家庭变成了严肃的课堂。

我曾在一所小学搞过调查："小学生最大的烦恼是什么？"无论是学习差的，还是学习好的孩子，都异口同声地回答："作业太多，我们没有玩的时间！"

孩子们的作业堆积如山，有的孩子写到晚上10点，作业还没有写完。因为，除了老师留的作业，还有妈妈的A卷，爸爸的B卷。

许多孩子做作业爱磨蹭，为什么呢？有个男孩曾对我说："我不能赶快写，写完了以后，还有妈妈爸爸的作业呢！我就得磨，一篇作文从早上写到晚上，他们就没办法啦！"

年轻的妈妈也很累很累。除了上班、做饭、洗衣服，还要天天晚上"陪读"，看着孩子写作业。

有份材料曾对"家庭课堂"做了极为生动的描述。

孩子看书看累了，想出去玩一玩，妈妈会说："没出息，傻玩能考上大学？没有文凭，怎么找工作？"

孩子困了，眼皮直打架，妈妈马上递上一杯"雀巢"或一支"蜂王精"，鼓励孩子连续作战。

孩子想看看动画片，妈妈的脸拉得老长。"不行，全家人为你都不看电视了，你还好意思看？"

就这样，在妈妈的统一调度下，全家人始终处于"一级战备"状态，整天做事轻手轻脚，说话小声小气。一切都是为了一个目标：非要孩子爬上象牙塔尖不可。

一天两天，孩子认了；一个月两个月，孩子忍了；一年365天，天天都是压、压、压，终于悲剧在孩子身上发生了。

一个5岁的男孩，因母亲逼着他学弹琴而把自己的手指弄断；一名北京女中学生，因考试成绩不好，跳楼自杀；一名南京大学生，妈妈爸爸都是著名的物理学家，夫妇俩一心想让这唯一的孩子出国深造，于是从小学到大学，天天看着儿子学，逼着儿子学，不给儿子一点自由，儿子被压得喘不过气来，终于忍无可忍，就在过22岁生日那天，用皮带勒死了自己的妈妈和爸爸！

失去的梦，是找不回来的。

我们不能用自己过多的欲望，去扼杀孩子的童年。

失去了童年，会给人的一生带来许多不幸。是谁剥夺了孩子们的童年呢？

我们当妈妈的，是不是应该认真想一想呢？

## 定位误区——当母爱变成“母害”

由于我们只拥有一个孩子，许多年轻妈妈产生了惧怕心理：生了男孩怕学坏，生了女孩怕受害。

年轻妈妈就像老母鸡一样，把孩子呵护在自己的翅膀下，整天提心吊胆，不敢离开半步，生怕失去自己唯一的“宝贝”。不知不觉，步入了教育的一大误区。

于是，母爱变成了三点水加一个“弱”字的“溺”爱，母爱变成了“母害”。

溺爱主要表现为三种类型。

**1. 代替型**

一所学校通知学生打扫卫生，只见妈妈们拿着扫帚、抹布和铁锹，成群结队来到学校，她们怕孩子累着，亲自出马上阵了。当有人问一位年轻妈妈：“你孩子在家做家务吗？”那位母亲毫不含糊地回答：“疼还疼不过来呢，还让他做家务？”

孩子去参加活动，家长陪伴的阵容十分吓人。某大报曾登出一张小学开运动会的照片，围观的家长比学生还多。照片题目是：是谁在比赛？

每天，孩子的书包，妈妈代替收拾；孩子的铅笔，妈妈代替削尖；孩子的钢笔，妈妈代替灌水；老师告诉孩子的事，妈妈全替孩子想着。有一天，一位二年级班主任批评几个没带齐用具的学生，几个孩子都埋怨起来。这个说：“都怪妈妈没给我装上！”那个叫：“都怪爸爸没给我收拾好！”好像一切过错都是妈妈爸爸的，他们什么责任也没有。

代替，究竟带来了什么呢？带来了孩子的懒惰与无能，也带来了父母的悲哀和失望。

**2. 满足型**

孩子要什么，妈妈就给什么。有的家长，没工夫去教育孩子，于是千方百计去满足孩子花钱的欲望。

一个北京的小男孩，妈妈爸爸在国外工作，把他寄养在朋友家里，每月给他寄两三千元零用钱。有一天，男孩子买了两瓶七八十元一瓶的香水，一瓶送给年轻的女班主任；一瓶由教学楼的一层洒到六层，又从六层洒到一层，说是为了“美化环境”。在他们班里，没有一个同学没喝过他花钱买的饮料；选中队干部时，没有一个人不投他的票。他平时不常写作业，谁帮他做一道数学题，他就给谁五毛钱；谁给他写一次语文作业，他给谁一块钱。远在国外的父母好像觉得，用钱可以弥补自己不能关心帮助孩子的歉意，却不知道，无度地给孩子钱，是在害孩子，不是爱孩子。

一个个体户的女儿说：“我家的枕头里、柜子里都是钱，但我们姐弟最不幸了。妈妈爸爸为了挣钱光做买卖，把我和弟弟关在家里，顿顿饭都要自己去买。有一天，我打开衣柜，发现里边的脏衣服堆成一团，都发霉了，等我把那些脏衣服洗干净时，发现衣服已经破洞了。”

**3. 看管型**

这是典型的“老母鸡”式的教育。

中国有个传统的称谓，称带小孩的保姆叫“看（kān）孩子的”。这个“看（kān）”字，一下子勾画出今天许多年轻妈妈的形象和作用。

孩子是需要照看和管教的，但不是要我们寸步不离地“看着”，事无巨细，什么都管。许多年轻的妈妈，自己劳累一天，还要看着孩子写作业，看着孩子洗脸洗脚，看着孩子穿衣吃饭……看孩子这不顺眼，那不顺眼，于是整天唠叨个没完。看得孩子很烦很烦，看得自己很累很累。

其结果呢？孩子觉得妈妈不信任自己，十分反感；妈妈觉得孩子太不听话，十分生气，两代人的隔阂越来越深。

共青团中央和全国少工委在少年儿童中开展的“跨世纪中国少年雏鹰行动”，提出了少年儿童要掌握“五自”能力，即自学、自理、自护、自强、自律。孩子们知道后，别提多高兴了，他们有一种被解放的感觉。

我们的孩子，面对21世纪的天空，他们多么想展翅高飞，我们当妈妈的为什么要抱住不放呢？为什么不给孩子一片蔚蓝色的天空呢？

第一届全国十佳少先队员刘玉玲，12岁那年，独自去美国参加世界儿童和平大会。当时，联合国只邀请了3个中国孩子，没邀请大人。刘玉玲作为中国代表团团长，代表中国在世界儿童和平条约上签了字，出色地完成了出访任务。

回国后，我问刘玉玲：“这次去美国，你最大的感受是什么？”她说：“我们中国的妈妈爸爸管得太多了。在美国，妈妈爸爸是非常放手的。有一次，我看到一个刚学会走路的小孩，跟爸爸妈妈出去。路边有一条小溪，爸爸妈妈在前面走，小孩在后面跑。结果，孩子不小心，过小溪时摔倒了。她的父母继续往前走。这个小孩哭都没哭，自己爬起来，像个小水鸭子一样，去追赶她的父母。”

刘玉玲感慨地说，这要是让我们的家长看见，外公、外婆、爷爷、奶奶都得跑上去，抱起孩子，训斥妈妈爸爸：“你们怎么能让孩子一个人过小溪呢？”妈妈就要心疼地抱着孩子“骂”小溪：“就是这可恨的溪水，把我们孩子吓着啦！”

这是一名12岁女孩所看到的问题。

是人家的妈妈心太“狠”，还是我们的教育步入了误区？

石家庄市一名学习成绩很好的女孩子，去参加市里组织的三好学生夏令营，姑姑非要跟着去。原来，这个女孩子自己不会梳头，不会倒开水。结果，五天的夏令营她只过了三天，因为“不适应”而提前回家，当了“逃兵”。

参加北京市中小学生北极村冬令营的一名小营员，在零下三四十摄氏度的东北雪原长了一身痱子。原来，这名小营员临出发前，妈妈千叮咛万嘱咐，一定要多穿衣服，但没有说热了时要脱衣服。这名小营员根本不会照顾自己，在暖烘烘的屋里也穿着出门时才穿的羽绒衣裤，难怪他焐出一身痱子！

你看，溺爱带给孩子的只有懦弱和无能！面对竞争激烈的未来世界，等待孩子的只能是失败！那样，我们这些当父母的，岂不是事与愿违，害了孩子，也害了我们的国家！

什么是爱，什么是害？我们每一位爱自己的孩子、爱自己祖国的年轻妈妈，难道不应该认真想一想吗？

## 形象误区——妈妈爸爸总是享乐

做母亲的都知道，孩子跟妈妈有一种特殊的联系。

孩子在人世间认识的第一个人是妈妈；会说的第一个词是“妈妈”；生病时最依恋的是妈妈；夜晚睡觉时寻找的是妈妈；放学回家，问的第一句话是：“我妈妈呢？”孩子从小学做人，第一个榜样还是妈妈。

孩子的眼睛就像一台照相机，每天在自己眼中留下父母的形象。在孩子心目中，父母应该是最安全的保障，父母的形象也应该是最完美的。

但是，拿出孩子们用心灵“拍摄”的“照片”看一看，并不是每一张妈妈的照片都那么“光辉”，也并不是每一位爸爸的形象都那么“高大”。

美国曾做过一次调查，在问到中小学生“你最敬佩的人是谁”时，很多男孩子的回答是“父亲”，很多女孩子的回答是“母亲”。我国也搞过类似的调查，很少有人在答卷上提到父母是自己最敬佩的人。

这是为什么呢？就是因为父母的形象不佳，当然也有孩子们对父母理解不够的因素。

许多大人都承认，现在社会上“最忙最累的是孩子”。成年人每周可以休息两天，可是不少孩子连一天也休息不了。繁忙中的孩子，看到有些父母清闲自在，心里便很感不平：“凭什么让我念书，他们在一边看电视、玩麻将？”“为什么爸爸妈妈不考试？”

“孩子是看着父母的脊背长大的。”孩子学做人，第一个榜样就是父亲或母亲。

过去，农民的儿子看到父母日出下地，日落方归，自己便学会了劳动；老百姓的女儿每日看到母亲日夜操劳，勤劳俭朴，便学会了关心体贴，不怕重负……父母对孩子的教育，就是这样的潜移默化，这样的“润物细无声”。

而现在，我们的孩子从父母身上看到了什么？

一些年轻的父母，上班时十分繁忙，十分辛苦。而一回到家，便只想着自己的休闲娱乐，有的甚至每晚把饭桌变成麻将桌，把家庭变成赌场、舞厅、酒店、仓库，全然不顾在一旁写作业的孩子。难怪孩子只看到父母“吃喝玩乐”的一面；难怪有不少孩子形成了“享乐至上”的人生哲学，不想学习，不思奋斗。这一切，能都怨孩子吗？

当我们指着孩子的鼻子，大喝“你给我念书去，不许看电视”时，自己却躺在沙发上看电视，这能让孩子安心读书吗？

当你告诫孩子，不珍惜时间学习就是“图财害命”时，自己却一宿一宿地玩麻将，难道父母的时间不宝贵，不是在慢性自杀？当父母指责孩子懒惰、贪玩、不刻苦时，想没想过自己在孩子心中是什么样的形象？

“孩子需要榜样甚于批评。”孩子的目光像永不休息的雷达，不停地注视着大人的言行举止，模仿着大人的习惯行为。

劳累一天或心情不佳的父母，为了未成年的孩子，回到家时请打起精神。你若想让孩子做什么样的人，自己就先做什么样的人。

让孩子全面地了解父母，是十分必要的。这不是说，父母回到家，还要拼命地工作，而是要让孩子知道，父母一天在忙些什么，为谁辛劳为谁忙。

我们的孩子只有了解父母，才会真心爱父母，关心父母。

父母和子女间的亲情，是家庭的支柱，而理解正是家庭的基石。

孩子每时每刻都在接收妈妈发出的生命信息，即使是襁褓中的婴儿，也会收到妈妈的信息。所以，我们不能因为孩子小，就不注意自己的言行。

教育学家苏霍姆林斯基的话很有道理：“每瞬间，你看到孩子，也就看到了自己；你教育孩子，也就是教育自己，并检验自己的人格。”

有些母亲文化程度并不高，但是她们说出的话，做出的事却让自己的孩子刻骨铭心，永世不忘。

这是为什么呢?

这是因为她们那种正直、朴实、忠厚的为人，不向困难低头、用勤劳的双手建设家园的行动，为了别人能牺牲自己的精神，深深感染了孩子，教育了孩子，这正是人格的力量。伟大的母亲正是用自己的人格来教育孩子的。

人格的力量是伟大的，尤其是母亲的人格。

孩子都希望妈妈是世界上最好的人，最伟大的人。

北京 14 岁的中学生付雪飞是这样描写母爱的：

在我们生活中有谁没有感受过那至真至切的母爱呢？母爱是雨天的一把小伞，给我一方无雨的晴空；母爱是深夜里的一盏灯，给我一份独享的光阴；母爱是寒冬里的一盆熊熊烈火，是炎夏里的一缕清爽的凉风……是母爱给了我生命，是母爱伴我长大。

孩子们甚至想把世界上最美的词都奉献给自己的妈妈。

孩子对人生的理解，是从妈妈开始的。妈妈的一举一动、一言一行都影响着孩子对生活的态度。当妈妈的应该用自己的生命来珍爱“妈妈”这个名称，把最美好的形象，献给你的孩子，同时，也把一个最美好的人生，摆在孩子的面前。

## 行为误区——你是好妈妈还是差妈妈

小时候，坐在妈妈腿上，抬起头瞪大眼睛望着妈妈：“妈妈，我眼中有什么？”

妈妈指着我的鼻尖，笑着答道：“小傻瓜，当然有妈妈啦！”

我找来一面镜子，对着镜子看。“妈妈，什么也没有啊！”我惊奇地说。

这时，妈妈更乐了：“总有一天你会发现的。”

于是，我注意寻找眼中的妈妈。

终于，我找到了眼中的妈妈。

和写下这段作文的初三女学生滕秋香一样，许许多多孩子找到了眼中的妈妈。

第四次世界妇女大会召开前夕，3万多名中国孩子参加了题为《我眼中的妈妈》的征文活动。

评委会顾问余心言（徐惟诚）亲自审阅了孩子的征文，他被孩子们的一片真诚深深感动，欣然为征文集写了序言。他写道：

母亲，是给了我们生命的人。她又用自己的生命哺育了我们，养育了我们，教育了我们。我们每一个人身上都流着母亲的血，我们的灵魂打上了母亲赐予的烙印。爱自己的母亲，这是人的天性，也是一种最伟大的感情。

孩子们都记得，自己怎样受到母亲无微不至的关怀，特别是当自己遇到困难、挫折、病痛时，许多人都曾经从母亲那里得到了温暖、支持和力量。孩子从母亲那里得到了整个的生命，也从母亲身上获得全部生命的信息，他们看见，母亲是怎样日复一日地辛勤劳动，努力学习，是怎样热爱自己的工作，为社会做出自己的奉献；他们看见，母亲是怎样以他人为重，尊老爱幼，济贫扶困；他们看见，母亲怎样对待诚实和谎言、成功和失败，把母亲为人处世的每一个闪光点都记在了自己心中。

做母亲的，当能从孩子们的眼光中，体会到什么叫以自己的生命来教育后代，从而更加注意自己的处世之道。

这最后一句话意味深长。

可以这样说：“家家户户有杆秤，那秤砣是孩子的心。”不同的母亲发出的生命信息，在孩子心中留下了不同的图像。妈妈的好行为、坏行为，孩子都看得清。

那么，孩子们是怎样评价今天的妈妈的呢？

从孩子写妈妈的作文中我们看到，这些孩子虽然来自不同的家庭，母亲的职业也不相同，但对母亲的评价都是雷同的。孩子喜欢妈妈什么样的行为呢？我归纳了一下，大致有三种。

**1. 建功立业、敬业进取的妈妈**

在孩子们的笔下，我们看到许许多多的中国女性，她们用自己的双肩，支撑幸福的和不幸的家庭，同时，又十分出色地在国家建设的各行各业中，发挥着“半边天”的作用。她们用自己的行动，给予孩子一个支撑生命的支点，让孩子懂得什么叫自尊；用自己平凡而勤恳的人生，告诉孩子生命的价值在哪里，一个人该怎样生活在这个世界上。

在孩子们的笔下，虽然许多妈妈从事着一些平凡得不能再平凡的工作，但妈妈的敬业精神却使孩子产生了对妈妈深深的爱。

**2. 勤奋好学、自强不息的妈妈**

在孩子的眼中，妈妈的职业无高低贵贱之分，无论是当教授、当老师、当警察的妈妈，还是扫街的、卖菜的、养猪的妈妈，只要尽心尽力去工作的，孩子们都引以为自豪，引以为榜样。

我想，我们每一位女性，都应瞧得起自己的工作，平日在家谈起自己的工作，要充满自豪和自信。这样，你的孩子、你的丈夫才能以你为荣。只有看重自己，别人才能看重你。

同时，我们要尽心尽力地去工作，这不仅是为了挣钱养家，而且也是教子做人。孩子是最先从母亲身上读到“敬业”“进取”这些词的。老师们常讲，看到孩子他妈妈什么样，就知道孩子什么样了。那些每天早晨不睡懒觉，按时去上班的妈妈带出来的孩子，一般上学都不会迟到。

**3. 充满爱心、亲切活泼的妈妈**

孩子的眼睛很亮，对妈妈的一言一行、一举一动都观察得十分细致。对妈妈的优点、缺点看得一清二楚。

有的孩子得出这样形象而准确的结论：“妈妈是个万花筒。”在大量的来稿中，我们发现了中央电视台节目主持人敬一丹的女儿、原北京宣武区第一实验小学三年级学生王尔晴写的妈妈。在她笔下，赫赫有名的节目主持人变得有血有肉，亲切活泼，富有浓厚的生活情趣。

文章中有一段是这样写的：

妈妈从来不叫累，也不怕苦，不怕脏。她没有闲着的时候，就连打电话，也要拿一块抹布擦电话。

妈妈脾气大，她每次发脾气差不多都是冲着我或爸爸。

妈妈不挑食，很节省，从不乱花一分钱、浪费一粒米，要是爸爸扔了一个纸盒子，妈妈就会再捡回来。

妈妈很爱我，她经常带我出去，让我长知识，开眼界。我请别的同学到我家来时，她很欢迎，热情地招待每个同学，给同学和她的家长倒水、拿水果，跟同学的家长聊天。同学要走了，她就把同学送到楼下或车站。

王尔晴的作文获奖了。发奖那天，敬一丹和她的丈夫都来了。女儿在台上读获奖作文，妈妈在台下流泪。我十分理解她：妈妈从孩子的眼中看到了自己，发现了自己从来都没注意过的优点和不足。用敬一丹的话说：“我自己获奖，有的是成就感；而女儿获奖，我感受到的是幸福感。”

孩子们对妈妈哪些行为有意见呢？从孩子的作文中，我们看到，由于妈妈的行为不正，使一些孩子从爱妈妈变成“恨妈妈”。归纳一下大概有这样几点。

**1. 只图享乐、不关心孩子的妈妈**

请看江苏某县一名初一学生写的《打麻将的妈妈》。

三万、八条……妈妈又在客厅里打麻将了。此时的我已无心再做作业了，一股无名的恨从我胸中生起。我恨，恨她，恨这个爱打麻将的妈妈。

妈妈为了打麻将，竟然不顾我的学习了！一次测验，我得了个满分。我满心欢喜地把试卷带回了家，想让妈妈也高兴高兴。但当我把试卷递给妈妈看的时候，妈妈竟不屑一顾地说："考及格就行了，不要费那么大的力气去考满分。考及格妈妈同样高兴。"妈妈随手递给我一张10元钞票说："这是我昨天打麻将赢的，给你做个奖赏吧！"我气愤得把钱撕成两半，伤心地哭了……

每次读到这样的文章，我心里就有一种说不出的难受。想到那次我去上海采访，几个男孩子非要我去他们居住的小里弄走一走。他们说，到了晚上，家家的窗子里都可能传出"哗啦哗啦"搓麻将的声音。我真担心，这一代在麻将声中长大的孩子明天会怎样。

**2. 心胸狭窄、处事不公的妈妈**

每一位妈妈怎样为人，怎样处世，是对是错，孩子们都看得清清楚楚。

山西一名三年级学生在《妈妈偏心眼》的作文中写道：

妈妈在姥姥那儿笑脸如花，有什么好吃的总让我给姥姥送去。她还常常陪姥姥说话、散心。可不知为什么，只要看到奶奶，她的脸就拉得好长，连话也说不上几句，更不用说陪奶奶去外面走走了……

孩子的眼睛可真厉害！婆媳之间那点事，他全看到了。这种"只爱自己的妈妈，不爱丈夫的妈妈"的现象，在年轻妈妈中是大量存在的。我曾对这些妈妈说：在婆婆面前，你不称呼"妈妈"，在婆婆背后，你管孩子的奶奶叫"老太婆"，总有一天，也有人叫你"老太婆"。"尊敬老人，孝敬老人"是从小看来的，是从父母那里学来的。

“老吾老以及人之老，幼吾幼以及人之幼”，爱自己的老人，发展到爱别人的老人；爱自己的孩子，发展到爱别人的孩子，这是人间爱的需要。我们做妈妈的正应该用自己爱妈妈、爱婆母的行为教育孩子怎样去爱别人。

**3. 缺少教养、不讲公德的妈妈**

“家长行为”，说到底是“社会行为”。

父母的行为，每天都直接影响着孩子的感受，引导和影响着他们的思想意识、价值观念、习俗好恶、道德品质和社会公德的形成及其“心理健康”。就目前小学生而言，由于少数家长的“社会行为”的误导，使孩子长期耳濡目染，形成“定型思维”，其“阴影”在孩子心头筑巢栖息，驱之不去。

据调查，家长对孩子影响最坏的行为有：

夫妻吵架，互不相容。有些年轻气盛、个性极强的夫妻，平素相敬如宾，一旦失和，便大动干戈，各不相让，互相谩骂。这种最不负责任的“社会行为”，深深刻进孩子的大脑，直接影响孩子的学业。

公共场所，不守公德。有的家长不拘小节，带孩子到公共场所去，随地吐痰、擤鼻涕、抢座位、跨越栏杆、摘花草……其行为完全与社会主义的精神文明和社会公德相悖。这些不经意的行为，孩子看在眼里，记在心上，从小便埋下了目无法纪、危害社会公德和秩序的“种子”。

邻里相处，举措失当。有的父母不善于和邻居和睦相处，常常因小事耿耿于怀，指桑骂槐，恶语相对，有的还去伤害人家……孩子慢慢地便会上行下效，到处欺凌弱小，大耍无赖。

怀疑一切，不满社会。由于不正之风的影响，有些家长愤世嫉俗，把社会看得一团漆黑，在茶余饭后大谈“走后门”之道：“有钱有权好办事，无钱无权干瞪眼”；“朝中有人好做官，要想当官找靠山”……这些偏激思想，一旦进入了孩子的心灵，就在一定程度上增长了孩子的“权力欲”和“金钱欲”。年轻父母“怀疑一切”的心理不计场合、潜移默化地传给孩子，使他们自食其果，导致家长权威的削弱，孩子对家长和老师的教诲常常不当回事，有抵触情绪，影响孩子正常的身心健康。

家庭是社会的细胞，孩子是祖国的明天，每一个家庭实际上都担负着不可推卸的培养教育祖国下一代的责任。把孩子培养成为有出息、有作为的人，有各种条件、因素和方式，但最直接、最重要的就是家长自身的表率作用。如果每一位家长都能以身作则，把自己的孩子教育好，那么这个家庭就是一个幸福的、有希望的家庭。如果每一个家庭都是一个健康幸福的家庭，那我们的社会就会安定祥和，充满朝气。

## 语言误区——家庭亮起的“红灯”

家庭教育是靠家庭语言来完成的。家庭语言是一种最有影响力和渗透力的家庭教育方法。

孩子笔下的妈妈和一些儿童教育专家研究的结果表明，这一代年轻的妈妈使用最多的不良语言有三种，我们将这些语言称为“家庭红灯”。

**1. 否定词**

孩子们在家每天所听到的、妈妈常讲的词语中，由“不”组成的否定词为最多：“不许”“不能”“不要”“不可以”……有个孩子在一篇名为《不许妈妈》的作文中，写了妈妈讲的很多很多“不许”的语言：“不许淘气”“不许玩沙子”“不许晚回来”“不许去同学家”“不许看电视”“不许乱花钱”……

这种家庭的子女教育是由一连串的“不许”组成的，家长像警察似的，他们的任务是不断向孩子亮起红灯。可是，准许干什么，家长又没说。于是孩子只有不断地犯错误，不断地受指责。

**2. 限制词**

“应该”“必须”是妈妈常用的词。这是表达主观愿望、主观想象的词。妈妈强调的只是自己的主观愿望，完全忽视了孩子的客观存在，用一种强硬的态度让孩子进入某种规定的位置，并按家长的设计“修剪”孩子。其结果，孩子常常陷入不知所措之中，极大地影响了孩子思维的发展。

**3. 挑剔词**

在中国的家庭教育中，挑剔词比激励词的用量多好几倍。许多家长几乎是不停地去发现孩子身上的缺点，并及时拉出来进行施教，以为只有把孩子的缺点说出来才能使孩子获得帮助并改变。基于这样一种教育思想，中国家长对孩子使用各种挑剔的语言时毫不犹豫、决不心软。其中最常用的有“太笨”“不成”“太差劲”等。这些消极的词，完全是一种“负信息”，强化了孩子的弱点，最终是让孩子以否定的态度对待自己，对自己失去信心。

父母的语言，是孩子成长的营养，爱的语言多了，一定结出“爱”的果子；恶的语言多了，会结出“恶”的果子。肯定的话，是孩子成长的正信息；否定的语言，是孩子成长的负信息。

家庭亮起的“红灯”，使孩子觉得很累很烦，使他们觉得整天生活在噪声中。父母每天用不变的腔调、老掉牙的语言，和一连串的否定词、限制词、挑剔词进行说教，令孩子们感到生活索然无味。

其实，在家庭中，真正的“红灯”，是应该禁止不利于家庭精神文明建设的语言。

现在，社会上有各种各样的“服务忌语”，我想，家庭成员间也应有一些“忌语”。

只有讲文明的父母，才能培养出讲文明的孩子。如果你的孩子出言不逊、打架骂人，你是否应该查查自己；如果你的孩子不守秩序、不讲公德，你也要查查自己；如果你的孩子出口伤人、不讲礼貌，你还要查查自己……

“您好”“对不起”“给您添麻烦了”“打扰您了”“谢谢您的帮助”等礼貌用语，不仅小孩子要学会，我们做父母的更要学会。

著名教育家徐特立讲过：“今日的儿童转眼即青年，稍不注意就难补救了。”因此，就青少年的成长而言，“重要的是教育父母”，不知年轻的妈妈们是否认同这个说法？

## 三、孩子的渴求

蹲下身，和孩子平视，你会发现另一个世界。

尊重孩子的妈妈才能培养出懂得自尊的孩子。

独生子女的求友愿望比任何一代孩子都强烈。

聪明的妈妈与其做一个高明的说者，不如做一个高明的听者。

走进孩子的心灵，不是靠怀疑、监视，而是靠沟通。

就精神生活而言，每个幼小生命仿佛都为了得到赏识而来到人间。只要能针对孩子的优点去夸奖他、肯定他，他就会变得更好。

妈妈爸爸永远不能对孩子说:“滚出去！”

孩子也是一本无字的书。书的每一页，浸透着妈妈的心血，凝聚着妈妈的爱。年轻的妈妈，每天翻动着它，却发现自己越来越看不懂……

孩子抱本《机器猫》，看得捧腹大笑，笑得妈妈莫名其妙。问孩子笑什么，孩子递过书:“您自己看，特逗！”妈妈接过书，看了两三遍，却怎么也笑不起来。因为自己根本看不明白！

年轻的妈妈整天教孩子说话，孩子一天天长大，会说好多话。可妈妈却痛苦地发现:孩子和自己的话越来越少，少得令人心寒。“孩子，吃饱了吗？”“饱了。”“还吃吗？”“不吃了。”“再吃点，省得一会儿饿。”“烦不烦！”

孩子上了高年级或进入中学，和父母干脆“没话”了。

年轻的妈妈好困惑，好难过。究竟是谁出了问题？自己一天到晚辛辛苦苦，全为了这孩子，孩子为什么会远离自己？

对于这一点，着急、难过是解决不了问题的。这一代孩子成长的环境，与我们当年成长的环境有很大的不同。这是一代在电视机前长大的孩子。他们在业余时间里接触电子媒体的兴趣，已经大大超过接触印刷媒体；他们的一点空余时间，大部分是在家庭的课桌或电视机、游戏机旁度过的；他们没有时间与父母交谈，一家人坐在一起进餐的时光，又成为“家庭法庭”的“开庭”时间，孩子要接受父母对分数的一次次质问，对坏成绩的一次次“声讨”……

于是，“冷战”一次次出现，两代人之间的代沟一天天在加深。

改善两代人的关系，成为两代人共同的要求。

中国的家庭教育要走出误区，年轻的妈妈爸爸一定要读懂孩子这本书。

农民怎样对待庄稼，决定了庄稼的命运；家长怎样对待孩子，决定了孩子的命运。农民希望庄稼快快成长的心情，和家长希望孩子早日成才的心情是完全一样的。可是，做法却往往不同：农民日夜思考的是庄稼需要什么，怎么满足庄稼的需要？家长为教育孩子彻夜难眠的时候，有没有想到孩子心灵深处的需求是什么？怎样满足孩子成长的需求？

庄稼长势不好时，农民从不埋怨庄稼，相反，总是从自己身上找原因。孩子学习不行时，一些家长却一味指责孩子，他们有没有想到自己的责任，在自己身上找找原因？

地理环境变化时，农民都知道要改变种植方法；社会环境变革时，家长有没有想到更新教育观念呢？

我想，年轻的妈妈一定会做出肯定的回答。

那么，让我们一起走进孩子的世界，了解这一代孩子生长的需求吧！

## 渴求平等——小孩为什么不爱逛商店

有一次，我和一位年轻的台湾儿童电视节目主持人聊天儿。他对我讲了一件十分有意思的事。

他的女儿3岁，跟他是好朋友。可他发现，女儿最不爱逛商店，每次领她去商店，她总是哭着闹着不愿进。

这位年轻的爸爸百思不得其解：商店里的商品五花八门、琳琅满目，让人目不暇接，小孩子为什么不爱来呢？

终于，他发现了其中的奥秘。

一天，他领着孩子在商店熙熙攘攘的人群中挤来挤去，女儿的鞋带开了。他蹲下来，给孩子系鞋带。就在这一瞬间，他忽然发现，眼前是多么可怕的情景：矮小的孩子，没有柜台高，她的眼中，根本就看不到琳琅满目的商品，而是大人们的一条条大腿和一双双大手。那一只只来回摆动的胳膊，一个个带棱见角的大书包，时不时地磕碰孩子的小脸和弱小的身体……

“别说孩子了，我都不想再待下去了。”这位主持人激动起来，“当我把孩子抱起，扛到肩上，准备离开商店时，孩子突然笑起来，指指点点，不想走了。哇，原来她看见了漂亮的玩具！”

“这件事，给了我很大启示：我们做儿童工作的，不能总站着，居高临下地跟孩子讲话，一定要蹲下身，和孩子站在同一视平线上，用孩子的眼光看世界，才能真正了解孩子。”

这个体会极为深刻。

与孩子平视。这是所有从事儿童教育的人都应遵循的原则。

我们当家长的，要被孩子所接受，是不是也该找准自己的位置，蹲下来，听孩子说话，了解他们的思想，知道他们要做什么？是不是不该总居高临下地审视孩子，滔滔不绝地训斥孩子呢？

对于后一种家长的“教导”，孩子们就像吃了“机器猫”给的神药丸，一听爸爸妈妈“开说”，心里就烦，大脑立刻呈现一种呆滞状态。

有个男孩子曾悄悄对我讲了他“对付”妈妈训斥的诀窍：“每次我妈让我站着，开始训话时，我就提前把棉花堵在耳朵眼里，面冲墙壁，开始了我那神奇的幻想，有时想着想着都会笑出声来。我妈说的话，我一句都没听进去，或者是左耳朵听，右耳朵冒，你说可笑不可笑！”

这种“教育”等于零。

在我认识的家长中，有一位年轻的爸爸，和女儿之间那种“亲密无间”“无话不谈”的关系，令我十分感动。

他女儿叫华卉，是第四届全国十佳少先队员，北京的小学生。当选之前，我想了解一下这个孩子，就请她到中央人民广播电台，和我一起主持“家教咨询热线”节目，主题是“孩子眼中的妈妈”。

在交谈中我发现，她最感兴趣的话题是谈论她的爸爸。她对她爸爸现在的事、小时候淘气的事都了如指掌。

“我跟爸爸无话不谈。”华卉自豪地对我说，“重感情、讲信用是我们相处的原则。‘够朋友’成了我俩的口头禅。一句‘够朋友’，能使我俩的误会消除，隔阂全没了。”

“你和你爸爸是怎么交朋友的呢？”我好奇地问。

“每天我们俩都谈一个小时的话。”华卉得意地说。

“天天都谈？”我有点不信。

“是啊！都习惯了。”华卉认为这件事很平常，我却觉得很不一般。

后来，我找机会采访了她的爸爸。

华卉的爸爸叫华桦，是个军人，当过工程兵，吃过很多苦，身上留下许多伤。结婚后，他拥有了一个贤惠的妻子和一个可爱的女儿。没想到，女儿患了先天性胰腺炎，不能吃任何带油的食物，所以身体很弱。华桦深深地爱着自己的女儿，知道女儿患的病难以治愈。他没有悲观失望，没有娇惯纵容、百依百顺，他懂得怎样去爱孩子。他明白，一个有病的孩子更需要心灵上的沟通，更需要以诚相待！

他向我谈了自己的想法：“要和孩子沟通感情，就要和孩子交朋友，建立一种完全平等的朋友似的父（母）女关系。不应居高临下地训斥孩子，而应该和女儿站在同一高度。”

接着，他介绍了他的做法：“女儿很小的时候，我把她放在柜子上，我站着和她交谈一小时；女儿长大一点儿后，我就把她放在沙发前的茶几上，我坐在沙发上和她谈；现在女儿长高了，我们俩就坐在沙发上，每天中午吃完饭交谈一小时，真是习惯了。”

华卉在旁边也插话说：“有时我们俩都站着说话，我就必须扬起头来看爸爸。我觉得很累，就向爸爸提意见：我要像瞻仰伟人一样看您，这样不公平。爸爸很虚心，马上就改。”

我真羡慕这父女俩。

“站在同一高度，和孩子平视。”这是尊重孩子的具体表现。父女两人，每天平起平坐，谈话（注意：不是训话！）一小时，坚持了 11 年，这是多么了不起的事！

一年 365 天，天天一小时，11 年就是 4015 个小时。

这一小时，对一个孩子的成长是极为重要的。

从每天的一个小时中，孩子理解了妈妈爸爸，看懂了“妈妈”“爸爸”这两本书，自愿接受了书中的道理。

这一个小时，对繁忙的家长来说，可能是十分宝贵的，但它所创造的价值，却是用金钱买不到的。

从这一个小时中，年轻的妈妈爸爸理解了自己的孩子，也看懂了“孩子”这本书，从内心里欣赏、珍爱自己的孩子。

两代人形成了平等交谈、相互沟通的习惯，障碍自会排除，隔膜自能打破。

假如你的孩子还小，请你蹲下来和他交谈。你会发现，一个奇特的世界展现在你的面前。

## 渴求尊重——给孩子心灵空间

一位中学生告诉我，一种带锁的日记本在他们班里几乎人手一册，目的是为了防范父母翻看日记。

孩子向最亲的父母锁住自己，这一颇为残酷的现象令人深思。孩子之所以给日记上锁，是因为父母不能尊重他们的隐私；而父母则自有一番道理，实在是不了解应当怎样教育自己的孩子。这其中的问题就出在如何互相了解上。父母与孩子虽然有着与生俱来的亲情，但毕竟相差几十岁，彼此之间有天然的“代沟”；跟孩子做朋友，靠真诚赢得孩子的信任是唯一的途径。

许多孩子常常向“知心姐姐”“状告”父母：“妈妈爸爸老偷看我的日记或私拆同学给我的信，我十分气愤，可又不知道怎么办。”

我告诉他们，在你的日记本第一页写上：“偷看别人的日记是不道德的行为。”然后把这一页打开，放在桌上。这样一来，爸爸妈妈以后就不会再看了。

为什么这么说呢？我很了解做父母的心。他们一天忙到晚，哪里有工夫去看孩子的东西。只是因为孩子一味地藏着、躲着、锁着，才使他们产生了好奇心，甚至犯了疑心，以为孩子有什么事在瞒着大人，于是，就采取了许多“侦破”手段，不自觉地触犯了孩子的“隐私权”。

在大人们看来，这都是些小事。“连孩子的生命都是我给的，何况一本日记、一封信？”可对孩子来说，大人的这些行为，都是对他们的不信任、不尊重，伤害了他们的自尊心。

其实，在大多数孩子的日记里，很少有什么“不可告人”的事，更多的是孩子的一些思考和一些心里话。当父母的，要允许孩子有自己的秘密。

儿童期的孩子有秘密，说明这孩子有丰富的内心世界，智商高，主意多。这样的孩子往往是“孩子头”，他常常会编造出一些“小秘密”，以吸引同龄的伙伴。

少年期的孩子有秘密，说明他正从幼稚走向成熟，善思考，有独立见解，自尊心也在增强。

进入青春期，孩子对成人的封闭性、对伙伴的开放性更显得突出。这些“小大人”似的孩子尤其需要得到尊重。

首先，孩子是个人，不是物。他是人，他就有感情，就有他自己的行为方式，就有自己的独立人格，也有他的隐私权。现在很多家庭把孩子当成宠物，想玩就玩，想逗就逗，就是不懂得尊重孩子。

其次，孩子是未成年人。正是因为没有长大，他们就坐不住。一年级的孩子能够集中精力的时间也不过10分钟到20分钟，过一会儿他就要动一动，这是年龄特点决定的。

孩子有时爱说大话，大人却以为他在说谎。其实，这是孩子为了让别人注意自己，故意夸大事实罢了。他还没有成年，思想尚未定型，这时候你不分青红皂白说他在说谎就是冤枉他了。

再次，孩子是一个独立的人，不论年龄大小，大人们不能把他的一切都代替了。孩子要独立思考，要独立参与；他要有自己的秘密，也要有自己的隐私权。法律都在保护他们的各项权益，你侵犯了他们的权益，你便触犯了法律。

如果孩子从小就受到尊重，他便能懂得自尊，也会懂得怎样去尊重别人。那些对人彬彬有礼的孩子，肯定是在家里很受到尊重的孩子；那些蛮不讲理、行为粗野的孩子，在家里，一定得不到他人的尊重，甚至常常受到伤害。

如果你想把自己的孩子培养成为高素质的人，成为有教养的人，那么，你首先要做这样的人。要让孩子尊重你，你便应当先尊重孩子。

有的妈妈希望孩子进入大人卧室时，要先敲敲门；那么，你进孩子的房间（如果孩子有单独的卧室）时，有没有敲门？

有的妈妈总怪孩子乱翻自己的东西，你想过没有，你自己是否也常常翻动孩子的东西？

有的妈妈总责怪孩子不愿意听大人讲话，可你是否自省过，你认真倾听过孩子说话吗？

在物质生活条件越来越好的今天，孩子成长却出现了“三大三小”的现象，即：生活的空间越来越大，生长的空间越来越小；房屋的空间越来越大，心灵的空间越来越小；外界的压力越来越大，内在的动力越来越小。

遏制家庭关系的“沙尘暴”，治理孩子心灵的荒漠，要从解放孩子的生长空间开始。著名教育家陶行知先生早就呼吁过：解放儿童的创造力，解放儿童的头脑，解放儿童的空间，解放儿童的双手，解放儿童的时间，解放儿童的嘴。如果我们做父母的把给予孩子自由的时间看作对孩子的施舍，那便是对孩子心灵的摧残。因为，从小在压抑和施舍中长大的孩子失去的不仅仅是自由，还有人的尊严。

解放孩子的前提是尊重孩子。人类最不能伤害的就是自尊，在家庭中建立起亲情乐园，创造和谐、宽松的环境，要从尊重孩子开始，要从尊重孩子的秘密开始。

## 渴求朋友——做孩子的知心朋友

如果你问我：“现在的孩子最缺少什么？”我要直率地告诉你：“知心朋友。”

如果你问我：“现在的孩子最需要什么？”我仍要肯定地回答你：“知心朋友。”

没有朋友的童年是不幸的。对于这一代独生子女来说，他们孤独的心理比任何一代人都强烈，他们求友的欲望比任何一代人都迫切。

这点感受，是我在当“知心姐姐”中体验到的。

每次去外地，都会遇到许多感人的事情。让我最难忘的，是去上海开办短期“知心电话”。那一次，电话设在上海团市委办公楼。

原先我认为，上海的教育基础好，孩子们课余活动的场所比较多，爸爸妈妈的文化档次也比较高，在家教方面不会有太多的问题，上海的孩子也不一定会像其他地方的孩子那样踊跃地打来电话。没有预料到的是，当地报纸、电台传出消息后，孩子和他们的家长打来的电话一个接一个，来办公楼看“知心姐姐”的小朋友一拨儿接一拨儿，忙得我们饭都顾不上吃。仅仅 3 天，我们接了 553 个电话。

在与孩子的交谈中，我常常从孩子们那一张张笑脸上，看到他们渴望朋友的迫切心情；从那一双双噙满泪花的眼睛里，分明读到他们孤独的心声。很多孩子打电话给“知心姐姐”，就是为了聊天儿，为了交朋友。

孩子们向年轻的妈妈提出了一个新的课题：孩子需要同龄的伙伴，但是家里没有，于是，他们渴望妈妈做自己的朋友，当他们的“孩子王”，因为妈妈更容易接近孩子，妈妈更爱孩子，也更像孩子。

历史就是这样“偏爱”年轻的妈妈，给妈妈压上一副重担：做孩子的知心朋友，永远。

孩子拥有了你，你才会真正拥有他。

## 渴求倾听——倾听孩子说话

我有一个孩子。30 岁时我生下他，起名叫李悦。儿子出生时，我从下乡插队、工作的吉林白城地委调回北京，跨入了我从小向往的中国少年报社的大门。我非常珍惜这个工作的机会，因为不是所有的知青都能实现自己童年的梦想。

为了全身心地工作，我把 1 岁零 8 个月的儿子送进幼儿园全托，每周只接一次。

孩子从幼儿园回来，总是说：“妈妈，咱们谈谈话。”有一次，他竟然哭着向我请求：“妈妈，我知道你很忙，没时间陪我在家，可你能不能把我转到每天都能回家的幼儿园？”

我没能满足他的请求，我和我丈夫常常出差，没有时间照顾他。

每次孩子回家，总是兴致勃勃地给我讲幼儿园里的事，不管我爱听不爱听。儿子需要的是一个忠实的听众，而妈妈是最合适的人选。遗憾的是，开始我没有意识到孩子的这个需求，总觉得听孩子说话，浪费了我写稿子或思考的时间。所以，每次孩子和我讲话，我总是做出很忙的样子，眼睛左顾右盼，手里还不停地翻动着书报。

没想到，我的“忙碌”给孩子的语言表达带来了障碍。由于他是个思维能力很强的孩子，为了在有限的时间里把话说完，他就讲得很快，慢慢地变得讲起话来结结巴巴的。

这引起了我的注意。我开始注意改变自己，尽量抽出空来，倾听他讲话。渐渐地，儿子竟成了我学习儿童语言的老师。是他把我领入了奇妙的儿童世界，使我后来对儿童教育工作达到入迷的程度，也使我学会怎样用心去读孩子这本书。这本书，竟然还成了我当“知心姐姐”的教科书。

母子间平等的交谈，母亲得到的是生命的信息，而儿子得到的是人的自信。这种平等，是心理上的平等，它让一个孩子从小体味到人的尊严。

如果你发现自己的孩子不爱说话，或说话紧张，甚至听你讲话时漫不经心，你就应该意识到，你是否犯了“不耐心倾听孩子说话”的毛病。你必须马上改变自己，不然，你会后悔终身。

当你成为一位非常好的听者时，便是你成为高明的说话者之时，你也就具备了成为孩子们喜欢的好朋友的条件。

妈妈的倾听，会使未成年的孩子从小学会以平等与尊重的心态与人建立联系，会使孩子觉得自己很重要，有利于孩子学会独立思考。

当你的孩子长大成人，像山一样站在你的面前，你需要仰视他时，他仍然会习惯地俯下身来，像小时候你对他那样，听你说话，跟你谈心。那时，年迈的你，会从内心里产生做母亲的宽慰和满足。

如何倾听孩子说话呢？我提几点意见供参考。

**方法一：做出听的姿势。**

（一）一定要与孩子平视，不可居高临下。

（二）身体要稍稍向前倾，这是表示有兴趣的姿势。

（三）不要制造“墙壁”。如用手捂着嘴巴，两手抱着胳膊，或翻看着书。这些举动对孩子来说，都是一种障碍。

（四）用眼睛“听”。要睁大眼睛看着说话的孩子，很自然地用眼睛来表达你的兴趣和愉悦。

**方法二：表现出听的兴趣。**

讲话中最扫兴的是听到对方说：“我早就知道了。”

我们这样对孩子，就缺少尊重。孩子才说两句，大人就不耐烦了：“知道了，早知道了。别烦我！”“该干吗干吗去吧，谁有工夫听你神侃！”

于是，孩子十分扫兴。我们当妈妈的关心孩子，不应只是关心他的冷暖、吃住，还要关心他感兴趣的事。对孩子关心的话题产生了兴趣，你同孩子谈话的条件便也具备了。

**方法三：将你专注倾听的态度传达给孩子。**

送给孩子最好的赞美，是让孩子知道他所说的每一句话，你都认真听到了。

（一）使用表情变化来传达。比如：保持微笑，并常常做出吃惊的样子。孩子最爱吃惊，用大人的话是“大惊小怪”，他们希望看到大人对自己所说的事情表现出吃惊的表情。能把大人吓住，说明自己很有本事。

（二）语言表达。在倾听孩子谈话的过程中，用简单的诸如“太好了！”“真是这样吗？”“我跟你想的一样！”“你的想法太好了，继续说！”“我简直不敢相信！”等话语来表示你的兴趣。

也许你会发现，不论孩子的话题多么简单，如果你表现出有兴趣的姿态，那么孩子的兴趣也会自然而然地产生。如果你总是沉着脸，一言不发，一副漫不经心的样子，就会令孩子十分失望。慢慢地，他会养成对什么事都不关心的毛病。那些在课堂上发呆、不爱发言的孩子，幼年时可能就缺少好的听众。孩子从小没有感受过自己语言的魅力，必定会对自己的语言表达能力失去应有的信心。

妈妈是孩子语言的第一位老师。而语言，又是早期教育最重要的环节。

你想让你的孩子变得更聪明些吗？那么，就从倾听孩子说话开始吧！

## 渴求沟通——走进孩子的心灵

与成人沟通，是今天的孩子，尤其是独生子女特殊的精神需求。他们从小生长在“成人世界”里，是家庭的“个体户”，他们渴望被尊重、被信任、被理解，更渴望与父母沟通，与父母建立伙伴关系。但父母往往不理解孩子的心，他们很奇怪：“你想要的我都给你了，你还要什么？”久而久之，孩子渴望沟通的大门关闭了，有的甚至永远也打不开了。

要想走进孩子的心灵，就要靠沟通。良好的沟通能使我们在家庭中建立良好的人际关系，反之，不良的沟通则会破坏这种关系。

在一次刚刚结束的讲座上，我还没走下台，就被家长和孩子们团团围住。一位 50 多岁的男士拨开人群来到我面前，流着泪对我说:“给我一点儿时间，我要带我儿子来见您。”原来，就在前一天晚上，他为儿子半夜回家第一次动手打了儿子，扫帚都打断了，但儿子宁可忍受疼痛，始终不肯说出自己去了什么地方。

望着这位年龄与我相仿、面容憔悴、泪流满面的汉子，我没有任何理由不满足他的要求，尽管我的日程安排得很紧。我们约好下午 5 点半到 6 点与他儿子见面。

5 点半，他一家人都来了，每个人都是眼泪汪汪的。夫妇二人把儿子领到我的房间就出去了。

这是一个胖胖的男孩，正上初二。他一脸稚气，用手托着脸坐在我对面的沙发上，那神态很像我的儿子。

“昨晚到哪里去了，让你爸爸那么着急？”我直截了当地小声问。

“去网吧了。”男孩向我道出真情，“昨天是周六，我和一个男同学约好 5 点半在路口见面，一起去玩，可他失约了，没有来，我一个人待着没劲，就去网吧了。”

“网吧的环境不太适合中学生，那里有些东西对你们影响不好……”我担心地说。

“我对别的不感兴趣。我主要是玩游戏攻关，攻下关来好跟同学去吹牛。”男孩的坦白让我对他很同情。是啊，哪个男孩不想在同学面前表现出自己很行呢！

“可是，我玩着玩着忘了时间，一共玩了 5 个小时，一看表已经是深夜 1 点了。”男孩讲述着头天晚上的事情，我静静地听。“我很害怕，硬着头皮往家走，走到家门口，我不敢进去，跑到河边站了很久，最后还是回去了。”

“回家以后怎么样呢？”

“我爸在外面找我找了好几个小时，也是刚刚回到家。他又急又气，问我干什么去了。我说去同学家了。我爸就拿起扫帚狠狠地打了我……”

“那是爸爸第一次打你吗？”

“是的。”

“听你爸说，扫帚都打断了，一定很疼吧？打什么地方了？”我关切地问，好像挨打的是我自己的儿子。

“打大腿和屁股中间。疼倒是没有什么，只是我第一次看到我爸这么着急，我很难过……”男孩说着，用手捂着脸，呜呜地哭了起来。我连忙递给他一条毛巾，可不知道怎么回事，我的泪水也跟着流了出来——自己挨了打没在乎，在乎的是让爸爸着急了。多么善良的孩子！

“你能体会爸爸的心就好。你爸爸都50多岁了，你才上初中，你爸爸快40岁了才有你，能不爱你吗！你跟他讲实话了吗？”

“没有。”孩子哭得更伤心了。

“待会儿马上把实情告诉爸爸妈妈，请求他们的原谅。你要爱他们，就不要让他们再为你操心呀！你家里有钱买电脑吗？”为了让他不再哭，我转了个话题。

“二手电脑3000元一台，我家才攒了1000多元。”男孩回答。

“慢慢攒，攒够了钱买一台，自己在家里玩会安全得多。”我很同情这个爱玩电脑的孩子。

“我会节省钱的。我以后不会让父母操心了。知心姐姐您相信我吗？”男孩用渴望的眼光望着我。

“你是个善良诚实的孩子，知心姐姐当然相信你。我想，你爸爸妈妈也会相信你的。一会儿就把实情告诉他们，好吗？”我拍拍他的肩，给他鼓励。

“好。”男孩点着头。这时，时针已经指向6点，他的爸爸妈妈走了进来。

“你有一个好儿子。”我对男孩的父亲说。

这位父亲深深地给我鞠了一躬，泪水不停地往下流。“如果今天没有见到你，真不知道这件事怎么收场，不知道应该怎样再跟儿子相处。”

“没什么。以后家庭中不管出现什么问题，父母、孩子都坐下来谈一谈，做父母的要用心听孩子说，而孩子呢，也要实话实说。”

当父亲听了我买电脑的建议，便说马上去买。我制止了他：“事到如今，只能等攒够了钱再买，教育也要有个过程。”

一家三口高高兴兴地离开了。

事后我想，假如我没有与他们一家人相遇，事情会发展成什么样子呢？孩子死活不肯说出实情，爸爸又非要问清楚不可，僵持下去，后果不堪设想。

所以说，学会沟通，对父母和孩子来说，实在是太重要了！

## 渴求赏识——学会赏识孩子

中国伟大的教育家陶行知先生，早在半个世纪之前就深刻指出：教育孩子的全部秘密在于相信孩子和解放孩子。

相信孩子，解放孩子，首先要赏识孩子。没有赏识就没有教育。

然而，在我们的生活中，有多少妈妈真心地赏识过自己的孩子？

一次，我应邀去中央电视台谈“怎样教育淘气的孩子”，一个看上去挺“蔫”、好像并不淘气的男孩坐在那儿。

我担心，原定的话题讨论不起来了。

谁想到，一开拍，这个挺“蔫”的男孩子冲着镜头说了一句特别精彩的话：“每次我爸说我的时候，都要说：瞧人家孩子怎么怎么好，瞧你怎么怎么差；瞧人家孩子多聪明，瞧你多笨……我心里很不服气，我老想，你要觉得人家孩子好，你就给人家孩子当爸爸算了，干吗给我当爸爸！”

我回头看了一下他爸爸，他爸爸的眼睛瞪得跟豆包一样，嘴咧得老大，一句话也说不出来。

等电视节目拍完后，这孩子的爸爸流着泪来找我：“我是一个司机，就这么一个儿子。我对他那么好，挣钱全是为了他，他凭什么这么冤枉我？”

我对他说："您爱您的孩子，可是您的孩子不知道。您没有表现出对他的爱和赏识，您赏识的只是别人家的孩子。所以，您的孩子认为您不爱他。"

有这种烦恼的孩子和家长，为数并不少。

因为，现在许多家长教育孩子的心理有些错位，不是用赏识的目光去看待孩子的优点，而是用挑剔的眼光找孩子的毛病。最可怕的是用别人家孩子的长处，去比较自己孩子的短处，越比较越觉得自己的孩子不如别人家的孩子。

其实，你的孩子就是你的孩子，没必要总去和别人家的孩子比，只要你的孩子今天比昨天有进步，你就应该祝贺他，这就是母亲对自己孩子的赏识。

盲目的比较，会产生许多不良后果，使你的孩子失去自信。孩子会错误地认为，他的"灾难"是他的伙伴带来的，他不但不会产生向伙伴学习的愿望，反而结下冤仇，在他今后的生活中，将拒绝向别人学习。

被尊称为教育史上的哥白尼的捷克教育家夸美纽斯指出："应当像尊敬上帝一样地尊敬孩子。"人性之中最本质的需求就是渴望得到赏识。就精神生活而言，每个幼小生命仿佛都为了得到赏识而来到人间，谁也不是为了挨骂而活着。

不要说未成年的小孩子，就是我们大人，谁都愿意和赏识自己的领导、赏识自己的同事一道工作，谁也不愿意和整天横挑鼻子竖挑眼，对这不满意看那不顺眼的人一起共事。

孩子与成年人不同。成年人在这个单位不被赏识，干得不顺心，可以调换到另一个单位去工作，而孩子不被父母所赏识，就没地方去了。

所以说，学会赏识——应当是每个家长的座右铭。

"哪怕天下所有人看不起我们的孩子，做父母的都应该眼含热泪地欣赏他、拥抱他、称颂他、赞美他，为他们感到自豪，这才是每个孩子的成才之本。"这是一位聋童父亲在为改变女儿命运的坎坷途中发现的一个奥秘。

我们当家长的，没有任何理由对孩子说泄气话，因为孩子成长的道路犹如赛场，他们多么渴望父母善于发现自己身上的闪光点，为自己呐喊加油，哪怕跌倒一千次，也要坚信他们能在第一千零一次站起来，去争取人生的辉煌。

## 渴求肯定——肯定是孩子生命中的阳光

责骂，在父母看来是平常的小事，但是对于孩子来说，父母责骂不休，便是自己的“世界末日”。孩子的成长需要肯定，肯定是孩子生命中的阳光。

许多父母总是认为，严格要求就要靠责骂，只有这样，孩子才能进步，其实不然。两位心理学家曾经做过一次心理测验：把孩子分成A、B两个组，分别让他们考同样的问题。过了三天，再度去那所学校，告诉A组同学：

“上次考试成绩非常好，今天再考一次，你们千万不能输给上次，好好写吧！”

又对B组的同学说：“你们上次成绩很差！怎么行呢？这次必须反败为胜才行！”

结果，原本成绩相当的两组，得到肯定和夸奖的一组，第二次测试成绩很好；受到责怪后再考的那一组，成绩很不理想。

有的父母虽然明白了“责骂孩子不好，肯定和夸奖才会使孩子变得更好”的道理，可是自己却做不到。眼看孩子不用功学习，甚至捣乱，不骂他反而夸他，这的确很难做到。此刻最重要的是，必须充分地理解孩子，相信孩子。

浙江万里教育集团董事长徐亚芬，是一位事业上十分成功的女性，同时也是一位出色的母亲。一次我去宁波参观她办的学校，她对我谈起了自己教育孩子的事情，令我大受启发。

徐亚芬的儿子上小学时，语文成绩很好，但不爱学数学，所以成绩较差。一次，儿子从学校回来，对妈妈说：“学校给我们测智商了。老师说我右脑比左脑发达，形象思维能力强，数字概念差，所以我的语文成绩比数学好。看来，我的数学成绩是上不去了。”

徐亚芬惊讶地说：“是这样吗？有空我去问问老师。”

她真的去了学校，找了班主任，并暗地里与班主任达成了一项协议。几天后，徐亚芬十分认真地对儿子说："儿子，告诉你一件大事，我去学校问过老师了，老师说他搞错了，你是左脑比右脑发达，学数学会比语文强多了！"

"是真的？老师真是这么说的？"儿子睁大眼睛，兴奋极了。

"是呀，老师说，他看错结果了，他说的是另一个同学而不是你，你是左脑比右脑发达。"

儿子信以为真，真的认为"我的数学一定能够学好，我很行"。这使他完全改变了对自己的看法，从此，在学数学的时候，恢复了自信，提起了精神。

所以，对父母来说，重要的是信任孩子所拥有的潜在力量并加以肯定，只要能充分发挥这一力量，孩子就会成为了不起的孩子。

夸孩子也要讲点语言技巧，不能简单地戴高帽，那样会引起孩子的反感。记得有个男孩曾对我说，父母不在家的时候，他一个人把家里收拾得干干净净，想给妈妈一个惊喜。妈妈一回来，高声说："你真是个爱劳动的好孩子！"一听这个，他就烦了，马上扫兴地说了一句："真没劲！"而另一位妈妈不是这样，她六岁的女儿常常爱在家里没人时收拾房间。妈妈回来了，总是惊讶地说："哎呀！这么干净啊！这是谁干的？"于是，女儿从门后跑了出来。妈妈自言自语地说："真没想到是你干的，你真了不起！"女儿高兴极了，觉得自己很行，下次妈妈出门，她还继续这样做。

当然，这种办法只适用于儿童期的孩子。孩子小的时候，你可以直截了当地说："你真了不起！"但如果他们长成青年了，你再这么说，他们八成会认为你要叫他们做事而不理你。所以，最好的办法是把他们做的事情带着夸奖的口气说给别人听，但又要让他们听到，让他们感到"骄傲"。每一个成长中的孩子都渴望被父母肯定，被老师肯定，被社会肯定。只要能针对孩子的优点去夸奖他、肯定他，他就会变得更好。

我经常听到父母们为了孩子大伤脑筋而发出的叹息声。这是因为你想着他很差劲，所以他才真的很差劲。如果你能换一种想法，确信"孩子哪有差劲的道理"，并用这样的心情去指导孩子，我想他一定会变得更好。因为孩子不可能由父母或老师来“改造”他，必须让他自己来“改善”自己。不管你心里对孩子有多少的企盼，想如何去改造他，并且用各种办法改造他，仍是徒劳无功的。因为你想改造他这个想法本身就错了，即使你多方为他设想，他也好不了。因此必须相信这一点，放手让孩子自己去“改善”自己，这样他不变化也是不容易的。面对我们身边那些脑子慢或爱捣蛋的孩子，绝对不可以打骂，他们更需要肯定。对于那些犯了错误甚至犯了罪的孩子来说，充满希望的鼓励会使他们扬起生活的风帆。

## 渴求保护——家庭是孩子的港湾

远洋的巨轮，迟早要驶回平静的港湾，加油、维修、装货、卸货……以迎接第二次远航。离家的孩子，早晚要回到温馨的家庭，吃饭、休息、添衣、减衣……以迎接新的黎明。

家庭，不仅是成年人歇息的港湾，可以放松地表现出真实的自我，而且也是孩子的港湾。这个港湾地方不大，但是却有着父母博大的胸怀，它能容纳孩子的成功与微笑，也能容纳孩子的过失和眼泪。

即便天下所有的人都不欢迎你的孩子，你也不能，你必须欢迎他，因为他是你的孩子!

即便你的孩子犯了再大的错，你都不能说:“你给我滚出去！”因为，家是一个人最终的归宿，他再没有地方可去，除了坟墓。

孩子需要保护。我们许多父母亲忽略了这一点。

分析许多离家出走的孩子的案例，会发现多数是因为受了挫折，心理无法承受，或考试考砸了，或犯了错，无法向父母交代。他们悄然离家前那一刹那，耳边响起的是父母的叫喊声:“滚出去！”

他们真的“滚出去”了，结果呢?

河北巨鹿县王虎寨镇有个初中男生，因考试成绩差，不敢回家，浪迹街头，结果被坏人以招工为名骗到乡下一个“地下血库”，和其他几个孩子天天被逼去抽血。

数日后，几个孩子面黄肌瘦，十分虚弱。幸好其中一个孩子逃出来，叫大人来，才得救。出来时，几个孩子已奄奄一息。那些“滚”出去的孩子，许多人在心灵上、肉体上受到极大的伤害。而这些伤害，往往是难以平复的。

年轻父母常有这样的惧怕心理：“生了男孩怕学坏，生了女孩怕受害。”其实“怕”是无济于事的，必须有保护的措施。

**家庭如何保护女孩子**

对“小女孩”，也就是女童，妈妈要教会她“自护”的知识和本事。如无论给你什么好处也不要跟陌生人走；不要把家门的钥匙放在显眼的地方；放学回家晚或路远，最好结伴而归；路上发生的任何事情都要告诉家长，不要瞒着；独自一人在家要锁好门，有陌生人叫门不要开；如果遇到坏人拦截要大声呼喊；有人追你，你要往人多的地方跑；有人对你无理，一是不去理睬，事态严重了要大声斥责，不必害怕……

做母亲的要细心观察，发现女儿有什么不对劲的情绪，要耐心询问；听到什么情况，要泰然处之，不要大惊小怪。大千世界，无奇不有，“吃一堑，长一智”，孩子遇到一件麻烦事，解决了，就是多了一种能力。

对大女孩，也就是少女，尤其是青春期的少女，母亲要更加关心，要以朋友的身份与其交心，让女儿懂得，一个女人最重要的品格是自尊、自重。不自尊、不自重的女人是会被人轻视的。

青春期，是由儿童期向成人期的过渡时期。从身体方面来看，到十几岁以后，在生理上多数女孩子开始有月经，乳房开始隆起；在心理上性意识开始萌发，她们渴望与异性交往，渴望了解性方面的知识，并且对爱情产生一种梦幻式的想象，也有些女孩对异性产生爱慕情感。这个时期的女孩有时会有一些荒唐的、轻率的、不负责任的举动。

在我们的生活中，在我们周围，如果你的女儿和别人发生了关系，你会怎么做？做爸爸的不要喊：“你给我滚出去！”做妈妈的不要哭着说：“你给我丢尽了脸！”如果你这样说，你的孩子可能永远也不会回到你身边。重要的是让她认识到这件事的严重性，认真吸取教训，再也不犯这样的错误。因为我们的孩子确实生活在比我们过去开放得多的社会。

如果有一天你的孩子问你：“妈妈，你是怎么和我爸好的？”你应该认真回答，而不要敷衍、回避。

对于情感、婚育方面的事情，在孩子们懵懵懂懂的时候，最需要家长耐心的引导。一旦出了事情，再打再骂也不管用了。孩子这时候最需要父母的关怀与理解，如果得不到，他们就会丧失信心，也有可能自暴自弃。所以家长不能强迫孩子避免接触这些事，而是要正确引导。

**家庭如何保护男孩子**

许多人都觉得，男孩子根本不需要保护，这种想法是错误的。所谓保护，不是“过度保护”，不是代替孩子去干本该由他们自己干的事，而是要教给他们自我保护的能力。

妈妈要告诉男孩子，从小要自立。男人的“男”字，是“田”和“力”的统一，表示男人要负重的。出现了问题，需要出力时，男人要挺身而出，不遗余力，而不能袖手旁观。但是，出力的时候要看实际，讲科学，自己力所不能及的事，不要贸然去做，要找大人帮助。如救火、制止打架或坏人行凶……要勇敢也要机智。

妈妈还要告诉男孩子，要尊重别人，尤其要尊重女性。男人的力量要表现在保护女性上，而不能以欺负女性为荣；男人的风度，又往往表现在对女性的谦让、友好态度上，如人们常说的“女士优先”。男人的幽默、礼貌，往往会给人带来快乐；粗暴、野蛮的举动只会孤立自己。

对于小男孩，妈妈要放手，让儿子自己保护自己、保护母亲。对于大男孩，母亲要给予较多的关切。尤其是青春期的男孩，生理上发生很多变化：出现阴毛，肌肉逐渐发达，声音变粗……他们会感到：“我已经不再是小孩子了，我长大了。”他们甚至希望自己成为自立的男人。但由于年龄与知识的局限，他们又不知道该怎样去做，想脱离父母的保护，却又摆脱不了青春期的困扰，因此感到心情很烦躁。

随着信息时代和网络时代的到来，掺杂着丑恶、腐朽、色情的文字和视频极容易影响孩子们，极大地危害、威胁着少年儿童的身心健康。作为父母，要多多关心孩子在看什么，在做什么，以防微杜渐。

在“知心电话”中，男孩子倾诉苦恼时，很多谈到性冲动方面的事。

有个男孩子问我:“手淫怎么办？”

我告诉他:“睡觉时做五件事:①用温水洗脸、洗脚；②不要看艳情、惊险的小说或影片；③不要盖太松软的被子；④把手放在被子外面；⑤睡醒了就起床，不要恋床……”

上海有个初中的男孩在“知心电话”里对我说:“我们的班主任年轻又漂亮。一个夏天，她坐着跟我讲话，我站着。透过她那薄薄的连衣裙，我看见了她的乳房。以后上她的课，我眼前总出现那个情景，我无法抬起头面对她。我觉得我是个罪犯，我想转学……”

我告诉他:“所有的女人都有乳房，包括你的妈妈、姐姐，这没什么可奇怪的。你不必多想，把老师当作自己的姐姐，一切都会跟从前一样。”

这些都是“电话”里的秘密。我想，男孩子是不会跟父母讲这些的，因为父母会“大惊小怪”，以为孩子学坏了。

我在香港访问时，曾看过一本给家长和小学生读的性知识手册，很浅显通俗。但是内地的这种书并不是很多。所以我们很有必要突破这个禁区，这样才能更好地教育孩子。家长应该教给孩子一些性知识，不要大惊小怪，尤其是发生了问题时，要爱护他，给他一个机会，因为这种时候他最脆弱。家长可以向他保证不让别人知道，也要求他不要再做这样的事。

作为父母，我们有义务保护孩子、关心孩子，也有义务教给孩子进行自我保护的意识与本领。我们这一代人带给孩子的不仅仅是遮风避雨、解饥缓渴的屋舍，更要给孩子们开辟一隅慰藉心灵、排除困扰的空间。这是“一个不需要多大的地方，在我疲倦的时候，我会想到它”，也是“一个不需要华丽的地方，在我受惊吓的时候，我才不会害怕……”。这个地方，就是家！

## 四、沟通的双赢诀窍

在孩子心中，家庭是由三个完全平等的世界组成的，每个世界都是独立的，又是交叉的，也是互相支撑的。他们知道，自己是父母心中的太阳，是父母爱情的结晶。他们多么需要父母的爱，多么渴望与父母沟通！

### 让孩子倾诉——坐下来听

一位著名的心理学家认为，父母让孩子通过语言把所有的感情——积极的和消极的——都表达出来，是对孩子最大的保护。

作为孩子，总希望父母能与他共享快乐或分担愤怒、恐惧、压抑、悲伤，而我们这些做父母的，却往往只爱听“好消息”，不爱听“坏消息”。长此以往，孩子失望了，觉得什么事情对父母说了也是白说，还不如将坏心情埋在心里。久而久之，消极情绪找不到发泄和化解的渠道，积累到一定程度就可能突然爆发，变成一种对抗情绪，以致给自己和家庭带来伤害。

无论是大人还是孩子，只有觉得对方能真正理解他的想法时，才能听得进对方的话。我们在听了孩子的想法后，立即用自己的语言重复其中的要点，并同他交流，孩子会觉得我们一直在认真倾听，对他是尊重并理解的。那么，孩子无论怀着什么样的心态，都能够表现得平静，对问题的解决也会有利。

跟孩子交流，有时候并不需要我们自己说，而只要静静地听孩子把话讲完，孩子也就满足了。父母作为倾听者所给予孩子的关注、尊重和时间，是对孩子最有效的帮助。

有位妈妈声带上长了结节，医生强迫她噤声，至少十天不许说话。

这天，儿子放学回家，进门就嚷："我恨老师！再也不到学校去了！"

如果平时听到儿子这么说，妈妈一定要严厉地训斥他。但是，这一次她没有这样做——她不能讲话，只能看着下面会发生什么样的事情。

气愤的儿子蜷伏在妈妈身边，把头枕在妈妈的膝盖上，伤心地哭着："妈妈，今天老师叫我们写一篇作文，我写错了一个字，老师给我指出来，结果同学们都笑我，真没面子！"

妈妈只是搂着伤心的儿子。儿子沉默了几分钟，从妈妈怀里站了起来，平静地说："我要去公园了，同学还等着我呢。谢谢妈妈！"

妈妈的沉默给了儿子一个倾诉的机会，使他能够向妈妈吐露内心的痛苦。妈妈明白了，这时孩子并不需要父母的教训和忠告，他受了委屈，需要有人倾听他的诉说。

沉默有时胜过千言万语。这是人与人之间相互交流相互沟通的一个奥秘。你能够理解这无声的交流吗？你能够学会使用它吗？那么请坐下来，静静地听孩子说吧！

## 和孩子平视——蹲下来看

我听到过这样一个故事：一个大人发现有个孩子聚精会神地蹲在路边观察蚂蚁，便问："小朋友，你在干什么？"孩子仰起稚气的脸得意地说："我在听蚂蚁唱歌。"大人哈哈大笑："蚂蚁怎么会唱歌？"孩子不高兴地回答："你不蹲下来听，怎么知道蚂蚁不会唱歌？"

这使我不由得想起一位爸爸的切身体验："蹲下来，和孩子平视。"在前文中，我曾经谈到这位台湾儿童电视节目主持人讲的十分有意思的事情。

那件事给我很大启示：与孩子平视，是每个父母应该遵循的原则。

父母要被孩子所接受，是不是也应该找准自己的位置，蹲下来，听孩子说话，了解他们的思想，知道他们要做什么呢？有许多事情，用我们成人的眼光来看，怎么也理解不了。这就需要做父母的有变换角色的意识，抛弃自己的偏见，用孩子的眼光来看他们的世界，才能看懂孩子。

## 与孩子商量——相互尊重

两代人的沟通，最重要的是相互理解、相互尊重。而实现相互理解、相互尊重的方法是——学会商量。商量的魅力在于，使自己学会从别人的角度思考问题。

我从儿子的成长中体会到：商量，能使家庭关系变得和谐；商量，能使孩子得到大人的尊重，从而使孩子懂得尊重别人，并学会用商量的办法去对待父母和他人。

从儿子幼儿时期直到高中时代，我一直用“商量”的办法同他相处。“商量”使亲子间增进了感情，避免了冲突和对抗；“商量”使儿子学会了从别人的角度来观察事情，思考问题，学会了民主和平等、尊重和友谊。

回想儿子成长的经历，我深深地感受到，孩子是独立的世界，这个世界蕴藏着极大的潜能。潜能的开发，要靠个人努力，更要靠父母的尊重、赏识和肯定。父母应当相信，孩子的世界会比自己的世界更辉煌，因为他们属于未来。有了这样的认识，才能平等地面对他们，真正地尊重他们，由衷地赞美他们，他们才有可能以自己的健康成长来回报我们。

## 让孩子决定——学会选择

选择是一种能力。

人的一生中，会遇到无数选择的机会。机会永远只属于有准备的人。如果一个人从小就有意识培养自己选择的能力，那么就有可能抓住机会，走向一个又一个成功；如果事事都靠父母替他选择，离开父母就束手无策，那么机会就会与他擦肩而过。

选择的能力是从小培养的。父母要对孩子一生负责，就要把选择的权利交给孩子，切不可事事包办代替，因为人生的路还要靠孩子自己走。

如今，我们自己做了父母，却习惯把“选择权”牢牢地把握在自己手中，千方百计为孩子设计未来，逼着孩子做他们没有兴趣的事情。结果只有两个：一是让孩子变得胆小怕事，只会顺从地按照父母的意见办事，自己缺少主见；二是引起孩子的反感，总是跟父母“较劲”，你让我朝东，我偏要向西，父母对孩子的期望无法实现，还造成与孩子心理的隔阂。

如果我们能对孩子的选择保持顺其自然的心态，让孩子自己选择，那结果就大不一样。

学会选择的人，才能把握好自己的命运。

## 给孩子写信——巧妙地表达

在教育孩子的过程中，家长常常遇到这样的情况：自己有一肚子话要对孩子讲，又不知道应该从哪里说起。尤其是遇到比较敏感的问题，更不知道该不该对孩子说，怎么对孩子说。

给孩子写信，通过文字来表达自己的心情，不失为一种与孩子沟通交流的好方法。

我儿子上高中的时候，一次我去学校开家长会，听说他对一个女同学挺有好感，但那个女同学不理他，因此他的情绪很低落。回到家后，我把这个情况跟他爸爸说了，爸爸当时就问他：“你跟那个女生怎么着了？”儿子哭了，向我们大吼一声：“别逼我好不好？”一摔门走了。我们俩谁也没有说话。一会儿，儿子回来了，说了声：“对不起，我刚才太激动了！你们批评我吧！”我被儿子的“大度”感动了，反而觉得自己太不注意方法了，于是抱歉地说：“是我们太心急了，今天不说了。”

当晚，我给他写了一封信。信里写道：“一个国家强大了，别的国家都来跟它建交；一个人强大了，别人就会跟他友好；一个男人强大了，好女孩也会主动跟他交友。一个男人是靠自己的力量来团结别人的。你现在还不是很强大，你去找人家不成功，心里很难受，这是弱小的表现。你要使自己强大起来，我相信你是一个真正的男子汉。”我把这封信放在他的桌子上，从此没有再谈过这件事。

书信，自古以来是人与人沟通的好方法，我们可不能把它遗忘呀！

## 替孩子着想——留点面子

一个人最宝贵的是尊严。对一个孩子来说，最害怕的不是棍棒、拳头，而是失去面子、失去尊严。当你知道孩子偷了东西，但还不能确定时，请你保持冷静，千万不要冤枉孩子；而当你已经有证据确认孩子犯了错误时，请一定给孩子留点儿面子，孩子会为此感激你一辈子！

我忘不了作家梁晓声写的一篇文章《橘皮》。梁晓声上小学时，家里十分困难，父亲又患了哮喘病咳得很厉害。他听说橘皮能治哮喘病，便偷偷拿走了教室窗台上晾的干橘皮。老师发现了这件事，一直替他保密，没有对别人说起。梁晓声说，他从内心里感激这位老师，这种感激之情持续至今，鼓励着他用一生的努力来回报社会。

孩子最害怕的是失去尊严。对待孩子，没有比保护他的自尊更重要的事了。

## 放孩子出去——认识社会

带孩子出去玩，出去见世面，扩大视野，是家里任何玩具、画册、游戏机都替代不了的。

不到九岁的北京男孩温勃，暑假远行万里，到南非看望在那里工作的爸爸。温勃第一次踏出国门，便是穿过一万多公里的距离，从北半球来到非洲大陆的南端；从酷暑难耐的北京，走入枯黄萧索的约翰内斯堡。亲身体验给一个男孩留下的是多么深刻的印象！

对一个初到非洲的中国孩子来说，温勃最感陌生、好奇又有些恐惧的莫过于满眼都是黑人。

爸爸带温勃去了一个极为贫穷的黑人村镇。那天，村里的黑人正蜂拥着参加庆祝集会。上千名男女老少载歌载舞，大喊大叫，逐渐把他们父子俩围在中间。这样张扬奔放的迎客方式令父亲深受感动，然而温勃却是一脸的恐惧。事后，温勃对爸爸说："我哪儿见过这种阵势呀！我真怕他们把咱们抢了。"这是九岁的中国男孩对黑人的最初认识。

减少偏见，客观地了解另一种肤色人群的最好办法，便是多同他们交流。于是，父亲把温勃带到一个民俗文化村。文化村内有几个典型的黑人部族村落，各村落中都有一群身穿本民族服装的黑人。每到一个村落，都有酋长给客人讲解各自的习俗。温勃虽然听不懂他说什么，但一脸的恐惧逐渐消失了。

文化村最后一个节目是和黑人们一起跳舞。一位脸上涂着几个白点的黑人妇女拉着温勃的手，加入了歌舞的队伍。温勃已经不再害怕，他大方地学着黑人的舞姿扭起来。

这样的接触渐渐冲淡了原有的陌生、好奇和恐惧，温勃在与黑人的交流中变得大方多了。在祖鲁族部落，上百名祖鲁族黑人以狂歌劲舞的传统方式迎接各国宾客。男人手持兽皮盾和长矛，身上仅仅遮着一块兽皮，而那些女人则赤裸着上身，他们跳着、舞着、唱着，是那么尽兴、那么奔放……歌舞完毕，这些黑人又在手持权杖的酋长带领下呼啸而去。要是在以前，这个阵势准又把温勃吓坏了，会远远地躲开，而这次，他竟然毫不胆怯地迎上前去，站在那位祖鲁族酋长的身边，留下了一张难得的合影。

一个中国男孩，有幸踏上远隔万里的南非大地，有幸从亲身的体验中了解那里黑人的生活，和陌生的人群进行交流，这是他重要的一段人生经历。

人类是一个巨大的“部落”，认识整个人类，需要博大的胸怀，尤其面对与自己民族差异很大的群体，需要以坦诚的胸怀走向对方，了解对方。

孩子认识人类，是通过一个一个具体的人来认识的。让孩子多交一个朋友，实际上是在帮助他多打开一个窗口。这样的窗口打开得越多，孩子的视野就越开阔，心胸就越宽广，胆量就越大。相反，如果把孩子封闭起来，不让他与人交往，那么孩子或者变得孤独、冷漠、不合群、不自信，或者变得夜郎自大、故步自封，与别人格格不入。慢慢地，对人越来越疏远、陌生，心灵的世界越缩越小，最后只剩下自己，其结果是相当可怕的。

请不要把孩子关在狭窄的空间里，放他们出去，到外面的世界走一走，看一看，多认识社会，多结交朋友。

## 向孩子道歉——说声对不起

大人有时会错怪孩子，这很正常，因为许多大人不知道孩子心里想的是什么。孩子犯了错，要向大人认错，向被冒犯的人道歉；可大人犯了错，错怪了孩子，却很少向孩子说声对不起，这就不正常了。

“人无完人”，谁都免不了会有过失。我们总不能像蜗牛一样，把所有的错误都装进一个大壳子里，天天背着，那该多累啊！其实，大人做了错事，也应该像孩子一样大胆承认并立刻改正。丢掉面子，丢掉错误，轻装上路，那有多轻松啊！

一次座谈会上，有位家长提出这样一个问题：“大人犯了错误，面对孩子，应该怎样解释呢？比如说，孩子做了一件错事，我知道了就责备他，骂他。以后通过找老师，我发现错怪了他，但没有勇气向孩子承认错误，这一点让我们大人很难办。”

我回答说：“大人也有犯错误的时候，大人也要实话实说。如果能对孩子说一声：‘对不起，我错怪你了！’我想，孩子是会非常感动的。有时，家长老是放不下架子，觉得自己是大人，怎么可以随便向孩子说‘对不起’呢！我倒是觉得，我们跟孩子可以建立一种朋友的关系，有来有往，谁做得不对谁就认错。这样，反而显得大人很光明磊落，在孩子眼中也很有分量。那些只知道掩饰自己的人肯定是很虚弱的人。”

## 向孩子学习——能者为师

放下架子，你会发现孩子可能比你强。

我过 50 岁生日那天，儿子送我一件礼物——他亲手将我家的电脑升级，装入语音录入系统软件。

在儿子的指导下，我乖乖地坐在电脑前，学习语音录入。

“专心，别走神！”

“自然点儿，就像平常说话一样……”

“不行，您感冒了，鼻音太重。妈妈，您需要重新录……”

面对电脑，我是一个小学生，儿子却俨然是一位严格而耐心的老师。

想起几年前，我还可以做他的老师，而今，他利用知识的优势以及所享有的信息、技能，使我不得不对他刮目相看，不得不老老实实拜他为师。

能者为师。拜孩子为师，不是什么不好意思的事情。

今天的孩子非常幸运地成长在科学技术飞速发展的信息时代，他们身上蕴藏着巨大的发展潜能，他们获取信息的能力远远超过我们这些家长的想象。一件新的电器买回家，我们手忙脚乱，不知所措，而孩子几分钟就能让功能多得令人眼花缭乱的电器听从他们的指挥，并教给我们如何使用；到商场买东西，你在那里不知如何是好地挑来选去时，孩子会马上告诉你，哪种式样的衣服最流行，哪种已经过时，让你不得不听他的……在有些方面，孩子确实比我们懂得多。

拜孩子为师，好处很多。

一、能使大人变得年轻。好像回到自己的年轻时代，激活自己学习新知识的兴趣。

二、能使孩子变得自信。能够做父母的老师，让父母听自己的，这是多么神气的事情！孩子自然会从心里发出“我能行”的正信息。

三、能使亲子间的感情增进。父母拜孩子为师，就自然会放下架子，与孩子平等相处；孩子受到大人的尊重，反过来会更尊重大人。这样，家庭气氛会变得更加和谐。

# 第二章　父母的“去”与“留”

人是环境的产物。环境可以塑造人，也可以改变人。良好的环境可以帮助人成功，恶劣的环境可以使人窒息。

环境是人创造的。家庭环境是父母和孩子共同创造的。宽松、和谐的家庭环境，培养的是身心健康、性格开朗的孩子；紧张、压抑的家庭环境，培养的是有心理障碍、心胸狭窄的孩子。

有一位心理学家精辟地概括了孩子与环境的14种关系，其中有7种不良环境、7种健康环境。请你对照一下，你的孩子是在什么环境下长大的。

1. 指责中长大的孩子，将来容易怨天尤人。

2. 敌意中长大的孩子，将来容易好斗逞能。

3. 恐惧中长大的孩子，将来容易畏首畏尾。

4. 怜悯中长大的孩子，将来容易自怨自艾。

5. 嘲讽中长大的孩子，将来容易消极退缩。

6. 嫉妒中长大的孩子，将来容易钩心斗角。

7. 羞辱中长大的孩子，将来容易心存内疚。

8. 容忍中长大的孩子，将会极富耐心。

9. 鼓励中长大的孩子，将会充满自信。

10. 嘉许中长大的孩子，将会爱人爱己。

11. 认同中长大的孩子，将会掌握目标。

12. 分享中长大的孩子，将会慷慨大方。

13. 友善中长大的孩子，将会对世界多一份关怀。

14. 安定中长大的孩子，将会有平和的心境。

家庭的建立，不仅预示着一种人际关系的确立，还预示着一种家庭伦理关系的形成。在家庭关系中，成人是起主导作用的，因而，要改善父母与子女紧张的、不和谐的关系，先要改变我们自己；要提高孩子的素质，先要提高我们自己的素质。

作为父母，我们那么爱自己的孩子，但是，这种“超重的爱”把孩子压得喘不过气来，他们一方面获得过多的爱，另一方面又感到压力过大，过早、过多地品尝到了人生的不幸、生活的重负和竞争的惨烈。面对一幕幕悲剧的发生，难道我们不应该认真想一想，我们给予孩子的爱是不是适当？我们的教育方法是不是科学？我们应该留下什么，丢掉什么，又找回什么？

## 一、丢掉补偿心　找回平常心

你的孩子并不是你，你可以给他爱，却不能给他思想，因为他有他的思想。

做父母的本应该有颗平常心。因为，生儿育女是最平常的事情。

著名的教育家陶行知先生早就告诫过父母们：不要让孩子成为人上人，不要让孩子成为人下人，也不要让孩子成为人外人，要让孩子成为人中人。“人中人”就是“平常人”。

“平常人”就是心地平和、能与人和谐相处的心理健康的人。邓小平同志是一位世纪伟人，可他却把自己看成是一个平常人。他有一句让老幼动容的话："我是中国人民的儿子，我深情地爱着我的祖国和人民。"

一个伟人把自己看成是平常人、人中人，我们这些普通人，却非逼着孩子去当什么"人上人"不可，这不是害孩子吗？有了这种心理，对待和教育孩子自然不可能既科学又冷静。为了让孩子当"人上人"，许多家长逼着孩子拼死拼活考大学。考试成绩稍差，家长便冷眼相待；如果排名靠后，更会暴跳如雷，甚至大打出手。孩子承受着巨大的思想压力，渐渐对学习失去了兴趣，如此下去，孩子不仅没有成为"人上人"，反而成了最没有志气的平庸之辈，变成了"人下人"。

培养"平常人"，要有平常心。

所谓做平常人，就是少给孩子提一些过高的、难以做到的要求，而是把人生的道理，用最平常、最通俗的语言讲给孩子，让他们自己去把握自己的命运。

所谓有平常心，就是让孩子快乐地成为自己。许多父母喜欢支配孩子，喜欢按照自己的愿望支配孩子的未来，逼着孩子委屈地去做他没有兴趣的事情。这样的结果只有两个：一是使孩子成为只能顺从地按照别人的意志办事、缺少创造力的人；另一个是引起孩子的反感，使孩子与父母较劲儿，你让他朝东，他偏要向西，事与愿违，有的甚至走向了期望的反面。

仔细想一想，古今中外成大事、立大业者，有几个人是由父母安排的？马寅初的父亲给马寅初安排的前途是当账房先生，而马寅初选择的道路则是离开家乡，到上海、天津，再到美国求学，拿回耶鲁大学经济学博士学位，后来成为著名的经济学家。

有些事情的结果和你所想的相反，说怪也不怪。你想把孩子培养成"伟大"的人，但最可能的结果是孩子很平庸，连普通人也做不好；而如果你按照平常人的模式培养孩子，也许经过或长或短的历练，最后孩子真能成为一个"人物"。

有平常心的父母往往创造出平常之中的不平常。

台湾著名漫画家蔡志忠先生教育孩子的信念是——让孩子快乐地一辈子"当自己"。他认为，父母并不是孩子本身，凭什么替孩子决定前途？尤其是依从父母的意愿而不是孩子内心的想法，这根本是“本末倒置”。他认为孩子的快乐是金钱买不到的，童年也不会重来，强迫孩子学习不喜欢的项目，那份痛苦会成为孩子心灵里抹不去的阴影。对女儿的教养，蔡志忠先生采取的是顺其自然、因材施教的办法。他曾送给女儿一个这样的小故事：

有一棵小番茄秧，人们告诉它，只要努力，就可以长得很高，结的果实像西瓜一样大，味道像香瓜一样甜，并且还会像苹果一样有营养。小番茄秧很努力地吸取养分，很卖力地做体操运动。结果，它的果实仍然只是小小的番茄。最糟糕的是，现在小番茄秧不再认为自己是番茄秧，它甚至连一点儿自信心都没有了。

蔡志忠说，他只要自己的女儿快乐地成为她自己，只要她能够健康地长大，别的什么都不重要。对孩子抱有过高的期望，强迫他实现自己力所不能及的目标，不仅会让孩子感觉到迷失，更会戕害他们的心灵，这实在是大错特错。

不要把你的愿望强加在孩子的身上，不要等着让孩子来实现你自己的愿望。尊重每个孩子的不同，让孩子在规则中找到自己的路，留一个自由的空间，让孩子尽情地成长，完全地自我发展。你的孩子并不是你，你可以给他爱，却不能给他思想，因为他有他的思想。

## 二、丢掉反常心　找回正常心

拿自己的孩子和别人的孩子比是有害的。今天的父母对孩子多有烦恼，少有惊喜，原因在于总是盯着别人的孩子不放，并且不用心去赏识自己的孩子。

用反常的眼光看孩子，是当今父母普遍存在的问题。只要觉得自己的孩子不如别人，就怀疑自己的孩子有毛病，有的家长甚至当着孩子的面说孩子有病，这本身就不正常。我们不该让孩子的头上从小就笼罩着“有病”的阴云。

我想起一个外国男孩的事儿。他出生时就一条腿长，一条腿短。后来爸爸妈妈告诉他，所有的人都是这样，他们所以跑起来那么自如，是下功夫练出来的。孩子的爸爸妈妈始终把孩子看成正常人，一样让他参加体育活动，一样让他去跑步……这个孩子虽然身体有残疾，可心理一直很正常。经过刻苦锻炼，终于成为一名优秀的运动员。

这叫什么？正信息！对孩子来说，“有病”就是负信息，“没病”是正信息。在正信息中长大的残疾孩子，肢体虽然不健全，但心理是健康的；可是在负信息中长大的孩子，肢体虽然健全，可心理有病。总怀疑自己有病，时间一长，身体真会出毛病。

有位妈妈很不负责任，她的女儿一年级时成绩较差，她十分焦急。一天老师对她说，你的孩子是弱智，送到弱智学校去吧！这位妈妈信以为真，没有经过医生鉴定，就把女儿送进了“弱智”学校。上六年级时，女儿参加全区“弱智”学生运动会，获得了第一名的好成绩，结果一体检，医生说她是个完全正常的孩子，成绩不算数。记者闻讯前来采访这个假弱智生，问她这六年的感受。女孩说，刚刚来“弱智”学校的时候，觉得周围的人说话走路都不正常，可没过多久，周围的人却认为她“不正常”“有病”。她也开始学“弱智生”走路、说话的样子，慢慢地，别人看她“正常”了，她就真的变成“弱智”了。

可以说，是环境改变了人，把正常人变成了不正常的人。

如果父母有了反常心理，总怀疑原本正常的孩子不正常，自己总是处在紧张、焦虑之中，这样不仅影响自己的身体健康，还会影响孩子的正常成长，使一些孩子小小的年纪就患上糖尿病、高血压、哮喘等大人的常见疾病。因为父母精神一紧张，小孩立刻就能感觉出来。成人体内具有了一定的抵抗力，所以有时没有什么症状，而孩子的抵抗力差，只好替父母生病了。

怎样让自己变得轻松呢？那就恢复正常吧！当你学会用正常的眼光、发展的眼光看孩子，你就会理解孩子的心理，原谅孩子的过失，看到孩子的长处，你就会发现“太阳每天都是新的”！

不要拿自己的孩子跟别人的孩子比较，要相信自己的孩子。今天的父母对孩子多有烦恼，少有惊喜，原因在于不是用心去赏识自己的孩子，而总是盯着别人的孩子不放。

## 三、丢掉虚荣心　找回责任心

很多大人把孩子当成工具，为了实现自己未能实现的梦想，要求孩子为父母争面子，于是，一味地要求、强迫孩子，不尊重孩子。殊不知，这也是对孩子心灵的一种摧残。

今天的父母面对孩子那么心急气躁，是因为什么？

虚荣！

孩子考试没考好，你觉得是让你没了面子，便拳脚相加；孩子没考上大学，是让你丢了面子，于是冷眼相待；孩子有了点儿成绩或考上了大学，是给你增添了光彩，于是到处炫耀，把孩子的一切和自己的荣誉连在了一起。把考高分的孩子当成往自己脸上贴金的招牌，把有缺点的孩子看成是自己的耻辱，把有特长的孩子当成自己的摇钱树，这是为什么？

是虚荣！是对孩子的不负责任。

有的父母甚至说：“考不上大学你就别回家来！”这是多么不负责任！作为孩子的父母，无论他犯了多大的错误，你也不能说出这样的话，难道只有上了大学才是有前途吗？有些父母看到儿女上了大学，尤其是上了重点大学，高兴啊，以为真是完成了什么重要的使命！但等待他们的又是什么呢？说不定是一场悲剧！

在我儿子报考大学时，我曾经咨询过北京某著名大学的一位老教授：儿子究竟选择哪所大学好？

这位教授说："你把各学校的情况提供给他，让孩子自己决定。你不要替孩子选择，让他自己选择。"

接着，老教授向我讲述了这样一件事：偏远地区有一个女生，学习特别好，人称"三脑袋"，物理、数学、化学都能考满分，被列为全国的保送生。她的父母非让她报考全国顶尖大学不可，她不想去，可父母逼着她去，让她为祖宗增光。她违心地去了那所大学。在入学后的考试中，她的成绩列为第 18 名。这样的结果她这位当地的"状元"哪能承受得了！妈妈在学校陪了她一个月，妈妈刚走，她就跳楼自杀了。妈妈闻讯赶回学校，哭干了眼泪，一声一声地喊着："是我害了我的女儿！我当初不逼她，也不至于到这个地步啊！"

每年，大学中自杀的学生不止一个两个。如果这是你的孩子，你怎样对待？且不说孩子承受力如何低，单说家长一生的心血，不都付诸东流了吗？为了让孩子能够出人头地，家长真是操碎了心，什么事情都替孩子想好、办好，甚至把孩子将来的前途都设计好了。但活生生的现实向我们发问：你的那些设想和做法，符合社会的需要和孩子成长的规律吗？即使什么都替孩子打点好了，你能够真正替孩子把人生的路走到底吗？

世界上最长的路是人生之路。人生路上，每个人都有着自己的使命。那么，父母的使命是什么呢？

做孩子的知心朋友，陪孩子走一程。

可我们有些父母却忘记了自己"陪"孩子的使命，反而喧宾夺主，把"陪"变成了"替"，把"配角"当成了"主角"。孩子上小学，替孩子收拾书包，背书包；孩子上大学，替孩子扛行李，收拾床铺；孩子去春游，替孩子在车上"抢"座位；孩子要考大学，替孩子选学校，选专业；孩子参加兴趣班，替孩子选兴趣……无怪乎有人说，孩子有点儿什么事情，最忙乎的是家长。

家长包办一切，孩子却没有事情可做了；家长情绪饱满、乐此不疲，孩子却早没有了兴趣，在一边"旁观"。

"减负"以后，我去北京几所重点小学和孩子们聊天，想听听他们说一说“解放”后的“快乐”感受。谁知，一个漂亮的小姑娘愁眉苦脸地对我说：“减负前，我妈给我报了三个兴趣班；减负后，我妈说这回有时间了，不能闲着，又给我报了两个兴趣班。我苦死了，哪有快乐呀！我每天真是度日如年啊……”

命运像她这样的孩子不止一个。

一个男孩子告诉我：“我爸逼着我学钢琴，我不爱学，他就打我，还说什么有了特长考大学可以加50分！”

我对他们说：“能加分的只是极少数。每年全国报名参加艺术特长生测试的学生相当多，其中报考钢琴的竟占一半，而被各个重点大学降分录取的只有几个人，被选中的概率真是太小了。如果你不喜欢弹钢琴，单纯为那50分去拼命，我看不值。”

男孩说：“您要是我爸就好了。我可说不服我爸，我不知道我得熬到哪一天……”

家长们对设计孩子的未来兴致勃勃，孩子却觉得苦不堪言。家长替孩子着急，替孩子花钱，替孩子受累，到头来孩子非但不领情，反而感觉被爱得“死去活来”。

我们真应该冷静地想一想，我们让孩子学这个学那个，孩子不愿意学，不想学，不好好学，我们岂不是白花钱？

有位爸爸让孩子学习特长，将来好在上大学时加分，前后花了两万多元钱，结果孩子不但没有学出来，没有考上大学，反而对生活失去了兴趣，每天只想着自杀。这位爸爸真是追悔莫及，写信给我，求我救救他的儿子。

“替”和“逼”的背后是什么呢？

虚荣。

过去人们在一起比吃，比穿，比钱多，比家用电器高级，现在呢，发展到了比孩子。比谁家的孩子上了重点学校，比谁家的孩子考了高分，比谁家的孩子上了父母期望的大学……把孩子学业上的成就当成装饰品，当成向别人炫耀的资本。

前不久，我在一份家教报纸上看到一篇文章。

在我国一个偏远的小镇，有一个小学体育老师，一心希望儿子能出国留学光宗耀祖。但儿子分数差了一点儿，失去了出国留学的机会。父亲着急得不得了，到处托人找关系，想让儿子早一点儿出国。最后，通过一个中间人，交了2万美元，终于把儿子“弄”到了美国。父亲逢人便说:“我的儿子出国留学去了！”

儿子出国以后，先后把自己挣的1000美元寄回了家。父亲立刻“牛”了起来，穿戴也讲究了。后来，儿子被打伤了。他给父亲打电话诉说了自己的遭遇，并提出要回国。父亲勉强同意了。儿子回来以后，父亲很不高兴，说:“你真不给我争气。我现在正在竞选校长呢，你偏偏这个时候回来丢我的脸！你最好找个没人看到你的地方待着去！”

这是个很典型的例子。从中我们可以看到，虚荣心是很可怕的东西，父母的虚荣心会给孩子带来伤害。正如一位名人所言:“虚荣心很难说是一种恶行，然而一切恶行都围绕虚荣心而生，都不过是满足虚荣心的手段。”

很多大人把孩子当成工具，为了实现自己未能实现的梦想，要求孩子为父母争面子，于是，一味地要求、强迫孩子，不尊重孩子。殊不知，这也是对孩子心灵的一种摧残。

我们丢掉虚荣心，找回责任心的前提是——承认孩子不是父母的工具，孩子的生命是为了本身的目的而存在，父母只是陪着孩子走一段路程而已。

## 四、父母给孩子的真正财富

学会做人，是妈妈送给孩子的最好礼物。爸爸给的一个体验要比爸爸讲的一大串道理更有力量，要比爸爸买的一堆礼物更有价值。

做父母的，都想给孩子留下些什么，但究竟应该留下什么呢？

不同的父母留给孩子不同的礼物，而不同的礼物又给孩子带来不同的人生。

有的父母留给孩子的是一大笔金钱，而孩子却学会了挥金如土，最后成了乞丐。

有的父母留给孩子的是一份产业，但孩子不会经营，最后落个产业倒闭，倾家荡产。

有的父母留给孩子的是一栋房子，而儿女们为了瓜分房产，相互之间打得头破血流，大伤和气。

……

物质财富早晚有一天会用尽，只有人的自身成了财富，才有可能去创造永远也用不完的财富，享受无尽的幸福。

如果从小就教会孩子如何做人，如何做事，即使父母没有钱留给孩子，孩子也能靠自己的本事挣来钱；即使父母没有什么家产留给孩子，孩子也能靠自己的本事赢得财富。

父母留给孩子最好的财富，再没有比教会他生活的技能，给予他克服困难的力量更好的了。

## 妈妈的遗产

妈妈生前，桌子有一个抽屉一直是锁着的，钥匙就放在她的衣兜里，谁也不知道里面放着什么“宝贝”。

妈妈去世后，二姐打开了这个抽屉。我们全都愣住了：里面没有一分钱，也没有金银珠宝，只有一个小本子，前三页工工整整地记录着她的每个儿孙的出生日期，既有阳历，也有阴历，甚至精确到出生时的几点几分。

这就是妈妈的“存折”！这就是妈妈的全部遗产！

妈妈生前总是说，她一生最大的财富就是她的孩子，她用她全部的心血来抚育孩子。记得我们小时候，爸爸在外地工作，因为孩子多，家里生活不宽裕。为了抚养我们长大成人，妈妈一直没有出去工作，却千方百计地让我们吃饱穿暖好好上学，教会我们生存的本领。每逢国庆节，为了让我们参加游行，她总是熬夜给我们赶制新衣服。平时，妈妈不给我们什么零花钱，可是当她知道我考上了北京市少年宫绘画组，每周日要去景山公园学画画时，她立刻为我买了一张月票。

她非常支持我们参加各种公益活动和发展特长的学习，她教育我们从小要诚实做人，不占便宜，想要的东西要通过自己的努力去争取，不要企求不付出劳动就能得到……在童年的时光里，快乐和幸福、勤奋与上进总是伴随着我们一家。

妈妈走了。她的一生平平淡淡，没有享受过什么富贵，但她拥有着世界上最大的快乐——天伦之乐。我们在为她老人家送行的花篮上分别写着："妈妈，我们爱您！""奶奶，我们爱您！""姥姥，我们爱您！"

妈妈走了。带着微笑走了。虽然她没有给子孙留下一分钱，但是，她却留下了比金钱更重要的东西——教会我们如何做人，如何生存。

妈妈是一本书，不仅教会了我们怎样做人，还感染了我们的孩子。在我们孝敬老人的日子里，孩子们看会了、学会了关心长辈，他们心中有了老人，同时也有了父母。

母亲去世的那天早晨，在京的小辈能够通知到的都来了，唯独没有叫我的儿子，因为他的学校离城里太远了。

好像是有什么感应，那天早上 8 点多钟，妈妈刚刚被推进太平间，儿子就呼我，我立刻给他回了电话。

"姥姥怎么样了？"儿子急切地问。

"姥姥今天早上 5 点 15 分过世了……"我哭着说。

"……你们为什么不告诉我？"停了半天，电话那边才传来儿子哭泣的声音。

"太远了，你来不了！"

电话挂断了。紧接着我的 BP 机上显示出这样一行字："你们应该告诉我，我能赶回来的！"

我的泪水忍不住又流了下来——我真后悔没有叫儿子赶来见姥姥最后一面，留下了这终生的遗憾！

母亲去世后，我们姐妹几个都有一个共同的感受：孩子们突然长大了！妹妹告诉我，她女儿回家说：“爸，我妈没有妈妈了，你可要好好待我妈啊！”

母亲的遗体火化不久，儿子把一个“小剧本”交给我看，是他刚刚写完的。

其中有一段“儿子”对他“表妹”的话是这样说的：“为姥姥送行的那天，妈妈哭得好伤心，我还从来没见她哭得这么厉害。我一直在她身边扶着她。以后，我要好好照顾我妈……”看到这儿，我的泪水唰唰地流了下来。

## 爸爸的体验

“把自己的体验告诉孩子！”这是家庭教育的魅力，也是父母与老师教育孩子的不同之处。

我的老朋友郭长江就是这样一个有魅力的爸爸，也可以称得上是一个“知心爸爸”，从他那里常常能听到一些好听的故事。

每当说起他的儿子，郭长江总是神采飞扬，那轻松平和的口气，好像他和儿子是哥儿俩。

郭长江给我讲的第一个故事是“踢球”。

他的儿子郭沫上小学时一直住校，一到周末，他就带儿子去体育场买票踢球。

有一天，他问儿子：“儿子，爸爸要是死了，你想爸爸吗？”

儿子说：“想啊！”

“想爸爸什么呀？”郭长江等着儿子“歌功颂德”。

没想到儿子说：“没人跟我踢球了！”

我听了，笑得前仰后合，认真地对郭长江说：“踢球的事一定要坚持下去啊！不然你儿子就把你忘了！”

郭长江给我讲的第二个故事是关于他儿子的作文。

他让我看他刚刚上初一的儿子写的作文《长大的感觉》。

“题目是老师出的，儿子写的内容全是真的，老师给了他全班最高分。”郭长江欣慰地说。

我一口气读完了，心中装满了感动。

郭沫的作文写得朴实无华，却发人深省，使我不得不佩服郭长江这位爸爸高超的教育方法，佩服郭沫这个12岁少年感悟人生的能力。

教育孩子“对自己负责，对他人负责”，这是一个重要的话题，也是一个沉重的话题。孩子能不能长大，正是要看他是不是理解了“责任”两个字的含义。郭长江这位“知心爸爸”的高明之处在于，他没有用生硬的大道理去给孩子讲“责任”，而是把自己12岁时的亲身体验告诉了12岁的儿子，使儿子从中理解了什么是“责任”。

更让人感动的是，儿子进入中学开始走读后，父母不是“严加保护”，而是把家里所有的钥匙都交给了儿子，让儿子感受到父母由衷的信任，从而有了“长大的感觉”，这是多么深切的父母之爱啊！

我真的被深深地感动了。我想，假如我们每一位父母都能像郭沫的父母那样信任孩子，把自己的体验告诉孩子，那孩子们一定会健康地长大的。

人们总爱说“以理服人”。在家庭教育中，把深刻的道理融入父母切身的体验中，会增加许多亲情，更容易被孩子理解和接受。

对孩子来说，爸爸的一个体验要比爸爸讲的一大串道理更有力量，要比爸爸买的一堆礼物更有价值。

## 五、无价的礼物

孩子总有一天会知道，经历的财富胜过物质财富。

我的老朋友李卓志，原是个小学校长，一个深受学生爱戴的校长。他有个出色的儿子——小伙子上中学的时候曾被评为深圳市“十杰青年”。

一次我去深圳采访，碰巧见到了李卓志的儿子，顺便跟他聊起了他与爸爸的关系。

“我老爸是个孩子头儿。”儿子给了父亲很高的评价。

“怎么讲？”我对这个评价很感兴趣。

“孩子头儿有两层意思：首先，他是我的朋友，我们可以平起平坐；但他又是头儿，总高我一筹，我不得不听他的。我的同学都羡慕我有个好老爸。”

从那以后，我对这位“孩子头儿”十分关注。每次见到他，除了谈工作，就是谈他跟孩子的故事。

让我最难忘的是“一双波特的故事”（“波特”是一种名牌旅游鞋）。

“事情发生在送儿子上大学那天。”李校长动情地讲起那段故事，“儿子考上了北京的一所大学。去北京那天，我们夫妇一起送他。在等候办理登机手续时，儿子忽然冒出一句：‘爸，我还没有穿过一双波特呢！’看看满机场的人，脚上不是皮鞋就是旅游鞋，特别是那些年轻人，有不少是学生，脚上的波特更是令人眼花缭乱，再看看我们的儿子……我闭上了眼。不用看，是那双帆布胶鞋，绿色的，23 元一双。那是我们和儿子一起买的，当时觉得还不错，现在越看越刺眼。

“看到我们的尴尬，儿子笑起来：‘我随便说的，你们怎么这么严肃啊！’我们只好跟着苦笑起来。

“送走儿子，我们俩不顾一切地赶到免税店，花了近 500 元买了一双波特，又马上赶到邮局，把鞋寄往北京的亲戚家，请他们尽快把鞋转交给儿子。鞋里面还夹了一张字条：‘云儿，希望你能原谅爸爸妈妈的疏忽，我们是爱你的。’

“接下来的日子，我们夫妇常谈起儿子。我们没有给儿子买过一双波特，也没有让儿子追赶属于潮流的东西。我们是不是太过分了？是否对儿子过于吝啬了？记得刚到特区时，儿子要买五毛钱一盒的饮料喝，我们把他拉到一边，告诉他：‘太贵了，而且喝多了对身体不好。忍一忍，回家喝开水。’几次下来，儿子再也不要求买了，而且至今没有喝饮料的习惯。对此，我们原来还觉得蛮得意，认为是教子有方。现在反省起来，又怀疑是否对儿子过于苛刻了。就这样，我们在内疚与反省中度过了漫长的两个星期。

“终于，儿子的回信到了，而且还寄来了一个笔记本。不知为什么，拆信时竟有点儿忐忑不安。信是这样写的：

> 爸爸、妈妈，你们好。波特收到了，好看，穿起来又舒服。谢谢你们。不过，你们好像对我在机场随便说的话过于敏感了。为了让你们了解我的心情，我决定把我的日记向你们公开。请相信你们教育出来的孩子，我是永远爱你们的。

“我和妻子急忙打开日记本，其中有几处，儿子夹了纸条，显然是希望我们看的重点。

> 王敏穿了一身牛仔服，真帅！听说还是名牌呢！回家问爸爸，果然是名牌。关于中学生穿名牌，爸爸早有评论：所谓名牌，一是质量还可以，二是有一定的名气，穿在身上可以表示一定的身份和品位。中学生在受教育时期，关键要把注意力放在学习上，靠所谓的名牌来显示自己，反而是没有品位、低档次的表现。爸爸的说法我认为很有道理，所以晚上妈妈问我是不是想买名牌服装时，我反问她：那我不是没有品位了吗？妈妈愣了好一会儿才反应过来……
>
> 爸爸妈妈今天坚持带我一起去买鞋，原来他们是想给我买一双波特。我偏不要，最后选了一双绿球鞋。试了一下，很好嘛，大人就是怪，平时叫我不要在物质上和别人攀比，不要图虚荣，现在又鼓励我买波特，说是

武装一下。是不是怕我没有波特在同学中间不好意思呢？其实，同学们从来没有在这方面小看过我，他们反而很羡慕我，说我那么早就有自己的电脑，还说你们总是有时间陪我，特别是那次生日 party，妈妈的安排、爸爸的幽默，让同学们谈论了好几天，有几个同学还因此认真地向他们的爸爸妈妈介绍了一番呢！另外，同学们很佩服我到过那么多地方——北京、桂林、拉萨、九寨沟……李铁成还想让我到他家，现身说法介绍什么旅游和学习有关系的经验，好让他爸他妈同意他去北京呢！我当然没有去。不过，你们总不至于担心我会因为没有波特在同学中感到难堪吧？

“看完儿子的日记，我总算松了口气。看看妻子，还是眼泪汪汪的。她说：‘那次还是应该买波特！’‘那你就看不到儿子的日记了！’我笑着说。”

李校长讲这个故事时，他的儿子已经出国留学。五年之后，他的儿子回国工作。

这个故事深深地印在我的心里。我一直在想，父母含辛茹苦一辈子，一切都是为了孩子。总想给孩子这个那个，生怕别人瞧不起自己的孩子。其实，吃穿再好，也不能享用一辈子，人生体验才是无价之宝，孩子了解了，理解了，能够受用一生。

## 六、富翁的新招

想让孩子成才，不必给孩子太多的钱。真正对孩子负责的父母，是把生存的能力教给孩子，而不是只留给孩子一大堆金钱。

说起来也许没有人相信，许多家庭里，最有钱的是孩子。现在做了父母的中国人中，许多人都有过苦日子的经历。在很多人的记忆中，一张 10 元的钞票是一笔了不起的财富，轻易花掉，多少有些犯罪的感觉。可是，如果你现在把一张 10 元的钞票放在孩子面前，他也许不屑一顾。

有人对广州孩子的生活消费做了一个调查。

许多孩子是这样生活的：独自住一间面积足有 10 平方米的房子，这间房子在广州若是要租，至少得 2000 元，当然，他可以使用的客厅和洗手间不算在内。他每月由父母提供免费的伙食，这当然是父母应该的，但若用市场价格来计算，至少他要花上 1200 元（包括他吃的食物和吃饭的服务费）。他的服装当然不是什么稀罕物，但是每个月花上 500 元，想必不算多了，这当然也不能包括洗衣的人力及劳动成本。再算一下他在学校要花的钱，每个月算 400 元一点儿也不过分。最后，再算一下零花钱及他的娱乐费，一个月算 400 元，相信许多家长都不会觉得有什么了不起。加起来，一个孩子就要花去 4500 元，这就是他一个月的消费。这还是一个普通孩子的消费，如果他想买耐克球鞋，想买一台高级电脑，想去游乐园玩，想去香港旅游，那就要付出更多了。孩子们虽然没挣一分钱，却是花钱很多的人。

当今社会，没钱留给孩子的父母犯愁，有钱可以留给孩子的父母也犯愁。许多大富翁，早早地就开始考虑万贯家财怎样留给后代、“富裕病”怎样防止的问题了。

“富裕病”习惯上指那些富人的后代由于有用不完的钱而花天酒地，堕落成放荡不羁、纸醉金迷的寄生虫，最终被社会所抛弃。

“富裕病”一词在美国已经出现多年，但它的真正含义在近年才得到全面阐述。心理学家杰西·奥奈尔在《黄金般的贵族》一书中，详细地谈了“富裕病”的含义。她的曾祖父曾是美国通用电气公司的董事长。她在突然获得一笔巨额遗产后产生了一种空虚的成就感，随之而来的是挥之不去的极端焦虑和心理恐惧，而这些东西又像传染病似的传给了她的下一代。这种现象是许多有钱人所忧心的。

近年来，美国的信息产业突飞猛进，特别是软件开发和互联网的广泛应用，为那些富有商业头脑的年轻人施展个人才华和迅速暴富带来了极佳机遇。比尔·盖茨创立微软公司仅25年，个人的资产便达到了800亿美元，成为世界首富；雅虎公司的开创者杨致远也仅用了几年的时间，便成为拥有几十亿美元财富的后起之秀。难怪美国媒体惊叹：美国硅谷造就了新一代亿万富翁！

然而，这些亿万富翁事业上的显赫业绩却不能掩盖他们内心的忧虑。如此天文数字的财富，自己无论怎样享受都是用不完的，而将自己凭着智慧和心血挣来的全部钱财留给后代，又是那么不放心。

为了急富翁之所急，想富翁之所想，美国华尔街两家大银行推出了为财富在1亿美元以上的富翁提供“金融父母”的服务，专为这些亿万富翁提供别出心裁的精神咨询服务，帮助他们指导孩子如何参与经商和慈善捐献，调整自己以适应将要继承数百万乃至数亿美元财产的现实。

1999年，比尔·盖茨宣布，他和妻子已经慎重地做出决定，将他们两个孩子的遗产继承金额严格限制在1亿美元以内，剩余的财富全部捐献给慈善机构和社会福利事业。

“父母亲想鼓励孩子自己成才，但不是靠给孩子太多的钱。”这是许多富翁的心愿。

很小的时候，我就听过这样一个故事：一个人走进了大森林，几天后，他迷路了，带去的食物也吃光了。就在他生命受到威胁的时候，遇见一个老猎人。他请求老猎人给自己一点儿吃的东西，老猎人没有满足他，而是送给他一杆猎枪。靠着这杆猎枪捕食，他活着走出了大森林。

真正对孩子负责的父母，是把生存的能力教给孩子，而不是只留给孩子一大堆金钱。

# 第三章　让孩子学会关心学会爱

没有爱就没有世界。大作家雨果说:“人世间没有爱，太阳也会死。”孩子心中爱的种子，是母亲播种的。

狄更斯说过这样一句话:“没有无私的、自我牺牲的母爱的帮助，孩子的心灵将是一片荒漠。”

孩子是父母爱情的杰作。爱的力量是教育中的重要力量。有位科学家说:“人类在探索太空、征服自然后，终将会发现自己还有一种更大的能力，那就是爱的力量，当这天来临时，人类的文明将迈向一个新纪元。”

父母的爱是博大的爱，会让孩子刻骨铭心，永生不忘。天下的父母都爱孩子，但不一定都会爱孩子。在爱的记忆中，有的爱让孩子幸福，促孩子成长;有的爱让孩子痛苦，令孩子反感。

邓颖超曾经告诫过我们:“母亲的心总是慈的，但是慈心要用得好;如果用得不好的话，那结果就适得其反。”

有的父母，总是用挑剔的眼光看孩子，总觉得自己的孩子不如别人家的好，总唠叨孩子这不行那不行，其结果是孩子真的不行了。

有的父母，认为孩子是接受爱的大口袋，拼命往里塞，却不给孩子爱他人的机会。其结果，孩子感觉不到爱，认为这一切都是应该的，“谁让你生了我”，于是变得无情无义，自私冷漠。

还有的父母，把孩子看成自己的私有财产，想打就打，想骂就骂，还认为“打是疼，骂是爱，不打不成才”。

究竟什么是真正的爱？今天我们应该怎样爱孩子？应该怎样让孩子学会关心学会爱？

## 一、从生命出发的爱

生命的教育，是一个人最初的，也是最重要的教育。只有了解了生命的来之不易，才能懂得格外珍惜，才会爱自己，爱父母，爱他人。

“生命是怎么形成的？小孩子是从哪里来的？”也许关于这样的问题，每一个孩子都曾经问过自己的爸爸妈妈。

在澳大利亚的小学校里，关于生命的教育，已经进行了60多年。当学生升入三年级时，家长们就会接到一封来自“家庭生活服务中心”的通知书：欢迎您和您的孩子一道，来学习关于生命的课程。

课上，老师首先从家庭说起。我们都有家庭，家里有爸爸妈妈和孩子。然后，就放一部幻灯片。有一天，妈妈告诉孩子们，我们将会有一个小弟弟或小妹妹了。于是，妈妈的身体变得越来越“胖”。终于有一天，妈妈去了医院，回来的时候，抱着一个小婴儿……接下去就是具体地讲解，关于人体的器官，以及婴儿的形成过程。

澳大利亚小学的这堂生命课，让孩子们懂得生命来之不易，从而更加爱自己的父母，珍惜已经拥有的生命。这一课，将成为他们成长历程中最为难忘的一课。

在我国，谁来给孩子上生命的教育课呢？当然是爸爸妈妈和老师了。如果你们的学校还没有开设“生命课”，那你就去问问爸爸妈妈：“我们是怎样长大的？”你还可以观察观察，一只小兔、一只小鸡又是怎样长大的……你会发现，生命是多么奇妙，每一个生命是多么来之不易，要加倍地珍惜才是。

你应该知道，当你的妈妈经过“天崩地裂”般的痛苦，赋予了你生命的时候，你就已经不完全属于自己了。对于自己的生命，你没有权利去浪费它、糟蹋它，更没有权利结束它！不管发生什么事情，你都要坚强地保持你的生命，不仅为了自己，也为你的父母、你的朋友、你的老师，为了所有关心你的人。

有一所大学，在一个月之内，相继有两名学生选择了轻生。据统计，最近的5年内，这所大学已经有10人死亡。死因是多种多样的，可自己选择死亡的竟达4人！这些自杀的大学生，有的是迫于学习的压力，有的是因为失恋，有的是因为离开了父母的照顾不能独立生活……总之，在困难面前他们没有勇敢地抗争，而是选择了逃避，选择了死作为“解脱”。

也许，这些轻生的大学生得到了解脱，可是生他们养他们的父母所遭受的天大的痛苦，一辈子也无法解脱……

老舍先生说，家庭的教育是生命的教育。生命的教育，是一个人最初的，也是最重要的教育。只有了解了生命的来之不易，才能懂得格外珍惜，才会爱自己，爱父母，爱他人。我想，如果这些大学生曾经受过良好的、科学的生命教育，他们一定不会如此愚蠢地选择轻生，而是会用勇气来战胜自己面临的困境，用自己坚强的意志来排除所有的困难的。

## 二、无情的果子自己吃

母亲在孩子心中种下自私的种子，尝到的将是无情的果子。一个偏私的母亲，对于儿童是最可悲的领导者。

“这一代独生子女自私，冷漠，不关心人。”无数份关于当代少年儿童思想道德的调查中这么说。有些年轻妈妈，含着泪向我诉说了自己孩子的无情。

有一次，一位朋友伤心地对我诉说：“我很爱我的女儿，我工作那么忙，起早贪黑地为她做了许多事，可她却认为这些都是应该的，一点不领情。一次，我生病了，早上她上学时明明看见了，可放学回到家，看我还躺在床上，就生气地把书包往床上一摔，冷冷地说：‘还不起来做饭，懒猪！’当时，我的心都碎了。你瞧，我把她养到十几岁，有什么用？”说到这里，她满脸都是泪水。

俗话说：女儿是妈妈贴身的小棉袄。女儿本应该最关心妈妈，妈妈一点儿的变化女儿都该最先发现。可这个女儿这样对待妈妈，妈妈能不伤心吗？

这样的事，许多妈妈都遇到过。她们向我诉苦：“我的孩子放学回到家，见到我连招呼也不打，就像不认识一样，‘砰’的一声关上门，进了自己的房间，直到吃饭才出来。”

有一名二年级男孩子的妈妈，无奈地对我说：“别看我的孩子小，可是特别自私。全家人去饭店吃饭，他点的一盘鱼香肉丝，别人谁也不许动，哪怕吃不了扔了。他说，那是他的。”

不少妈妈伤心地得出这样的结论：“嗨，我算是看透了。孩子我是指望不上了，只好自己照顾自己了。”

许多学校的老师也反映：现在的学生自私，特别是一些学习好的、当干部的学生，反而表现得更加自私。

曾有某活动请我去给学生们讲课。开课前，学区的总辅导员对我说：“有件事您得跟学生们说说，前几天，我们带600名学生干部乘车外出。这些学生上车就抢座位。由于座位没有那么多，必然有站着的。老师们是最后上车的，全站着。有一位老师50多岁了，身体有病，站得腿都肿了，也没有一个同学给她让座。这位老师实在支持不住，准备坐在过道上。刚要坐，一名女同学就嚷起来：‘老师您可千万别坐在我的包上，我的包不能坐。’这位老师十分伤心，回来对我说：‘别说其他同学了，就连我平时最喜欢的几名小干部，都没有一个给我让座的。’”

妈妈的哭诉，老师的伤心，使我的心灵受到很大震动。

一个人不爱父母，又何以爱他人？当妈妈的含辛茹苦，把孩子养大，一心想让他出人头地，但是只关心了他的分数，忽略了教他如何做人。终于有一天，他真的进入高等学府，甚至走出国门，却对你无情无义时，你是应该哭，还是应该笑？

自私、冷漠表现在孩子身上，那么责任在谁呢？是谁种下的种子？

有些年轻的妈妈自己的道德标准发生了质变，认为孔融把大梨让给别人，纯属“弱智”，纯属“傻帽儿”。几千年来，中国母亲用来教育子女学会谦让的传统美德，被几句粗鲁的话毁于一旦！她只想着不让自己的孩子吃亏，可没有想到，教育是从母亲膝下开始的。凡母亲所说的话，都会影响到孩子的品格。孩子吃个小梨，并不会影响身体健康，而母亲自私的溺爱，却会使子女和自己自食恶果。

教育家们曾经说过：“一个恶母，一个偏私的母亲，对于儿童是最可悲的领导者。”“天下的慈母们最好记住：往往在她们认为无关重要的行为上，她们便播下了不幸的种子。”

“孤犊触乳，骄子骂母。”《后汉书》中的这句话，流传千古，今天读起来，别有意味。难道我们这些独生子女的家长，要到挨子女“骂”的时候，才能够醒悟吗？

司马光有言曰：“古人有言曰：‘慈母败子。’爱而不教，使沦于不肖，陷于大恶，入于刑辟，归于乱亡。非他人败之也，母败之也。自古及今，若是者多矣，不可悉数。”古人的话，对今天的母亲仍有很强的现实意义。

对我们年轻的父母来说，这唯一的孩子是属于你的，但是对我们中华民族来说，这个孩子是要担负重任的。当你溺爱他时，你可能在想：“孩子还是孩子！”可是你忘记了，孩子将要长大成人。一个孩子的未来命运永远是母亲的工作，从这个意义来说，一个民族未来的命运也同样掌握在今天年轻妈妈的手中啊！

年轻的妈妈们，跳出个人狭隘的天地，用博大的胸怀、高尚的人格塑造自己，用崭新的母爱去培养孩子，为我们的民族创造美好的明天！

# 三、懂得回报

孩子的正确思想是靠习得的，爱的种子是需要培育的。孩子只要了解了父母的辛苦和不易，就一定会热爱父母、回报父母的。

## 滴水之恩，涌泉相报

人们都说，母亲是最无私的，不要求孩子回报。我觉得，对于今天的独生子女，母亲应该要求回报，并教会孩子怎样去回报自己的妈妈和家人，怎样去回报别人。

中国有句古话："滴水之恩，涌泉相报。"

问题是，我们今天有许多在母亲和家人的溺爱中长大的独生子女，从未产生过回报的意识，于是也未有过回报的实践。他们认为，别人为他所做的一切都是应该的，不需要感谢，更不需要回报。一家人围着孩子转就好比地球围着太阳转一样，是自然规律。

妈妈做好了饭菜，孩子不问这饭菜是怎么来的，不问母亲为这顿饭菜付出了多少辛苦，也不管全家老少是否吃过，上桌就吃；吃得不顺口，还要大喊大叫闹"绝食"。

妈妈给的零用钱，他理所当然地收下，还不时说着："怎么才给这么点儿，抠门儿！"

花起钱来，他大手大脚，一次可以买十几串羊肉串、几十瓶饮料请客。他从未想过，妈妈爸爸挣来这些钱有多么不容易。

孩子为什么不珍惜父母的劳动，为什么不珍惜钱和物？因为他们不知道这一切是怎么来的，以为是从天上掉下来的，一切都来得容易，他享用是理所应当的。

一年春节过后，我们报社一位年轻能干的女记者从外地探望母亲归来，对我讲了一番话，使我大为感动。

她说，这次回去探家，她特地问起自己小时候的事，自己是怎么出生，怎样长大的。没有想到，在自己眼中一向豪放并不怎么细腻的妈妈，却把她小时候的事情讲述得十分细致。

“许多小事妈妈都记得清清楚楚，”女记者激动地说，“快出生之前，我在妈妈肚子里屁股朝下。为了便于生产，我妈天天要跪着转动身子，费了不少力气。生我的时候也遭了大罪，因为我的个头太大，不好生……我结婚以后，我妈寄来的钱，我都心安理得地花了，从来没有觉得有什么不应该。一年前，我曾经对我妈说过，每月要给她寄 100 元，可我却从未兑现过，妈妈也没有向我要。这次，听妈妈讲了我小时候的事，我特别感动，回北京后，马上寄去 1400 元，从我许愿的那个月补起！我妈真是不容易，我得好好孝敬她……”说到这里，她的眼泪直在眼眶里打转。

我也差点流泪。

过去常说“养儿方知父母恩”。这位年轻的女记者虽然还没有孩子，但通过和母亲的交谈，她了解了母亲的养育之恩。所以，过去心安理得靠母亲接济的她，终于懂得了用女儿的心去回报母亲，这真是难能可贵啊！

怎样让孩子们知道父母的不易呢？

我建议开展“我是怎样长大的”征文活动，让孩子都去访问自己的父母或关心过自己的人，让他们从小知道，在他们的成长中，妈妈爸爸付出的心血，周围人们给予的关心和爱。

一棵小树的成长，离不开阳光和雨露，离不开土壤和养料。当它长成大树，变成木材，建成高楼大厦时，就是做出了最好的回报。

同样，一个孩子的成长，也离不开妈妈爸爸和亲人们的关怀和爱护，离不开老师、同学和许许多多人的教育和帮助。孩子要把这些爱牢牢地记在心中，好好学习，努力工作，长大以后用自己的行动去回报爱你的人。

家长要让孩子感受到父母和亲人对他的关心、对他的爱，并且一点一滴地教他去回报别人。

孩子的正确思想是靠习得的，爱的种子是需要培育的。无情无义的孩子的出现，是对家长过度溺爱的报应。

孩子只要了解了父母的辛苦和不易，就一定会热爱父母、回报父母的。

回报与酬谢不同。回报是一个人从内心里感谢别人对自己的帮助，代表着一种深深的情谊；而酬谢，是一种还礼，一种答谢，多少掺杂了一些经济利益。

儿女和父母之间的感情是一种自然的、发自内心的亲情。父母并不希冀什么回报，而每个孝敬父母的孩子都知道回报，也都在默默地、自觉地回报。正是这种亲情，维系着每一个家庭，成为家庭幸福的凝聚力。

所以，一个家庭是不是幸福，并不在于钱的多少，而在于家庭成员之间亲情的深浅、家庭凝聚力的大小。

每一位父母，不必企盼子女当大官、发大财，只要你用人格的力量把孩子培养成人，你一定会有一个幸福的家。

## 大家为什么爱吕鑫

吕鑫，北京城一个普普通通女孩的名字，震撼了许许多多大人的心灵。

北京市官园小学10岁的吕鑫，有着特殊的身世。10年前，她刚刚出生几天，就被生身父母抛弃了，被扔在北京紫竹院公园的垃圾堆旁。清洁工人吕书泉清早打扫卫生时发现了她。这个小女婴口吐白沫，鸡胸，驼背，患有严重的佝偻病。吕书泉双手捧起这个幼小的生命，把她抱回了家。

当时的吕书泉，因一次事故头部受伤，已经从工厂病退到街道当一名清洁工，每月收入很少。邻居劝他不要收养这个孩子，不要给他那个已经很贫穷的家雪上加霜。可吕书泉不肯：“这是个生命呀，我一定要把她养大！”

为此，妻子和吕书泉离了婚。吕师傅每日省吃俭用，但他却用工厂给他治病的 2000 元钱为女儿治好了病。

吕书泉靠清扫街巷得来的收入维持着父女俩整整 10 年的生活。小吕鑫没有玩具，没有新衣服，没有糖果糕点，没有零花钱，她的童年并没有像她的名字中的三个“金”字堆砌起来的“鑫”那样显得富足并充满耀眼的光彩。

但是，小吕鑫的童年却不缺少快乐，父亲吕书泉的善良敦厚，使清贫的家充满了温馨。

吕鑫从小就知道，爸爸把全部的爱给了自己。她心疼爸爸，经常帮着爸爸清扫街巷、做家务。

但是，不幸的事情发生了。1995 年 12 月，吕鑫的爸爸得了重病，肚子胀得很大，腿肿得老粗，下不了地。吕鑫每天要照顾爸爸，这一切，吕鑫从来没对任何人说过。

但吕鑫学习成绩下降，引起老师的注意。老师来家访了。

走进那间小平房，老师惊呆了。屋里黑洞洞的，没有一件像样的家具，一张双人木床上没有床单，只有一条破棉絮。

老师怎么也不能相信，北京城里竟然还有如此贫困的家庭，可爱的小吕鑫承受着这么沉重的生活压力。

学校决定免费为吕鑫提供午餐。吕鑫哭了：“我有饭吃了，可我爸怎么办？我不能让他饿着呀！”

多么懂事的孩子啊！校长马上决定：每天让吕鑫从学校打两份饭，带回家和爸爸一起吃。

1996 年元旦前的一天，我听说了吕鑫的故事。我被深深感动了，很快去官园小学采访了吕鑫。

那天中午，校长把吕鑫叫到校长室。我请她坐在身边仔细打量她。这是个十分清秀可爱的女孩子，梳着娃娃头，翘翘的睫毛下一双大眼睛充满了温情。

“你的事情，同学们知道吗？”我问她。

“有些同学知道了。有的给我送来衣服，有的在悄悄凑钱。有一个同学给了我 10 元钱，让我给爸爸买点好吃的。”吕鑫的言谈十分清楚，别人给她的每一点爱，她都记在了心里。

“你买了吗？”

“买了。”吕鑫激动起来，“我买了爸爸最爱吃的香蕉。”

“爸爸说什么了？”

“爸爸哭了，他什么也没说。”吕鑫的眼眶里湿湿的。

“平时别的孩子吃零食，你不馋吗？”我控制着自己的感情，继续问。

“我能忍住。别人吃好吃的，我就咽咽口水，跑到一边儿去，不看。”

吕鑫的声音很小，但却像一个重锤，敲在我的心上。我的眼泪再也控制不住，一颗接一颗滚落下来。

“你爸爸平时对你有什么希望？”

“爸爸希望我成为一个有用的人。”吕鑫想也没想就回答我。看来，她是把爸爸的希望深深地记在心里了。

“你觉得你爸爸是有用的人吗？”我又问她。

“我爸爸有用！他把大街打扫得干干净净，人们就能高高兴兴地上班了！”吕鑫突然提高了声音，好像在捍卫自己的爸爸。当清洁工的爸爸，在女儿心目中的地位是至高无上的。

“今年过年，你有什么心愿吗？”

吕鑫想了想，十分肯定地说：“我希望爸爸能吃上鱼米饭。”

“什么叫鱼米饭？”我从来没听说过这种饭的名字。

“就是在米饭里泡上鱼汤，还有一条小鱼。爸爸很爱吃。”吕鑫的眼里闪着光，好像鱼米饭就摆在她的面前。

我为吕书泉有这样的好女儿感到骄傲。父女俩生活虽然贫穷，但内心世界相当富有，因为他们拥有无限深情的爱与体贴。这的的确确值得人们羡慕。

吕鑫为什么不自私？吕鑫为什么心里时刻惦记着爸爸，想到别人？这难道不值得我们做父母的深思吗？

与其批评孩子们自私自利，心里总想着自己，倒不如引导孩子们奉献爱心，在奉献中找到快乐。

我之所以用这么长的篇幅来讲吕鑫的故事，就是想告诉年轻的父母：父母的责任不只是去给孩子攒钱，去为孩子营造一个安乐窝，而是要在孩子的心中播下爱的种子，让他知道怎样去给别人带来快乐。因为，大家都爱那些有爱心的孩子。这样假使有一天，孩子处在困境之中，他一定能得到更多的爱，因为人们都需要他。

父母的幸福不只体现在年富力强之时，也许在你步入老年行列之后体现得更明显。那时，也许你行动不便，但孩子的爱像幸福的花朵，围绕着你，陪伴着你！

因为，你曾播撒过爱的种子，那是幸福的种子！

有钱的父母未必幸福，没钱的父母未必痛苦。有了爱你的孩子，你将得到人世间最大的幸福。

正像世界著名的艺术大师贝多芬所讲：把“德行”教给你的孩子，使人幸福的是德行而非金钱。

## 四、我们应该怎样爱孩子

爱的目光是孩子成长的营养源。

微笑，是爱的语言。

爱的语言能够培养出懂得爱的孩子。

聪明的父母总会给孩子留点“渴望”的余地。

善于收集爱的细节的人充满激情。

把孩子放回大自然吧，这样他们才能健康成长。

播种爱，传播爱吧，孩子会成为最快乐最受欢迎的人。

## 用爱的目光注视孩子

爱的目光是孩子成长的营养源。

与孩子交流时，成人爱的目光，往往胜过语言。

93 岁高龄的日本小儿科医生内藤寿七郎先生，也是一位著名的教育家。爱哭闹的孩子只要一见到内藤博士就会停止哭泣。

有一天，一位妈妈带着两岁男孩前来找内藤先生看病。妈妈说，一升装的牛奶，这孩子一口气就能喝光。因为喝牛奶超量患了牛奶癣，皮肤刺痒睡不着觉，举止焦躁不安。

内藤先生不慌不忙地将白大褂脱下，然后跪在那个男孩面前，看着对方的眼睛。

“你喜欢喝牛奶吗？”内藤先生温和地问道。

男孩点点头。

内藤先生仍然目不转睛地看着他说：“如果不让你喝你特别喜欢喝的牛奶，你能忍得住吗？”

男孩显出一副烦躁和不满的神色，并且把脸扭向一边。

内藤先生并不气馁。他跟着转到孩子面前蹲下身子说：“你可以不喝牛奶的，是吗？”不管男孩怎样不耐烦，拒绝回答，内藤先生的目光一直充满着信赖，口气也十分诚恳。

终于，男孩轻轻地点了点头。

奇迹发生了。男孩回家后不喝牛奶了，湿疹症状很快消失。一年半以后，他的母亲认为可以喝点儿牛奶了，可男孩说：“大夫说能喝我才喝。”母亲只好请内藤先生来帮忙。

这一次，内藤先生仍然是看着男孩的眼睛，微笑着说：“你现在可以放心地喝牛奶了。”从那天起，男孩真的又开始喝牛奶了。

内藤先生通过这件事总结出：哪怕是才两岁的孩子，只要他感受到爱的目光传达的信息，就能控制自己。于是，他提出了一个响亮的口号：“爱的目光足够吗？”这个口号提出至今已经半个多世纪了，现在听起来仍然觉得十分亲切。

因为，今天的孩子多么渴望爱的目光！

假如你的孩子变得烦躁不安，你可以想一想，是不是孩子缺少了爱的目光？假如你的孩子变得孤独寡言，你是不是扪心自问，对孩子爱的目光足够吗？

## 用爱的微笑面对孩子

微笑，是爱的语言。

对孩子来说，爸爸妈妈的面部表情非常重要。微笑能照亮所有看到它的人，它像穿过乌云的太阳，带给人们温暖。

走进孩子中间，常常听到一个奇怪的问题：“老师怎么不会笑？”

在中国少年报社组织的“我眼中的老师”绘画比赛中，绝大多数孩子笔下的老师都是绷着脸的。好容易找到一张“笑脸老师”，画画的孩子还在旁边注上：“老师终于笑了！”

孩子们都喜欢爱笑的人。笑，是爱的语言。你冲他微笑，这表达了你内心的感情：“我爱你！我喜欢你！你使我快乐。我很高兴见到你。”从小在微笑中长大的孩子，容易形成乐观、积极的心态。

记得我儿子刚刚出生不久，我妈把他抱起来，笑得眼睛眯成一条缝，嘴里还不停地跟小外孙说这说那。儿子乖极了，乐得手舞足蹈，也在咿咿呀呀地“说”着什么。每每见到这种场面，我都非常感动，真想把这一老一小用微笑组成的画面永久地珍藏起来。妈妈总是对我说，孩子是懂感情的，你对他好不好，他心里会明白。

的确，儿子长大了，跟姥姥的感情特别好。姥姥病重卧床不起很痛苦，但只要我儿子一去，她立刻会露出笑脸："悦悦来了！"老人和孩子的心是相通的。老人全身心地面对孩子，那热情也是发自内心的。

孩子需要爱的微笑。做父母的再忙，再累，再烦，也不要忘记把微笑送给孩子。

## 用爱的语言鼓励孩子

爱的语言能够培养出懂得爱的孩子。

陕西省一个叫田柯的农村男孩提出要跟"知心姐姐"通电话，他的妈妈—— 一位普普通通的农家妇女，真的给他安装了一部电话。她说："这是对儿子的奖励！"

这位妈妈为什么奖励儿子呢？儿子又为什么要跟"知心姐姐"通电话呢？

这事还得从头说起。在全国妇联举办的"年轻妈妈读书活动"发奖会上，全国"十佳年轻妈妈"之一 ——陕西长安县韦曲镇东韦村农家妇女田桃花，登上了人民大会堂的讲台。

她的故事赢得了全场极为热烈的掌声。从中不难看到，爱的语言培养出了懂得爱的孩子，爱的鼓励改变了一个孩子的命运！

那么，爱的鼓励从哪里来呢？从父母自身的改变中来，父母改变了自己的心态，于是就改变了自己的目光和语言：把"目中有分"变为"目中有人"，把"以分为本"变为"以人为本"，把挑剔不满的目光变为欣赏满意的目光，把讽刺否定的语言变为赞扬肯定的语言……于是，爱的鼓励出现了！奇迹也就发生了！

那么，改变了的田柯想跟"知心姐姐"说些什么呢？田桃花离开北京的时候，我们约定了接听电话的时间。

这一天这一刻终于盼来了。

那天下午，我正好去京西宾馆采访来京参加模范残疾人大会的失聪少女周婷婷。接电话的时间已到，可采访还未结束。于是，我请宾馆经理帮忙。经理也有孩子，听说田柯的事，很是感动，立即派人在房间里加了一部扬声电话。这样，屋里的人都能听见田柯的声音。

“你好！你是田柯吗？”

“是啊。您是知心姐姐吗？”

“是呀！”

“知心姐姐，告诉您，现在在电话旁有我的父母、老师、同学和村里 20 多人呢！我家都挤满了，大家都想听听您的声音……”遥远的地方传来田柯兴奋的声音。

“听你妈妈说，你有话要跟知心姐姐说。”

“对呀！我要谢谢您，是您的书让我妈妈不再骂我了，而且老鼓励我，现在我进步了，我当然要感谢您了！”

田柯在电话里讲述了自己的变化、班里同学的变化，同时转达了他们的老师对“知心姐姐”的感谢。

看，这就是“爱的语言”，这就是“爱的鼓励”，几句鼓励的话竟然真的能够改变一个孩子。

## 用爱的渴望调动孩子

聪明的父母总会给孩子留点“渴望”的余地。

渴望，能给孩子带来快乐。

“六一”不仅是孩子们的节日，也是大人向孩子“奉献”爱的日子。好吃的、好穿的、好玩的、好看的……五花八门，琳琅满目。在大人看来，今天的孩子够幸福的了，不知道比自己小时候强多少倍。可是，当我走进孩子的世界，我却发现今天的孩子并不快乐。

这是为什么呢？原来，他们被过量的好东西淹没了，他们无法在渴望中体验快乐了。欢悦产生于强烈的需要得到满足之时。没有需要，就无所谓欢悦。对一个渴得要命的人来说，一杯清水胜于金子。如果一个孩子总没有渴望得到某个东西的机会，该是多么不幸啊！

今天的物质生活水平比过去有了很大的提高。但是，溺爱孩子的父母却没有发现，过分充足的东西竟然剥夺了孩子的快乐。什么都来得轻而易举，他们感觉无所谓，不珍惜也不兴奋。孩子还不想骑童车的时候，你就为他买来了，他便没有了学车的兴趣；他不想读的书，你非要买回家不可，他连看也不看，可是他自己借来的书，却读起来如饥似渴……这种事情在生活中真是屡见不鲜。

我大哥从小动手能力就很强。他回忆说："上中学的时候，我特爱摆弄木工活儿，可是家里的刨子很难使。一次，我想用一条硬木椅子腿刻一把小提琴把，希望买一个刨子。虽然只需要五块钱，但当时家里生活困难，不好意思向妈妈要。妈妈知道后说，你能做成就给你买。我用旧刨子满手磨出了水泡，最后终于做成了。妈妈给我买了新刨子，当时真是如获至宝啊，我用了好多年，一直保留到今天。现在，我对两个女儿也是这样。她俩在美国读书，从上中学开始，我就让她们利用节假日自己打工挣钱了。我常对她们说：'想要漂亮衣服吗？想住宽敞房子吗？自己去挣！'她们学习都很努力，知道美好的生活要靠自己奋斗。"

人总是在得不到时最想得到，轻易得到的东西反而不珍惜。要做聪明的父母，就给孩子留一点儿"渴望"的余地吧！

## 用爱的细节感染孩子

细节，最容易感染人。

一部小说，催人泪下的往往不是那恢弘的大场面、大事件，反而是一些小小的细节。

我的体验是，善于发现爱，感受爱，把爱的细节当作“珍珠”一颗颗穿起来珍藏的人，会成为世界上最富有的人。因为这“珍珠”使他永远对生活充满热情，不断产生生命的激情。

细节，需要发现，更需要感悟。正如一位名人所说：“生活中不是没有美，而是缺少发现。”

爱的细节每时每刻都在我们身边，看你有没有发现，会不会拾起，能不能保留。

上小学时，同学给我起了一个绰号“火炉子”，我很喜欢。也许是这个绰号的定位，使我从小就对人保持着火一样的热情。走上工作岗位以后，有人说我是“扑不灭的火焰”，总是那么乐观，很少有悲伤的时候，什么困难、挫折、打击都不能把我压倒。

那么，人的热情从哪里来呢？从爱的感受中来。当你感受到周围的人都爱你时，你自然会产生回报爱的热情。

所以，光给予孩子爱是远远不够的，重要的是让孩子学会体验爱、收集爱，把爱化为对生活、对周围人的热情。

## 把童心童趣还给孩子

我时常从被大人视为“好学生”的孩子的脸上，看到一种冷漠和成人的忧虑。这是为什么呢？

一篇题为《孩子不是文明的奴隶》的文章分析了其中的原因：“他们的聪明远离了小溪中的鱼虾，远离了草丛中的蝈蝈、蚂蚁，他们不知道自然是美丽的，他们不知道生活中暴风雨与阳光同行，他们成了缺少个性和孩子的活泼与纯真的、同一的刻板的模型。”

许多父母不惜重金买钢琴，请来家庭教师，逼着孩子去学。却不知道，这给孩子造成什么样的心理影响。我在接听“知心电话”时，上海的一个男孩神秘地对我说："知心姐姐，你猜我最恨什么？"

我好奇地问："你最恨什么？"

"最恨我们家那架讨厌的钢琴了。为了弹钢琴，我挨过妈妈许多次骂，也挨过爸爸不少次打。可我根本不爱弹钢琴，每次坐在钢琴前，就像坐电椅上一样难受。我喜欢踢足球！可我爸爸妈妈说踢足球没出息，影响考大学，硬把我心爱的足球从阳台上扔了下去，我找了一天也没找回来。"

为什么父母花几千元钱买来的钢琴，竟成了孩子最恨的东西呢？为什么丢掉一个在大人眼里不值几个钱的足球，竟让孩子如此伤心呢？

因为这些爸爸妈妈根本不知道该怎样爱孩子，他们拼命地去为孩子构筑一切，不管孩子需要不需要，喜欢不喜欢，无情地把他们和大自然分开，无情地剥夺了他们自己选择喜爱事物的权利。

孩子固然是父母的孩子，但做父母的首先应该明白孩子是一个独立的、有自己爱好的个体。我们要塑造孩子，但不能牺牲孩子的天真和童年的乐趣，不能以大人的认识和感觉为标准限定孩子。"应该让孩子去玩泥巴，去蹚小溪，去踢足球，去趴在地上兴致勃勃地看蚂蚁搬家，和小伙伴一起磕磕碰碰，甚至擦破块皮，四处发现'新大陆'。"孩子的行为可以引导，但童趣、童真不能被剥夺，童心不能被践踏。

我真想大声呼吁，大人们，把孩子放回大自然吧，让他们在春天嫩绿的草地上、小河边快快乐乐地尽情玩耍，尽情享受春天，体验春天，融入春光，找回失去的童趣吧！

只有感受春天的可爱，才会更爱美丽的春天。

## 播种爱，传播爱

你一定知道高尔基的名字吧，他是俄国一位伟大的文学家，他一生写过许多优秀的作品。

一次，高尔基生病了，到一个孤岛上养病。他的儿子来看他，临走时，在父亲住的房子周围撒下了许多花种。春天来了，鲜花开放了，高尔基的病也好了。他十分兴奋，给儿子写了一封信，信中说：

你走了，可是你种的鲜花却开放了。我望着它们心里想：我的好儿子在岛上留下了一样美好的东西——鲜花。要是你不管在什么时候、什么地方，留给人们的都是美好的东西，是对你非常美好的回忆，那你的生活该多么愉快呀！

高尔基的这封信告诉我们一个真理：播种爱、传播爱的人是最愉快的，是最受欢迎的。

你可能要问：我也很想成为一个愉快的人、受欢迎的人，我该怎样去播种爱，又该怎样去传播爱呢？

能做的事情可多啦！

比如，你见到有困难的人，就主动走上去问："你有困难吗？我来帮助你！"当你付诸行动时，别人就会感受到温暖，人们能有这种感受，正是因为你在他心中播种了爱。

千万别忘了，别人帮助了你，你一定要微笑地说一声："谢谢！"对方会从你的微笑和感谢中感受到助人的快乐。

今天爸爸出差要回来，你上学前留下一张字条："爸爸，您辛苦了，欢迎您回家！"爸爸回家看到你留的字条一定会很高兴，因为他从你的字条中感受到你的爱。

关心周围的人、帮助有困难的人是播种爱、传播爱，这是一种最基本的爱，是人人都应当具备的。在所有爱的情感中，最神圣最崇高的爱是对祖国的爱。

播种爱，传播爱吧！它能使你幸福，也能使你周围的人快乐、幸福。

你想在秋天收获吗？那么春天就赶快播种吧！

## 五、在爱中施展管教

过度的爱往往会剥夺孩子童年的快乐。管教孩子应该有一个充满爱的结尾。

爱孩子绝不是纵容孩子，放任自流。做父母的必须大胆管教儿女，约束他们不正当的行为。要把管教和爱紧紧地结合在一起，缺一不可。

在这方面，美国人经历了惨痛的教训。

1945 年第二次世界大战结束后，经济的增长给整个美国社会带来了极大的变化。美国的父母把压抑已久的感情和温暖倾注在下一代身上。有的人认为“爱就是一切”，鼓吹“放任自流”，让孩子们自行其是。谁知，这一代人倒是幸福地成长起来了，他们享有美国历史上从来没有过的繁荣和最优越的受教育的机会。然而，二十多年后，正是在这一代人中，吸毒、早孕、酗酒、自杀、暴力犯罪等，丑恶现象五花八门，给 60 年代的美国带来一场社会大动荡。从战争中走过来的老一代人，本来以为战争结束了，消除了饥饿，消除了经济萧条，好事情会接踵而来，谁知道富裕的生活没有使青年一代满怀感恩，反而让他们和老一代对抗，对他们充满了傲慢和蔑视!

美国的家长开始重新思考：究竟应该怎样爱孩子？

一些学者分析了问题的根源——童年时期的放纵。没有人要求他们举止有礼，尊重他人；没有人要求他们对自己的行为负责，对别人负责。父母们终于发现——是他们亲手把下一代逼上了娇生惯养、放任自流、爱得让人窒息的祭坛！他们终于明白了一个道理——爱的管教绝不可缺少，责任和义务也不能没有，放任孩子就是伤害孩子，也是在伤害自己和危害社会。

爱孩子，就要用“爱的管教”约束孩子。管教是一门艺术，其中有几点要注意。

**1. 培养孩子尊敬父母的意识**

孩子与父母的关系是一个孩子首先面临的最重要的社会关系，这种关系是孩子与他人交往时所采取态度的基础。所以，让孩子尊敬父母，是对孩子的一生负责。

有一次，一对夫妇来找我，说他们对 13 岁的儿子已经束手无策了。他们说，儿子无法无天，完全凌驾于父母之上。让他独自在家的话，不知道会把家弄成什么样子。夫妇俩在我的办公室坐了不到一个小时，就往家里打了三次电话。我请他们把孩子带来。

过了几天，他们把儿子领来了。没想到，这个让父母如此操心的孩子竟然跟我一样高。他当着我的面就敢指着父母的鼻子顶撞父母。而他的父母呢，只是摇头叹气，不敢大声说他。

“怎么能这样呢？他们是你的父母，你要尊敬他们！如果你继续无礼，就请你出去！我可不想见这样的孩子！”我的口吻非常严厉。

男孩被我的话镇住了。

我单独跟他交谈了一会儿，他很小心地讲了一些自己的事情。后来，几乎每个星期天他都来电话，讲他自己、家里和学校的事情。他做得好的，我就表扬；做得不对的，我也毫不留情地批评。

过了一段时间，他懂事多了。他的父母对他的变化很是惊讶。后来我才知道，他们对孩子的失控由来已久。儿子第一次顶撞妈妈是三岁时，妈妈只当作儿戏根本没有在意。从那以后，妈妈再也没有占着孩子的“上风”！父母输掉了与孩子交锋的第一个回合，以后再有冲突就难以取胜了。正像一位教育学家所说：“若是你不能使一个五岁的孩子把玩具从地上拾起来，你就不可能在孩子步入青春期这个一生中反抗最激烈的时期施行任何程度的有效控制。”

纵容孩子无礼，等于埋下了犯罪的隐患。

**2. 不让无理取闹的孩子得到好处**

一次，我去商场买东西，看到一个两三岁的孩子要买一个很贵的玩具，妈妈没有给他买。这孩子大哭大闹，先是对妈妈拳打脚踢，后来索性坐在地上撒泼。搞得这位妈妈十分难堪，怎么劝怎么哄也不行。妈妈叹了口气，拿出钱包，准备“屈服”了。

我制止了她：“不能惯着他！不能让无理取闹的孩子得到任何好处，不然你一辈子要受苦。”我劝她马上“离开”，不再理这个孩子。孩子哭得更厉害了。

我对这个孩子说：“你就坐在地上哭吧。你看，妈妈已经走了，她才不会给一个这么不懂礼貌的孩子买玩具呢！大家也不会理你的！”说完，我摆摆手，让围观的人全都走开。

孩子把抹眼泪的手指分开一道缝，看了看，大家都走了，妈妈也“走”了。他立刻停住了哭声，爬起来去追妈妈。看到妈妈头也不回地往前走，孩子急了，喊着：“妈妈，等等我！我不闹了！等等我！”

妈妈赢了，无理取闹的孩子输了！

如果妈妈心一软，买了那个玩具，孩子也就“没治了”。从此，妈妈将成为孩子感情讹诈的受害者。要知道，多少“小霸王”就是在纵容中学坏的！

这一招，是跟我的母亲学来的。她很爱孩子，但从来不纵容孩子的毛病。她对我们是这样，对我们的孩子也是这样。

记得我儿子五岁时，一天，全家人在姥姥家团聚。马上要吃饭了，儿子却哭着闹着非要去买枪不可，谁说也不听。

姥姥过来了，对他说：“你就哭吧，哭不够就对不起我们。我们可要吃饭了。”

我们真的开饭了，谁也不再理他。一边吃，姥姥一边对我们说：“我不怕孩子无理取闹，但我不会给这样的孩子一点儿好处。即使想买的东西，这样一哭就不会买了。你们不能惯孩子。饭，咱们都吃了，不给他留。”

儿子听了这话，停住了哭声。他最爱吃姥姥家的饭了，这回可要吃不上了，怎么办？

这时大姨趁机逗他："悦悦，好汉不吃眼前亏。知道不对还不赶快来吃，东西买不成，好吃的再吃不着，你是不是太亏了？"

听大姨这么一说，儿子马上坐到大姨身旁。"买不成我也不要了，还是先吃吧！"

全家人都笑了，都说他会找台阶下。

有人说"三岁看大，七岁看老"，不是没有道理。有些坏习惯往往是从小养成的。所以，我们做父母的要有一个信念：孩子每一次无理取闹，都绝不能让他得到好处，尤其是第一次。

**3. 严厉的管教之后是沟通的最佳时机**

当父母与孩子的"激战"停止，孩子的胡闹没有得逞时，他会明白自己是"咎由自取"。这时候，孩子常常对父母做出亲昵的举动，这个时候往往是父母与孩子沟通的最佳时机。因此，父母不应该害怕冲突，或者在冲突时退却。我们要把冲突看成重要事件，因为它提供了跟孩子交流沟通的机会，这时候谈话的效果多是其他时候无法达到的。

一番宣泄后，小孩子往往想依偎在父母的怀里，父母应该张开温暖的双臂欢迎他。你可以耐心地跟他谈谈，因为这个时候你的话他容易听进去。

对大孩子批评之后，要适当地鼓励，施以父母的温情，对孩子要求的合理部分要给予满足。这等于告诉孩子，父母是爱他的，父母否定的不是他本人，而是他的不恰当行为。

这样，管教孩子就有了一个充满爱的结尾。

## 六、把爱的机会还给孩子

给孩子付出的机会，让孩子学会付出爱，他会得到真正的快乐。

爱是什么？

爱是一个口袋。往里装，产生的是满足感；而往外掏，产生的是成就感。

爱是什么？

爱是一种感受。一个人在被他人需要时，才能感受到自己的价值；一个孩子在被大人需要时，才能感受到自己幼小的生命是多么伟大，于是感悟到一种深深的爱意。

记得有一次，我去重庆开办“知心电话”。重庆团市委少年部部长饶勤带着她四岁的小女儿陪我去风景区游览。

一进山，小女孩就问我：“你来过这里吗？”

“从来没有来过，如果迷路了，我肯定找不到家。”我装作很为难的样子说。

“没关系，有我呢！”小女孩马上用力地拉住我的手，蛮有把握地冲我说。

“好，好，有你我就放心了。”我高兴地回答。

要坐缆车上山了。那种缆车我还从没坐过，心里真有点儿紧张。

“不行，我害怕。掉下去要摔死的。”我假装担心地说。

“别怕，有我呢！”小女孩老练地扶我上了缆车，紧紧地挨在我身边，微笑着对我说，“怎么样，不害怕了吧？有我你就可以放心了。”

我一下子被这个可爱的女孩感动了，我觉得，被孩子爱、被孩子“关怀”的感觉真好！

分别时，她问我：“你玩得高兴吗？”

我蹲下身来，看着她那双美丽的眼睛，动情地说：“今天幸亏有了你，我玩得太高兴了，一点儿也不害怕了！”

“下次你来，请打电话通知我，我还会来陪你！”女孩一脸真诚地说着，从兜里掏出一张写着她家里电话号码的小纸条。

第二天，她的妈妈告诉我，女儿回家后兴奋异常。她对爸爸说，自己是一个重要人物，如果没有她，“知心姐姐”可就“惨”了。

对成人来说，接受孩子的爱是幸福的、快乐的；对孩子来说，给予别人爱，别人能理解、能接受、能感悟到，比接受成人的爱更快乐！然而，我们许多的父母，却把孩子爱的机会垄断了，爱的权利剥夺了。在独生子女家庭中，孩子被各种各样成人的爱包围了，所有的大人都比孩子“强大”、比孩子有“实力”，孩子没有爱大人的机会，反而被大人爱得“死去活来”。

一个女孩正在家里写作业，爸爸下班回来了。孩子刚刚在学校接受过爱的教育，她马上倒了一杯茶水，递到爸爸面前：“爸爸，请喝茶！”

谁知，爸爸冷冰冰地说：“去去去，写作业去！别趁机跑出来玩！谁用你倒茶，多考个100分比什么都强！”

一个男孩看到有病的妈妈在厨房做饭很辛苦，便走进厨房说：“妈，我帮你干！”妈妈马上挥挥手说：“不用你，把你的书念好，就是关心你妈了。妈妈可不希望儿子长大当厨师，妈要你当研究生！”

孩子心中刚刚萌发出来的爱的火花一次又一次被父母无情地扑灭了。渐渐地，孩子明白了，父母所要求的就是他考高分、上重点学校，别的什么都不需要了。然而，这不是所有孩子都能实现的目标啊！于是，许许多多孩子变得心灰意冷、玩世不恭，不再关心别人，也不懂得爱别人了。

辽宁省的一份调查表明，59.18%的家长在养育孩子上不惜代价，孩子要什么就给什么。每月给孩子零花钱在50元以上的占27.02%，其中超过百元的占7.85%。孩子每周从事家务劳动的时间极少，18.72%的学生根本不参加任何家务劳动；47.78%的学生只参加1小时以下的家务劳动。因此，60.12%的学生不会洗衣服、做饭；54.75%的学生上下学时需要家长接送；7.81%的孩子能“讲究卫生”，41.19%的家长是把洗脚水端到孩子面前的（“经常如此”的占4.8%，“偶尔如此”的占32.6%）。

就这样，“累坏了”父母，“闲坏了”孩子。久而久之，孩子认为，这些是父母应该做的，谁让他们当了爸爸妈妈呢，也不能白当啊！

真正爱孩子的父母，要在孩子面前表现得弱一点儿，给孩子一点儿爱他人的机会，别总把自己看成是高山，视孩子为小草，让孩子靠着你、仰视你、惧怕你；更不要当大伞，视孩子为小鸡，为孩子遮风挡雨，让孩子弱不禁风。

换个位置、换个形象吧！让孩子做高山，孩子就会长成山；让孩子当大伞，孩子就能顶天立地。

# 第四章　责任感让孩子独立懂事

有的年轻妈妈曾经问我："你觉得母亲的职责主要是什么？"我回答："培养责任感，教孩子做人。"

责任感于国、于家、于孩子本人都极为重要。一个人没有责任感，这个人是不可信任的；一个单位的领导和职工没有责任感，这个单位迟早要垮台；一个社会的公民没有责任感，这个社会很难有凝聚力；一个国家的下一代没有责任感，这个国家永远不会有希望；一个民族的母亲没有责任感，这个民族注定要灭亡。

母亲的责任多么重大！

100多年前，梁启超先生讲过一句话："少年强，则国强。"

这句话，让许许多多关心中国命运的人睡不着觉。

往深远里一想，就明白孩子们强不强，直接关系到我们民族下一个世纪的面貌和命运。这绝不是我们个人的事情。

未来世界的竞争，是人口素质的竞争。在人的素质中，"责任感"是极其重要的。

假如，由于我们教子不当，让他们从小对家庭没有责任感，只知受爱，不知爱人；对父母没有责任感，只知索取，不知回报；对集体没有责任感，只顾自己，不管别人；对社会没有责任感，目无法纪，我行我素；对国家没有责任感，只图享受，不讲奉献，那么我们这些做母亲的，岂不成了千古罪人。

不能再糊涂，不能再抱怨，我们必须马上认清母亲的责任，用自己的全部心血去培养孩子们的责任感。

## 一、从对自己负责开始

一个国家的下一代没有责任感，这个国家就不会有希望。

国庆45周年前夕，我在一次“共和国同龄人”的座谈会上，遇见了著名作家梁晓声，他也是我们老三届的知青。他在座谈会上讲了一番颇有道理的话语：本来，我们中国已经拥有了多达3亿的儿童，但有些大学生还口口声声自称“男孩子”“女孩子”。咱们中国孩子的队伍已经够庞大了，仍然有一些人往孩子们的队伍里挤。我们中国的青年到哪里去了？美国一位中学教师在开学的第一堂课上讲的是这样的话：“先生们、女士们，从今天起，你们就是美利坚合众国的公民了。”今天，我要对大学生们说一声：“先生们、女士们，不要再把自己当成小孩啦！”曾有一位企业家问我：“你说，在从大学生中挑选人才时，应该选什么样的人？”我告诉他，凡是自称“男孩儿”“女孩儿”的大学生一概不要，因为他们还没有从高等幼儿园毕业，根本无法承担社会给予的责任。

对梁晓声的一番话，我深有同感。在一些大学生写的文章中，或在同一些大学生交谈的时候，我发现他们“男孩儿”“女孩儿”的心态相当严重，没有青年人应有的豪情和责任感。

我对丹东的大学生们建议，从今天开始，应该理直气壮地说：“中国的青年在我们这里！我们不再是孩子，我们已经长大。”并且告诫他们，责任心是从内心呼唤出来的，如果过分地娇惯自己，就永远长不大！

我对大学生们说："爱国成才，首先应该成人。如果你是一个没有责任感的人，即使有天大的本事，谁敢委你以重任？

"有人曾说：智育抓不好，便出次品；体育抓不好，就出残品；而德育抓不好，势必出危险品。

"在座的青年朋友，谁也不愿意当次品，当危险品，而希望自己成为精品。要成为精品，就要下一番功夫，做好准备，去迎接 21 世纪的挑战。

"现在，社会上有一个很时髦的词：定位。商品有市场定位，报纸杂志有读者定位；我们自己是否应该想一想，我们如何定位？"

我和大学生们讲了三个定位。

第一，我们大学生和祖国的关系。我们是祖国的公民，是 21 世纪的主人，21 世纪的大厦将在我们的手中矗立，所以我们对自己的祖国和人类负有责任。

第二，我们和家庭的关系。对家庭来说，我们是爸爸妈妈的孩子，家庭的希望在我们身上，家庭未来的蓝图将靠我们去描绘，家庭的幸福取决于我们能否给别人带来幸福。从这一点来说，我们对家庭负有责任。

第三，对我们自己。我们是主宰自己命运的主人。我们的今天是为明天做准备，为明天打基础，所以我们要对自己的今天负责。

我对大学生们说："我们每个人对国家、对家庭、对自己都负有不可推卸的责任。处在新世纪的青年一代，任重而道远。相信你们一定会创造出无愧于我们伟大的社会主义祖国、无愧于人民、无愧于时代的英雄业绩。"

大学生们用热烈的掌声表达了对我讲话的支持和认可。散会后，一个学生激动地说："过去我们总埋怨社会忽视了我们大学生的价值，今天我明白了，我们首先应该找准自己的位置，承担起我们这一代人应该担负的责任，这样自己才有价值。"

年轻的父母，回想我们自己走过的路，你也会感觉到责任感对人生有多么重要的作用！

## 二、种下责任的种子

做父母的，能够给予子女最好的礼物，应该是“根”和“翅膀”，也就是责任之根与独立之翼。

有些家庭里，每天早晨叫孩子起床、上学要经过一场“混战”。为此，许多年轻妈妈问：早上，孩子不肯起床怎么办？

首先要让孩子明白，上学是他自己的事，妈妈爸爸没有义务替他“包办”一切。学生就应该按时起床、准时上学，根本不能迟到。遇上刮风或雨雪天气，要提早一些起床，早一点出家门，坐不上车，走也要走到学校，按时上课，这就是学生的责任。这份责任，父母有必要在孩子上学的第一天就让他们明白。孩子刚刚入学，你可以送他一件礼物：一个可爱的、会叫的小闹钟。并告诉他：“以后你要跟小闹钟交朋友。每天早晨它一叫你，你就一定要起床，再困也得起来。妈妈爸爸不再叫你，上学迟到的话，由你自己负责。”这样坚持三五天，孩子的生物钟调整过来了，到时小闹钟一响，他会自己起床的。

说实在话，我们替孩子做得越多，照顾得越周到，孩子们就越是不会料理自己的事情。今天这些依赖性很强的儿童，注定会成为明日无能的父母！

身为一个孩子的母亲，我从经验中悟得这样的道理：做父母的，能够给予子女最好的礼物，应该是“根”和“翅膀”，也就是责任之根与独立之翼。如果缺少了这两样东西，结果会给父母惹来麻烦，甚至会给家庭带来不幸。

如何在孩子幼小的心田里播种下责任的种子呢？许多妈妈爸爸积累了不少成功的经验。其中最重要的一点就是：让孩子自己决定。

培养责任感的另一个办法：在家里要给予孩子参与劳动的机会。

现在，许多年轻的父母包办了孩子的一切，家务活根本不让孩子插手，如果孩子有心帮助大人干点什么，大人便会说："把你的学习抓好，考试分数上去了比干什么都强，家里的活不用你干。"这样的家长可真糊涂，如果孩子不干活，就不会对这个家表示关心，久而久之，可能会变得自私冷漠，好像是这个家的"局外人"。到那时父母醒悟过来，再埋怨孩子不干活，就已经太晚了。

据一份调查材料介绍，中国城市的孩子每天劳动的时间平均不足 0.2 小时，是世界儿童中参加劳动最少的一群。"饭来张口，衣来伸手"这句被大家所熟悉的老话，在我们的孩子身上体现得最为明显。

"地是种出来的，事是干出来的。什么时候不劳动都不行。"这是一位农民父亲教育子女的话。"不劳动者不得食"，我们应该让孩子体验到。如果我们把孩子培养成"不劳而获"的人，那将来大家都会没有饭吃。

让孩子在家里有固定的工作，如洗碗、扫地、拖地板、擦玻璃、取牛奶、拿报纸等天天都要做的事情，分几件给孩子干，并且负责到底，有利于帮助他们了解生活、了解父母。

对孩子所做的工作，家长要给予认同，以赞赏作为给孩子的奖励。但不建议直接用金钱作为奖励，如果用金钱来奖赏孩子的劳动，最终会培养其浓厚的功利心。

## 三、自己的事情自己做

自己的事情能不能自己做，也许是下一代竞争的起跑线！

从你背起书包上学那天起，你就从一个幼儿园的小朋友变成一名小学生了，于是你就有了一个当学生的责任。老师会告诉你一句话：自己的事情自己做。你做得怎么样？先别急着说“好”或“不好”，请先听我讲两个小学生的真实故事。

一群美国中小学生利用假期到中国生活了几天，他们吃住在中国人家里。戴瑞是最小的一个，刚刚 11 岁，她给中国学生印象最深的是那个与她年龄不大相称的大背包。一天，游天坛公园时，同行的一名中国学生想助人为乐，便走过去对戴瑞说：“我帮你背包吧！”不料戴瑞睁大双眼，疑惑不解但又彬彬有礼地说：“谢谢你！自己的东西应该自己拿呀！”其实戴瑞的父母和兄长就在她身边，而且他们各自背的包要轻巧得多。一位中国记者问戴瑞：“外出都是自己拿东西吗？”她微微一笑点点头。这天，她背着足足有三五公斤重的包，但仍玩得很开心。

听到这个美国小姑娘的故事，不由得让我想起亲眼见到的一位中国女孩，她大约也是 11 岁。

那是一个冬天的早晨，雪下得很大。我在马路边见到一位小学高年级的女生，她坐在路边草坪的护栏上，伸着腿，叉着腰，指着马路上正在为她叫的士的父亲喊着：“快一点！你要是叫不着车，我迟到了怎么办？！”只见她那可怜的爸爸，一手抱着女儿的书包，一手不停地挥动，满头大汗，不停地跑前跑后……

我真想上去问问这个女孩子：上学究竟是谁的事？迟到了应该由谁负责？

中美两个同龄女孩子强烈的对比，使我感慨万千。自己的事情能不能自己做，也许是下一代竞争的起跑线！

如果你是一个有责任感的人，你会明白，上学是自己的事，爸爸妈妈没有义务替你包办一切。每天早晨闹钟一响，你就应该马上起床，再困也要起来，准时去上学。遇到刮风或雨雪天气，你就应该提早起床，早一点出家门，坐不上车，走也要走到学校，绝不能迟到！这一切，你不能依赖爸爸妈妈，把责任推给爸爸妈妈，因为你应该知道“我是学生，上学是我的责任”！

如果你是一个有责任感的人，自己的事一定会自己做，不让大人代劳。你自己的书包、书籍、玩具等物品自己整理，自己的房间自己打扫，自己的被褥自己收拾。你应该常常对要帮忙的妈妈说：“这是我自己的事，我自己来！”

如果你是一个有责任感的人，一定会在家设立自己的劳动岗位，如洗碗、扫地、拖地板、取牛奶……即使父母为了让你多一点时间学习，对你说："你去念书吧，家里的活儿不用你干！"你也应该坚持说："我是家里的一员，干家务也有我的一份责任！"

## 四、让孩子自己决定

选择是一种能力。这种能力是从小培养的，因为选择是建立在对自己负责的基础上的。

在漫长的人生道路上，人们会遇到许多十字路口，随时都要面临选择。选择得正确，就会抓住机会，走向成功；稍一犹豫，机会就会与你擦肩而过。

选择是一种能力。这种能力是从小培养的，因为选择是建立在对自己负责的基础上的。

我想起一位大画家教育女儿的故事。

有一次，女儿上学迟到，怕老师批评，坐在车里哭，央求父亲陪着进教室。女儿想的是：爸爸是小有名气的画家，看在爸爸的面子上，老师也许就不会责骂自己了。这位画家父亲给了女儿两个选择，一是自己进教室，另一个就是立刻回家。"要知道，你今天不想面对的，明天还是一样必须去面对。"于是，女儿自己走进了教室。

自己的事情，自己决定；自己的行为，就要自己负责。家长这个观念的树立，对成长中的孩子有重要的影响。

我们做父母的，在对待孩子的事情上常常是"帮你没商量"，主观地为孩子做决定，结果往往事与愿违。

如果我们把选择的权利交给孩子，孩子就会对自己负责，就会做出让你也觉得吃惊的成绩来。

## 五、生日，父忧母难日

一个有责任感的孩子，过生日时，一定会以自己特有的方式感谢父母，感谢爷爷奶奶、姥姥姥爷，因为他知道，长辈把自己抚育大有多么不容易。

一次在报社开展“知心姐姐”咨询活动时，我曾问同学们：

“谁知道妈妈爸爸的生日？”场上举手的人寥寥无几。

后来，我和徐惟诚同志谈起这些事，他对我讲了去日本访问时的见闻。他们在访问日本时，在日本大学生中做过一次调查，被调查的日本大学生人人都记得父母亲的生日，而在那里学习的中国留学生却记不清。

在日本，儿子把自己的生日称为“母难日”，自己过生日那天要请母亲吃饭，向母亲鞠躬。

其实，中国古代史书上早就把生日称为“父忧母难日也”。在大家熟悉的《西游记》里，黑熊怪过生日请客，发出的请柬上面就写着：“大王华诞，明日母难。”

为什么要把生日称为“父忧母难日”呢？因为妈妈在孕育你生命的近一年的日子里，是那么小心翼翼、那么辛苦；你出生那一天正是你妈妈最痛苦、最艰难的日子，也是爸爸最着急的日子；你出生后，爸爸妈妈一口水一口饭将你养大，花费了许多心血，这叫养育之恩，所以我们应当承担起对父母的责任。

有个男孩子，懂得了“每一个有良心的孩子都要回报养育之恩”的道理后，过生日时，不再吵着向父母要好吃的好玩的，而是去问妈妈：“我是怎样长大的？”

妈妈告诉他：“你小时候我的工作很忙，是姥姥把你养大的。”

男孩子很受感动。当他听说姥姥 60 岁的生日就要到了，便利用课余时间，悄悄地折了60只纸鹤。姥姥过生日那天，全家人都去祝贺，有送生日蛋糕的，有送钱送物的……男孩子一直没动声色。等大家都向姥姥表示了生日祝贺，男孩子跑到姥姥跟前，把纸鹤串起的花环戴在姥姥的脖颈上，并亲吻了姥姥。姥姥感动得哭了，她说，这是今天她得到的最珍贵的礼物！

一个有责任感的孩子，一定会牢牢记住父母和长辈的生日，长辈过生日那天，会送上一份自己亲手制作的礼物，写上一句知心的话，因为他知道，没有父母就没有他。

一个有责任感的孩子，过生日时，一定会以自己特有的方式感谢父母，感谢爷爷奶奶、姥姥姥爷，因为他知道，长辈把自己抚育大有多么不容易。

一个有责任感的孩子，一定会十分关心父母，主动帮父母做事，因为他明白父母的辛苦，明白父母的全部希望都寄托在自己身上。

我们的国家将进入老龄社会，孝敬老人是我们每一个做子女的应尽的义务。在这方面，福建省福州师范附属第一小学的同学们就做得很好。有一次我去这所小学采访，校长向我介绍了他们学校几年来坚持开展“小学生孝敬父母道德启蒙教育”的情况。队员们自觉按孝敬父母“五要五不要”去做，开展了“星星知母心”“敬重父母，听从教导”等主题队会，人人成了好孩子。

这里，我把“五要五不要”的内容介绍给你，希望你也这样做。

**五要**

1. 要了解父母亲。记住父母的姓名、年龄、生日与工作单位，知道父母工作的职务与内容，他们平时的兴趣与爱好。

2. 要亲近父母。在外出或到家时跟父母打招呼。跟父母一起活动，讲述自己的见闻、欢乐与烦恼。

3. 要关心父母。在父母疲劳或生病时主动问候，端水送药；在父母生日或取得成绩时热情祝贺。

4. 要尊重父母。听从父母教导，珍惜时间，勤奋学习，爱惜学习用品，在学习结束后自己整理书包，收拾桌面。

5. 要体贴父母。平时能自己动手穿衣、洗头、洗澡、洗小件衣服，帮助父母收拾房间、洗刷餐具、倒垃圾、上街买小件用品。

**五不要**

1. 不要影响父母的工作与休息。在父母忙或休息时不去纠缠、打扰。

2. 不要惹父母生气。跟父母说话不高声叫嚷，不故意哭闹。

3. 不要顶撞父母。虚心听取父母的批评或教导，认真改正错误，不发脾气。

4. 不要独占独享。不能只顾自己的兴趣与爱好，不能忘记父母的需要。

5. 不要攀比享受。不要常向父母索要零食、零用钱，不浪费一切有用的东西。

## 六、对儿子说“一切全靠你了”

妈妈要常对儿子说：“一切全靠你了！”

许多妈妈都承认，现在的男孩子身上太缺乏阳刚之气，显得唯唯诺诺，胆小怕事。

我在南方的许多小学里发现，男孩子在学校非常受气，变得胆小怕事。有一个担任中队干部的男孩说：“我们班上的女生经常把我的书包扔出教室，还打我的头，我也不敢吭声。”

是什么原因造成这种现象如此普遍地存在呢？首先，我从孩子们的家庭中找到了答案，从他们的名字中发现了问题。过去的男孩子，大都以“刚”“铁”“江”“海”“鹏”“山”等阳刚之气十足的字命名，现在男孩子的名字，则多为“阳阳”“多多”“贝贝”等洋娃娃用的名字。这从一个侧面表明，家庭对男孩子的期望值发生了变化。过去，靠男孩子“传宗接代”的陈旧观念作祟，人们常常把男孩子看作是家庭的根本和支柱，对他们寄予着深切的希望，因为，家庭未来的担子要靠他们来承担。现在，由于每个家庭只有一个孩子，很多家长便不再对男孩子委以重任了，他们觉得，仅有的一个孩子很难以稚弱的肩膀承担任何责任。

此外，在学校里，老师们总是愿意让那些听话的女孩子来担任干部，男孩子充其量是小队长、中队委。男孩子展示自己能力的机会很少，加之他们调皮、好动的天性又常常招致老师们的批评，失败的情绪越来越重，所以，他们变得胆小，变得唯唯诺诺。

很多女孩子对我抱怨说：现在要找具有阳刚之气，能够保护自己的男子汉太难了。我说："是啊，以后就更不容易找到了，因为男孩子自己还需要有人来保护呢！"

本来男孩应该是保护别人的，但是现在却在寻找别人的保护。他们已经被家庭的"爱"淹没了。有的家长，不让孩子做任何家务，只要求他将来考大学、考托福。这些孩子一旦离开了家庭，就什么都不会做，缺乏自立精神。

对于男孩子，我们要尽可能地使用他们，要敢于把重担子交给他们，不要过于庇护、娇惯他们。

有一次，一位朋友对我讲了这样一件事：

> 我的儿子是中学生，过去在家什么事都不关心，他的母亲很伤心。几年前，组织上派我去外地一个城市当市长。离家上任那一天，我十分郑重地对儿子说："我的妻子身体不好，我走后就全靠你照顾了！每天晚上睡觉前请你关好门、关好窗、关好煤气……拜托了！"作为父亲，我的"拜托"让儿子十分诧异，但他还是认真地点了点头。一年后，我从外地回到家时，妻子激动地告诉我："你走后儿子突然长大了，懂事了，对我十分关心，尽职尽责，每天晚上按时关门、关窗、关煤气……"

孩子为什么变了？因为他得到了信任。信任能使一个人产生强烈的责任感。

我曾对很多母亲说，要想把自己的儿子培养成为适应未来社会的男子汉，当妈妈的不妨表现得弱一些，给孩子提供显示本事的机会。如果母亲过于能干、刚强，就没有他们施展自己本领的天地了，他会变得软弱；相反，如果母亲表现得柔弱一些，会令男孩子坚强起来，意识到自己保护弱者、保护母亲的责任。

在培养儿子男子汉气质方面，我有一些心得。在生活中遇到我确实不擅处理的事情或问题时，我便对儿子说："一切全靠你了！"他在爽快地答应的同时，总会流露出一种作为男子汉帮助母亲、保护女性的自豪与得意。现在，家里像修电器、搬东西等技术活和力气活基本上都是他的事。

今天的男孩子身上所缺乏的男子汉的阳刚气质，不仅是他们的母亲渴望看到的，也是他们未来的妻子所渴求的。对于他们自己，这种男子汉的气质，也是今后面对生活的无价之宝。

同时，也应该强调一下父亲对男孩子的影响。

少年时期，男孩子主要受母亲的影响，而进入青春期后，儿子更易模仿父亲。父亲将是第一个引导儿子认识社会和走向社会的人。父亲的形象将牢牢地站在儿子的心里，成为儿子前进的方向和目标。

培养男孩子的责任感，父亲有义不容辞的责任。

## 七、对女儿说"要温柔善良"

女孩子是未来的母亲，她的一举一动都将给自己的孩子做出表率。如果自己缺乏礼仪、修养的培养，她的孩子也不会有令人喜欢的举动和言行。

女孩子是未来的母亲。

母亲的爱是博大的。母亲的爱能缔造人类的未来。

所以，女孩子要具有温柔、善良的天性，更要懂得关心、体贴他人，要善解人意。

但是，在今天的女孩子中间，却普遍存在着一些令人不快的现象，她们不仅变得不温柔、不会关心人，反而会“管”人。

南方沿海某市的“红领巾理事会”，二十几名成员中只有5个男孩，其余的全是女孩。提到自己的“工作经验”，这些女孩子滔滔不绝地总结了一套又一套，当然，更多的是讲如何整治男生。“当干部最根本的经验就是要管住那些男生，不能让他们淘气，不能给他们好脸色……”“老师不在的时候，要监视着那些平时调皮的学生，表现不好的要把他的名字记下来，然后报告给老师，让老师收拾他。”

其中一个小女孩，带着得意的神色说：“我的办法最好。我同桌的男生上课时总做小动作，我就削一支最尖的铅笔放在手边，他动一下，我就扎他一次。老师都夸我有办法。”

听了她们的话，我感到万分惊讶，这些从小只会管人，不会关心人的女孩子真的是我们祖国的新一代少年儿童吗？真的是我们少先队培养出来的干部吗？

在这里，我并非指责所有的女孩子都是这样，也无意标榜过去那种“大门不出，二门不迈”、一心遵从三从四德的古代女子，只是想寻找那些既具有现代人豁达开朗、机敏聪慧的心理特质，又懂得关心别人、爱护他人的女孩子。

也许，你会问：“真有这么完美的女孩吗？现在的女孩子娇骄二气可浓得很呢！”

我的回答是：“确实有。”

我就认识这样一位十分可爱的女孩。可以说，她是我认识的女孩子中最普通，却很有魅力的女孩。她长得很美，且温文尔雅，知识丰富，兴趣广泛；最感染人的是她的善良和正直，她善解人意，宽容大度，坦然真诚，宁静淡泊。她在与我的交往中，多次谈到我和她是“忘年交”。

她叫张琳，家住上海，曾被评为全国第二届十佳少先队员。她叫我佩服的是那一套令男孩子心悦诚服的本领。

我带领京、津、沪、汉四大城市的小记者赴湖北大别山区罗田县采访的路上，汽车里，我们俩坐在一个双人座上。她跟我聊了很多。

她说，她也想当“知心姐姐”，问我应该怎样去做。我说：“还是先说说你都做了些什么吧。”

“我跟男生相处得挺好的。”张琳开门见山，相当坦诚。

“跟那些男生相处，你有什么诀窍？”我问张琳。

“我就是用激将法，提醒他们别忘了自己是男的。”张琳开始“数落”起那些男生。

“就拿这次来大别山吧，我们上海来了三个人，只有一个男生，他胖嘟嘟的，不大有力气，可他毕竟是男的，就应该负重。下船的时候，他借口头晕不愿意拿箱子，坐在甲板上不起来。我和姜宇秋（另一位上海女孩）冲他大声喊：‘你是男的！你是男的！’那个男生‘腾’地跳起来：‘谁说我不是男的！’拎着大箱子就下了船，挺像个男子汉的。”

我明白了，男孩子们喜欢张琳，正是因为她的激励，唤回了男孩子身上的阳刚之气。

在那次赴老区的活动中，张琳认真地采访了老区的孩子、乡亲和县里的领导，并写成了很出色的报道。

第二年，她荣获中国好少年创造奖，独自一人从上海乘火车到深圳，参加“明天会更好”中国好少年夏令营，并担任了大队长，那年，她才12岁。

我一直很想知道，她妈妈是怎样培养出这么可爱、多才的女孩的。终于，我认识了张琳的母亲李秋芬。我了解了一个善良的女孩子的多个侧面，了解了一个称职的母亲。下面，摘录了李秋芬女士写的《我的女儿》，与年轻的妈妈们一起品鉴。

夜深人静，时钟已指向12点。我的眼皮重得直往一处黏，写字的手也不听使唤了。我问："琳，还有多少呀？妈实在熬不住了！"她仍埋首疾书，只轻声回答："快了，还有一半。"

这两年她总在奋力地"爬格子"，由此，我也升了格，不仅仅当妈妈，还成了她的"秘书"：她写，我誊；她去读书做事了，我替她发投稿信、装订材料。此时，我望着她的背影，很是心疼，毕竟她只有13岁，身子骨还很嫩，这样熬夜，会长不高的。

这两年，她共写了几万字的文章，这些文章大多是在深夜完成的。至今，她熬夜爬格子的日子，我已数不清了。她常对我表示歉意，说是拖累了妈妈，总搂着我的脖子，亲吻我。她的爱、她的感激就在这一瞬间全给了我。

她特别注意利用有限的时间。照她的说法，"要相对延长每一分钟的生命"。她因有社会工作常常落课，可学业从不敢懈怠，一分一秒都计算着用。每次大考前，她想的不是考试的结果如何，而是想着如何尽力复习好，常自勉："不要为远方的玫瑰园而错过窗前开放的玫瑰。"这个意念果然重要。每次考前既认真又洒脱，考得也好，但事后她没有大喜大悦，好像应该如此。就这样，她不断摸索好的学习方法。"事半功倍""吾日三省吾身""计划与总结""化整为零"似乎成了她的专利。

她很宽容大度，坦然真诚，宁静淡泊。在我们散步时，她对校园生活的热爱，让每一个同学快活、发挥潜能的渴望，对师长的尊重常禁不住地溢于言表。有一次，她向我谈起她的"把垃圾带回家"的构想，说应倡导全社会都这样去做，那上海就更整洁宜人了。果然，她每次外出，在没有垃圾箱时，就将自己要扔的瓜果皮核、包装纸袋一股脑儿带回家……就这样，她用一双很真又很善良的眼睛洞察世界，仔细地品味生活，令我感叹不已。

作为一位少先队工作者，我真为我们少先队组织有张琳这样一位出色而优秀的少先队员感到欣慰。作为一名母亲，我也为张琳母亲替女儿承担事务、体贴入微的教子方式而感动。我真心希望，在我的周围涌现出更多张琳这样优秀的女孩，每一位年轻妈妈都能做得像李秋芬女士那么好。

我感到，在教育女孩子的问题上，年轻的妈妈们不能忽视一个重要问题：修养。

认识到这个问题的重要，是在一次小记者招考会上。

中央电视台青少部《大风车》栏目，为了更充实节目的内容，增强其深刻性和时代感，使少年儿童更加喜爱，决定公开招考小记者，我担任了招考活动的评委。

在等候考试的时候，孩子们的表现真可谓千姿百态：站立者或挺胸直立，或含胸驼背，或倚墙，或靠椅；在座者有的正襟危坐，有的疲疲沓沓，有的始终保持一个姿势，有的一会儿一动……一举一动便把自己的修养明明白白地显露了出来。

我想，虽然他们每个人都很具备做小记者的能力，但那些站没有站相，坐没有坐相的孩子是没有资格入选的。因为，记者是个社会活动多、社会交往广的职业，没有教养的人或修养不到家的人是不配从事这个工作的，尽管是由孩子来做。

所以我认为：女孩子是未来的母亲，她的一举一动都将给自己的孩子做出表率。如果自己缺乏礼仪、修养的培养，她的孩子也不会有令人喜欢的举动和言行。因此，母亲教育女孩子，除了给她以精神上、学识上的指导与关怀，更要注意到其形体、言谈、举止的约束和培养。

## 八、理想不可少

与其迫切地“望子成龙”，不如将这种愿望化作“子望成龙”的教育。也就是说，让孩子从小自己树立一个理想，确立一个目标，通过自己的努力去实现。

“理想”对成长中的孩子来说是多么重要——无论是城市的孩子还是农村的孩子！

少年时期的孩子，天真无邪，热爱生活，头脑是一张白纸，可以书写最好最优美的诗句，可以描绘最新最美丽的图画；少年时期，也正是播种理想的种子最重要的时期。这个时期，如果能够树立起人生的目标，犹如在心中播种了一个太阳，一个给人以希望的太阳，一个给人以力量的太阳。

人只要有了目标、有了理想、有了希望，就不会虚度时光，就不会整日被烦恼缠身，这也就意味着——他迈出了成功的第一步。

有许多孩子问：“你是怎样当上‘知心姐姐’的？”我告诉他们，是《中国少年报》帮助我实现了自己的目标。

10岁时，爱看《中国少年报》，尤其是爱看《知心姐姐》栏目的我产生了一个美丽的梦想：长大以后我也要当“知心姐姐”！我学起报上“知心姐姐”的样子，扎起两根大辫子，脸上也总挂着微笑，还热心地帮助同学解除烦恼……慢慢地，同学们都说我像“知心姐姐”了，我的心里别提有多高兴啦！

我立下了好好学习，将来去《中国少年报》当记者、当“知心姐姐”的志向。19岁那年，正当我准备报考大学时，“文化大革命”开始了，大学的门关闭了。于是，我和千千万万北京知青一起，去东北农村插队。10年后，我听到《中国少年报》复刊的消息，激动得彻夜不眠，童年的梦想又涌现出来。我立刻拿起笔来给报社写信，表达了我的夙愿，报社答应了我的请求。

29岁的我跨进了中国少年报社的大门，那天，我流泪了，我童年的梦想终于实现了！5年后，我真的当上了“知心姐姐”，我从内心里感觉到一种实现了目标的幸福感。

我想，每一位父母都曾有过充满梦幻的童年时代，这对于人一生的择业和成功十分重要。可我们对待自己孩子的梦想和目标，又要有什么态度呢？

浙江一个二年级的小学生，读了鲁班小时候玩泥巴的故事，写了一篇读后感。

鲁班小时候用泥巴搭了许多桥，他妈妈说："真了不起！"后来鲁班成了建桥专家。可我玩沙土，我妈却骂我没出息！我看以后出不了鲁班了，因为没有鲁班他妈了。

这位小学生用寥寥几笔，便点出了目前家教中存在的问题。

有的父母，总把自己的理解强加在孩子身上，却对孩子自己的"梦想"不屑一顾。其实，这些童年的"梦想"正是孩子成功的第一块基石，无论他想干什么，只要不断努力就能成功。

作为孩子的父母，应该如何帮助孩子树立理想呢？

是尊重孩子自己的兴趣爱好，因势利导地引导孩子去追求自己的目标、实现自己的理想，还是逼迫孩子去实现父母的愿望、找回父母童年的梦想？

是实事求是地帮助孩子树立一个切实可行的目标，还是硬逼着孩子去摘取永远无法摘到的果实呢？

这些都是原则问题。

帮助孩子树立目标，我们可以做两件事：一是发现孩子究竟对什么感兴趣；二是让孩子多看报纸、杂志和书籍，多与外界接触，让孩子多接触新的思想和新的信息，激发孩子产生自己的兴趣，树立自己的理想，最后实现自己的理想。

如果父母的期望值过高，孩子达不到父母确定的目标，父母便会陷入失望、无望甚至绝望的境地。

父母过高的期望、过大的压力也会使孩子无望，而无望中的孩子长期看不到前途，内心会变得十分脆弱，甚至会发生心理畸形，以致走向绝望，甚至走向暴力。

"望子成龙"不能"逼子成龙"。让孩子从小树立理想，并不是逼迫孩子去考高分数、去考大学。如果孩子每天生活在重压之下，就会使本来活泼聪颖的天性消失，变得郁郁寡欢，对学习失去兴趣，对生活失去信心。就像德国诗人海涅所说："即便种下的是龙种，收获的也可能是跳蚤。"

"望子成龙"无可厚非,"望子成人"更加重要。教育的核心是培养什么样的人,家长的责任是教会孩子怎样做人。有些家长认为,只要孩子成绩好,其他的缺点都可以原谅。于是德育教育变得可有可无,有没有远大的理想、有没有独立生活的能力、有没有健全的人格和健康的体魄不再重要,这怎么不是"潜藏着危机"呢?不管孩子将来能有什么成就,我们首先是要他"成人",要使孩子懂得一个公民应尽的责任是什么,这才是现代家庭教育的第一要义。

与其迫切地"望子成龙",不如将这种愿望化作"子望成龙"的教育。也就是说,让孩子从小自己树立一个理想,确立一个目标,通过自己的努力去实现。

很多年前,鲁迅先生就说过,对儿童的教育,主要是"理解""指导"和"解放",要培养他们具有"能在世界新潮流中游泳,不被淹没的力量"。这种力量的背后,就是理想。

## 九、地球孩子责任大

地球是我们唯一的家,十分有必要让孩子明白环保的重要,懂得爱护地球这个生存家园的责任。

茫茫宇宙中有一颗蓝色的星球,她的名字叫地球,我们都叫她"地球妈妈"。

地球妈妈的孩子爱幻想,在美丽的夜晚常常仰望星空,幻想有一天能长出奇特的翅膀,飞到别的星球上去生活,找到一个新的家。

然而,长大了才知道,到目前为止,人类还没有发现别的星球有生命存在。在太阳系八大行星及它们的卫星中,只有地球上存在生命。整个太阳系经过10多亿年的孕育和漫长的变迁,才形成了我们今天唯一能生存的环境——地球。

为什么唯有“地球妈妈”上才能出现生命呢？因为唯有她具备了生命产生并生存所必需的四大圈层：大气圈、水圈、土石圈和进化而来的生物圈。

原来，地球是我们唯一的家！

但是，人们却不爱护“地球妈妈”，严重的污染、破坏性的砍伐让“地球妈妈”生病了。

保卫“地球妈妈”，地球孩子责任大。

再过几十年，当你满头白发，成为老爷爷、老奶奶时，面对子孙后代的问话，你该怎么回答？

我相信，你一定会自豪地说：

孩子，往前看，母亲河畔那郁郁葱葱的大树，是爷爷（奶奶）当年在“手拉手，捡回一个希望，还母亲河一片绿色”活动中亲手种下的，这片“中国少年世纪林”就留给你啦，你要好好保护它！

孩子，往上看，那蓝天白云又回来啦，当年保护环境，清除污染的“地球保卫战”，爷爷（奶奶）我也参加啦，你可不要放走它！

孩子，你往下看，清水流过你脚下，河边那所小学校，是爷爷（奶奶）小时候和伙伴们用回收废品的钱建起的，你要常去看看它！

孩子，你往后看，“手拉手地球村”的孩子全来啦，你是他们的好朋友，他们是你的好伙伴，你们团结起来力量大。

请记住，21 世纪的地球是属于你们的，你要爱护她，建设她。要让孩子明白环保的重要，懂得他有爱护地球这个生存家园的责任。

## 捡与扔

我们每个做家长的，一定都希望自己的孩子成为高素质的人。要知道，在现代社会里，有没有环保意识，是衡量一个人素质高低的重要标准。而孩子的这种意识，是在家长行为的潜移默化下形成的。

家庭环境对孩子的影响是很大的。在德国留学8年回国的博士后李皓女士，是孩子们“手拉手地球村”活动的环保博士。一次，她听说有的孩子为了摆阔气，“买了东西吃不了就扔”的行为，很是气愤，认为这是不文明的行为。她给孩子们讲了她的一位美国同学皮特尔节约的故事。

皮特尔的父亲去世后给他留下了上百万美元的遗产，但皮特尔平时的衣着很普通，丝毫显示不出自己有什么与众不同。他还很节约，在食堂吃饭时，从不剩饭。一次，有位中国留学生剩了饭在盘子里，皮特尔看见后，一边问：“为什么要剩饭？吃不完，为什么不少买一点？”一边端过那位同学的剩饭，把它吃掉了。

皮特尔有花不完的钱，但他却不能容忍浪费。因为餐桌上的粮食、蔬菜从播种到最后变成美味佳肴，需要消耗许许多多的资源和能源。而石油和煤炭都是不可再生的，用完了就再也没有了。因此，浪费粮食实际上就是在浪费宝贵而有限的地球资源，这是很可耻的事。

皮特尔的父亲留给儿子的不仅仅是上百万美元的遗产，更重要的是给儿子留下了珍惜地球资源的环保意识；皮特尔没有因为父亲留下了上百万美元的遗产而挥霍浪费，而是时刻保持着珍惜地球资源的环保意识，皮特尔是一个值得别人尊敬的人，是一个文明的人。这一点，很值得我们学习。

随着近年来社会上对环境问题的重视，越来越多的人加入了保护环境的队伍。许多家长也加入了孩子们发起的“手拉手，捡废品，建学校”行动。武汉市有位同学的父亲是位经理，每次在外面吃完饭回家，公文包里总要装着已压扁的空易拉罐。他还自豪地对同事说：“这是儿子交给我的任务，我要用实际行动支持孩子回收有用的废品。”

这件事让我很感动。这位大经理所做的事情不大，但意义却很大。他用行动告诉孩子，空易拉罐不是废物，而是很珍贵的纯铝资源，不要扔而要捡。

平时，在家里或去公共场所，孩子喝完饮料常会听到父母的“教训”：“扔到垃圾箱里去，脏！”当孩子提出“空罐还能卖钱呢”时，家长却不屑地说：“卖那几分钱还不够劳神的呢！从小那么小气，长大没多大出息！”

在这些家长看来，捡是“小气”，而扔却是“大方”“有派”。实际上这种想法是大错特错了。在现代社会里，捡还是扔，这是衡量一个人素质高与低的重要标准。素质高的人有回收意识，随时随地都在捡；而素质低的人却愚昧无知，随时随地都在扔。殊不知，如果全世界的人个个扔、天天扔，那么用不了多久，地球就会变成一个大垃圾场，我们的子孙后代将无法生存；如果全世界的人个个捡、天天捡，那么就会捡回一个很大的“希望”，那就是：资源得到回收和合理的再利用，生态环境得到平衡发展，我们的后代将幸福地生活在这美丽而充满生机的星球上。

所以，如果您是一位有责任感的家长，我想您应该带着孩子去做这样的事：捡。

## 管住自己的嘴

有一次，一位年轻的爸爸动情地讲起他7岁的女儿，北师大实验小学的一年级学生杨雨晨爱护小动物的事。

星期天，我带女儿去公园划船。湖面上有一群鸭子在戏水，女儿看见了非常高兴。忽然，几个外地游人从另一只船上朝鸭群扔石头，鸭子受了惊，一下子逃走了。女儿朝那只船上的大人喊着：“你们不能打鸭子，它们是我们的朋友！”上岸后，女儿不肯回家，她说一定要等那几个人上来，问问他们为什么要打小鸭子！你看，那些大人还不如7岁的孩子……

是呀，“大人还不如孩子”的事，我们见得还少吗？大人自己那种不文明的行为，伤害的不仅仅是小动物，而且伤害了那些爱护小动物的孩子纯洁善良的心灵。

有一次，一位电视台的叔叔问几位幼儿园的小朋友：你希望小鱼待在水里，还是待在岸上？

一位小朋友说："我希望小鱼待在岸上，因为水早被污染了，又黑又臭，小鱼会生病死去的。"

另一位小朋友说："我希望小鱼待在水里，因为小鱼一上岸就会被人吃掉，人最可怕。"

还有一位小朋友说："我希望小鱼待在家里的鱼缸里，因为鱼缸里有喂给它的食物，还不会被人伤害，最安全了。"

……

听着这些孩子们善良、忧虑的回答，你做何感想呢？作为大人，我们远远不如孩子。

大人们那张贪得无厌的嘴，吃猴、吃熊、吃蛇、吃甲鱼、吃蝎子……什么都要吃、什么都敢吃！南方某大城市，每年有大约1000吨野生蛇类、50余吨野生蛙类、5万只鸟成为人们的"进口货"！

人类在陶醉于征服大自然的一个个暂时胜利的时候，却正如恩格斯所说的那样："对每一次这样的胜利，大自然都报复了我们！"滥捕、滥杀、滥吃野生动物，一时满足了口腹的享受，殊不知却埋下了奇异疾病和死亡的祸根。当前，野生动物的生存环境极其恶劣，吃野味，其实并不能达到进补的目的，反而会中毒。野生动物专家指出，蛇可以说是"百病之王"：疟疾、肝炎……它几乎什么病都得，并且身上的寄生虫更多。一些老蛇，用手一捋会感到疙疙瘩瘩的，就是因为它们的皮肉里有成团成团的寄生虫。有个人以为喝蛇血可以"进补"，不想"补"出了鞭节舌虫病，住了3个月的院，花费了2.7万元，体重也骤减了15公斤！有关专家还说，如果盲目服鲜蛇胆，极易损伤体内的器官，会诱发肝肾功能的衰竭。

西方有一部恐怖电影，描述一位生物学家误食了基因突变的昆虫，变异成一头恐龙模样的怪兽。美国康奈尔大学的生物工程学博士后李平说，电影中所表现的那种情况在现实生活中是不会发生的，但如果人吃了因污染导致基因突变的野生动物，很可能诱发癌症等恶性病变，还可能破坏人的生殖细胞生出怪胎。

中国科学院动物研究所的汪松教授呼吁："中国虽然是生物多样性的大国，但也经不住滥捕、滥杀、滥吃。如此下去，食客们就是从自身的健康考虑，也应该嘴下留情，不要再滥吃野生动物了！"

作为父母，你最好不要带孩子去"生猛海鲜"餐馆就餐。一个孩子，如果从小目睹那些活蹦乱跳的小动物、那些上了年岁的珍贵野生动物被活活地杀害，成为人类餐桌上的"美味"，这对幼小的心灵简直是一种戕害！

善待孩子，也要善待孩子们喜爱的动物。如果要让孩子从小有爱心、有善心、不残忍，那做父母的，一定要对动物有爱心、有善心，不要随意伤害动植物。

我们要让孩子从小知道，不是什么东西都能吃的。如果人类把世界上的生物都吃光了，最后只有人吃人了。地球上的生命都是建筑在脆弱生态的基础上，每一个生物物种的消失，对人类来说都是无可挽回的损失。人类与其他的生物物种其实是相辅相依的朋友关系，当人类失去朋友的时候，也终将失去自己！

## 手拉手，捡回一个希望

前些年，一个被称为"手拉手，捡回一个希望，创造一个奇迹，用小行动保护大地球"的活动，受到全国少年朋友的欢迎。这项富有时代特色的环保教育活动是由中国少年报社发起的，得到全国少年儿童的积极响应。

当时，中国文化扶贫委员会主任徐惟诚爷爷参加了北京惠新里小学的回收活动。他激动地对孩子们说："一个空易拉罐、一张旧报纸、一个牙膏皮，好像是毫无用处的东西，我们不去捡它，多了堆在那里，就会成为破坏环境的巨大力量。我们把它分了类，就可以把它变成有用的东西，变成一种有用的巨大力量。我们每一个小朋友力量并不大，大家都来做这样一件有意义的事，就是一个很有力量的群体了。同学们从自己的活动中看到了自己的力量，这个力量来自我们的行动，来自我们的团结，来自我们团结起来的行动。”

时任团中央书记处书记的孙金龙叔叔也加入了孩子们回收废物的行列，他鼓励孩子们说：“‘手拉手，捡回一个希望，创造一个奇迹，用小行动保护大地球’活动，是‘手拉手’活动的一个深化，一个创新。我们只有一个地球，地球上的资源是有限的。石油专家告诉我们，我们现在的石油只能开采50年了。50年后，你们开的汽车就没有汽油可用，可能要用别的代用品了。所以说，节约资源、回收利用资源是件非常重要的事情。回收利用资源要从我们的娃娃抓起，用小手拉大手，牵动全社会。”

就这样，“手拉手，捡回一个希望”的活动在全国少年儿童中红红火火地展开了。

参加“手拉手，捡回一个希望”的北京同学，还进行了环保方面的调查，他们从环保专家那里了解到许多惊人的数字。以纸为例：回收一吨废纸可生产800公斤好纸；节约木材4立方米，等于少砍17棵大树；节约用煤400公斤，就可以多发电512千瓦时；少用纯碱240公斤，就可降低造纸污染排放的75%，节约造纸能源消耗的40%～50%……同学们明白了，参与废纸回收，就是在保护森林，保护环境。我们国家的森林资源非常匮乏，是世界人均水平的十分之一，而我国的废纸回收率只有30%左右。因此，我国每年不得不从国外进口废纸来做造纸原料。有人算过一笔账，由于大家不重视废纸的回收，我国每年损失废纸600万吨，相当于浪费森林资源100万亩（在北方）到300万亩（在南方）。北京市每年当垃圾扔掉的废纸约32万吨，相当于我国每年进口废纸总量的4倍，这多么令人震惊啊！据报道，现在每一分钟就有一大片绿色森林在地球上消失，照此下去，我们的后代面对的，会不会是一个光秃秃的地球呢？

一个个触目惊心的调查数字，让同学们觉悟了。

“只有一个地球！”地球是宇宙中人类唯一能生存的家园，她的宝藏是有限的。把废物送去循环再生，我们就是在为保护大地球而行动。

“手拉手，捡回一个希望”活动开展仅 7 个月的时间，孩子们聚集起的回收废品款就达到 20 余万元，并全部用于在江西省贫困县——安义县万坪镇桃花村建立起全国第一所“手拉手环保小学”，这也是世界上第一所用孩子们回收废品积攒的钱建造起的小学，是中国孩子创造的奇迹。

让孩子们最感到骄傲的是，仅 3 年时间，中国少年儿童“手拉手地球村”已经积攒起卖废品的钱 60 余万元人民币，分别用于在江西、甘肃、河北等省的贫困地区建立 4 所“手拉手环保小学”。

孩子们的行动向社会展示着希望。它使更多的孩子通过参与环保、废品回收，明白自己不仅仅是回收了一个易拉罐、一张废报纸，而是培养了保护环境、勤俭节约、关心伙伴的责任意识。

“手拉手，捡回一个希望”的活动向世界表明，中国孩子创造的不仅是用收废品的钱为贫困地区建立“手拉手环保小学”，而且创造了一个用自己劳动的双手为帮助小伙伴奉献爱心的奇迹；不仅仅是建造了保护母亲河的“中国少年世纪林”，而且创造了中国孩子用回收废品的方法保护生态平衡的奇迹。

“手拉手，捡回一个希望”的活动让更多的孩子懂得团结起来力量大、积少成多的道理，使孩子们相信小手也能带动大手，使环境保护、资源再生的责任意识深入人心。

## 请你像我这样做

良好的生活习惯和价值观要从小培养，今天的父母，有责任把自己的孩子培养成地球好公民。父母是孩子学做好公民的真正的老师，家庭则是开展环境教育的好课堂。所以，您作为孩子的父母，要时时处处注意自己的言行，为孩子做出好榜样。如果您能勇敢地对孩子说：“孩子，请你像我这样做！”那一定会有奇特的教育效果！

当走廊里的灯大白天还亮着时，如果您能主动把灯关掉，并告诉孩子：节约用电就是节约能源，发电厂少发一度电，就少一些对空气的污染，少消耗一些能源……那么，当孩子独自发现白天亮着的灯时，也会主动把它关上。

当全家人一起吃饭时，您从不剩饭，并告诉孩子：每年全球粮食总产量为15亿吨，如果全球停止生产粮食，全世界现有的存粮只能维持全球人吃40天……我相信，您的孩子会吃多少盛多少，碗里不会再剩饭粒。

在家里，如果您能做到垃圾分类，和孩子一起，从废弃物中把废纸、易拉罐、牙膏皮、玻璃瓶和电池等物品拣出来，分别放在不同的袋子里，送到废品回收站，久而久之，您家就成了“地球村”，而村长肯定是您的孩子……

当您带孩子去动物园时，如果事先提醒孩子，动物吃了塑料袋或杂物会死去，我敢保证，孩子不会向动物乱投食、不打扰正在休息的动物……

只要您随时把小家庭与大地球联系起来，您的孩子就能从小树立起地球公民的意识，自觉地用小行动保护大地球。只有我们自己和我们的后代都对地球的环境负责，我们人类才能在地球上生存下去。

在手拉手地球村环保论坛上，北京第一实验小学的学生王尔晴朗诵了自己创作的诗——《请留下》。我们做父母的应该读一读。

爷爷奶奶小时候，
满眼是广阔的原野，
茂密的森林；
然而我们天天见到的是，
来来往往的汽车，
拥挤不堪的马路。
爸爸妈妈小时候，
闻到的是丁香花的清香，
听到的是小鸟的歌唱；

然而我们总是闻到汽车的废气味，
总是听到刺耳的噪音。
在21世纪的门口，
我们看到了爷爷奶奶爸爸妈妈小时候，
没有看到过的大厦、大桥、大工厂，
然而我们也失去了许多许多……

啊，长辈们，
请留下，
留下一条小溪吧，
一条清澈见底的小溪。
让鱼儿在清波里自由嬉戏，
不要让我们的子孙后代，
只能到博物馆里去看，
看鱼儿什么样。
留下一座高山吧，
一座长满树木、葱郁的山。
让大象小鹿在树林中自由自在地生活，
不要让所有的青山变成秃山，
让小动物无家可归。
留下一片蓝天吧，
一片洁净的天空。
让鸟儿在空中自由飞翔，
不要让太阳的脸上布满黑烟，
让五彩的鸟儿都变成乌鸦。
留下一条大河吧，

一条浩荡流淌的大河。

让山清水秀人欢乐，

不要让我们的眼泪，

成为世界上最后一滴水。

把大自然留给我们吧，

我们一定格外珍惜。

因为我们还把它留给我们的孩子，

留给我们的子孙，

留给未来的地球人。

# 第五章　打开自信大门的四把金钥匙

我想无论何时，我都要强调“我能行”三个字的重要性。

你听说过阿里巴巴和四十大盗的故事吧。

有一天，阿里巴巴看到四十大盗来到山里，冲着山洞喊了一句话，洞门就打开了，里面藏的全是金银财宝。等四十大盗一走，阿里巴巴也冲着山洞喊，喊呀，喊呀，可是洞门就是不开。为了得到秘诀，他悄悄地躲进酒桶，混入四十大盗的住处，终于知道了口诀。阿里巴巴独自来到山洞前，冲着洞口喊了一声“芝麻芝麻，开开门”，洞门真的打开了。他把大盗抢来的金银财宝取出来，分给了百姓们。

这虽然是一个神话故事，但却给我们以启示：每个孩子都是一座宝库。那么打开这一座座宝库的秘诀是什么呢？

你不必躲进酒桶也能够知道，是“我能行”三个字，也就是自信心。

所有的孩子心中都有两扇大门，一扇门叫“我能行”，另一扇门叫“我不行”。打开“我能行”的大门，你将看到的是智慧、潜能、创造；打开“我不行”的大门，你看到的会是愚昧、胆怯、保守。

如果你能帮助孩子打开“我能行”的大门，那你便会给孩子比金山银山更为宝贵的财富。从“我能行”大门走出的孩子，个个都能够抬起头来走路，遇到风风雨雨、艰难险阻，都能够勇敢地说“我能行”，从而克服困难，成为生活的强者。面对挫折和不幸，面对压力和失败，他都能够自信地说“我能行”，而不会错过任何机会。

相反，从“我不行”大门走出的孩子，一个个垂头丧气，无精打采，遇到一点点困难，他会立刻缩回头去说：“我不行，我不行！”于是，他成了生活的懦夫，好机会也会与他擦肩而过。

自信是一种勇气。有勇气的人，能够抓住机会获得成功；没有勇气的人，常常让机会溜走，被生活淘汰出局。

自信是一种人生的态度。拥有积极的人生态度，才可能品味到人生的快乐；而抱着消极的人生态度，多好的事情也快乐不起来。

那么，如何打开孩子自信的大门呢？

印度作家泰戈尔有句名言：“用铁锤无法开启锁，唯有吻合那把锁的钥匙才能开启。”

开启自信大门有四把金钥匙——也就是四种力量：赏识的力量，信任的力量，发现的力量，评价的力量。

四种力量——四把金钥匙，让我们来开启孩子自信的大门吧。

## 一、赏识的力量——相信你能行

成人赏识的眼光，能使孩子创出奇迹。

在我生命的锦囊里，有一份妈妈赠予我的礼物——勇气。这种敢于自己说“我能行”的勇气，正是小时候在妈妈赏识的力量的鼓舞下形成的。

从小，家里人都说我勇敢，我也就自觉不自觉地把自己当成勇敢的人。星期天，妈妈带我和二哥去公园玩。公园里有一座天桥很高很高，桥板又窄又长，两边围着护网。虽然如此，走上去还像走钢丝一样，令人心惊胆战的。开始走天桥，我也很害怕。妈妈鼓励说：“你行，想上去就上去吧！”走上桥，我心里想着“我不怕，一定能行”，一步一步地试，勇敢地走了过去！那种惊险的感觉真是好极了！

现在想一想，父母认为孩子“行”还是“不行”，对孩子一生的影响的确很大。父母的赏识与放手，对孩子发出的是“我能行”的正信息，使孩子慢慢建立起“行”的意识；父母过度的担心和保护，对孩子发出的是“我不行”的负信息，使孩子真的认为自己“不行”。

孩子“行”与“不行”，很大程度上取决于小时候父母和老师如何看待他们——是为他们鼓气，还是给他们泄气？每个孩子都有很多潜能，潜能的发挥与成人对他们的赏识分不开，对孩子投以欣赏的眼光，孩子的兴趣才有可能转化为特长，孩子就会创造出奇迹。当然，孩子的自我意识也很重要，让孩子从小学会正确认识自己，相信自己，不要太在意别人的看法，才能顺其自然地发挥自己的能力。

在我所接触的学钢琴的孩子中，大多数孩子讨厌弹琴，只有极少数孩子喜欢，其中有一个云南的女孩对我说：“我一天最快乐的时光就是弹钢琴，因为爸爸妈妈爱听我弹。”

女孩告诉我：“一天晚上，我正在家练琴，屋里静悄悄的。忽然，我一回头，发现爸爸妈妈都坐在床边静静地听我弹琴，爸爸的眼里含着泪水。我害怕了，忙问：‘爸，您怎么啦？我哪儿做错了？’爸爸笑了：‘不，你弹得太好了！爸爸和妈妈一天中最高兴的时刻是听女儿弹琴时，你的琴声把我们一天的疲劳都赶跑了。’真没想到，我的琴声有这么大的力量！有一次，我家来了客人，爸爸叫客人坐下来听我弹琴，还轻声说：‘瞧，我女儿弹得多好！听她弹琴是一种享受！’客人听了一会儿，称赞道：‘真没有想到，中国21世纪的音乐家就出在你们家！’我听了，就觉得自己真成了21世纪伟大的音乐家，更陶醉在音乐的世界里，感觉真是好极了！”

女孩的话给我很大启发。在孩子对某件事萌发兴趣时，父母和老师不应是挑剔者，而应该是会喝彩的观众。对大多数孩子来说，发展特长并不是为了搞专业，而是为了培养兴趣，提高素质。如果整天挥舞着“大棒”跟孩子较劲，还不如不让孩子学。

赏识，是激发孩子兴趣最好的营养剂，挑剔、训斥、打骂也许能培养出画匠或琴师，但绝不会培养出艺术家！因为天才是强烈的兴趣和顽强的入迷创造出来的，只有浓厚的兴趣才能使人成为这个领域的拔尖人物。

赏识从哪里来？来自科学的思维方式：永远为孩子的长处而骄傲，不为孩子的短处而遗憾，不盲目地拿自己的孩子同别人的孩子比较。如果总用自己孩子的短处同别人孩子的长处比，你就永远没有成就感、自豪感，永远对孩子赏识不起来。

当然，赏识是发自内心的，而不是故意装出来的。有个年轻妈妈听了我的课，决定改变自己的生硬态度，回家就笑着对孩子说：“太好了！儿子你真棒！”孩子莫名其妙，马上过去摸摸妈妈的额头：“妈，您是不是烧糊涂啦？”

第二天，这位母亲跟我讲起，我俩笑得前仰后合。孩子已经习惯于父母的指责、打骂，难怪对这种正面的激励觉得那么陌生。

每个人在情感上都是需要表扬和激励的，特别是孩子们受到父母和老师的表扬和激励时，就会勇气大增，创造力也会大大提高。有的父母认为严厉督促是好办法，其实大错特错，因为人不愿意总是被动地做事情。

激励不仅对孩子有效，对任何年龄段的人都有效。

我母亲就很善于赏识人、激励人。每次我父母过生日，姑爷们都主动带些好东西看望他们。妈妈的生日在桃子上市的季节，我二姐夫最会买桃子，我妈逢人就讲：“我最爱吃二姑爷买的桃子，又大又甜又软，特别好吃。”我的先生最会买鸡，我妈也总说：“他可真会买，又嫩又好吃。”我妹夫特别会炒菜，每次全家聚会，我妈妈一遍遍地夸他：“看人家做的菜，比饭馆里的还好吃呢！”就这样，在欢声笑语中，老人享受到天伦之乐，大家也心情愉快地为老人做这做那。

在生活中，我们也要用赏识的眼光去看待周围的人和事。

生活中，学会赏识别人，你也会得到很多意外的喜悦，你会觉得世界是多么美好。

## 二、信任的力量——你很重要

其实“不管”比“管”还难。不是孩子不行，而是自己要豁出去，要从心里信任孩子。这种充满信任的“不管”，会让孩子变得自信而独立。

作为《中国少年报》的“知心姐姐”，每当我走近孩子，听到他们议论各自的父母，总感到“妈妈”“爸爸”对孩子是多么重要，他们多么期望父母能了解自己，成为自己的朋友啊！父母的教诲，将影响他们的一生；父母的失误，会贻误孩子的前程！

于是，我一次次走上“家长学校”的讲台，把孩子的心声告诉天下的父母，但这毕竟有限。我也曾想拿起笔，写一本书，让“知心姐姐”走进千家万户。但实在没有时间，每天要干的事情太多，写书的事只好排在“明天”，而“明天”到来时，又和今天一样忙……

一个偶然的机会，终于“逼”着我拿起了笔。

苦战两个月后，当责任编辑把精美的样书送来时，我简直不敢相信这本书是我写的。同事们也奇怪，问：“这么忙，你什么时候写的？”

静下心来仔细一想，究竟是什么力量促使我赶出这本书呢？我领悟到：是信任的魅力！因为父母、孩子对我的信任，促使我写出了这本书。

信任，能使人产生强烈的责任感，充分挖掘潜力，释放能量。当受到信任时，他会觉得他的身后有许多人支撑着，他有不负众望之心，就不会被任何重负压倒。

一个人发现自身的价值，往往是通过别人的信任。尤其是未成年的孩子，他们渴望得到大人的信任，希望被大人“委以重任”。为人父母者，最大的责任是重视孩子，满足他们的成就感。

如果你不重视他们，孩子还是会用种种方式去“谋求”别人的注意。有的方式是正当的，例如认真读书、为集体做好事；有的方式是不太正当的，例如扰乱课堂秩序、打架闹事、搞恶作剧等。父母为什么不能够满足他们呢？

信任不但能激励人，更能教育人。

有个女孩丢了50元钱，她知道是班上一个同学拿的，回家问爸爸怎么办，要不要告诉老师是谁。爸爸说，这样不好，拿钱的女孩以后会抬不起头来。你要信任她，她会把钱还给你的。

第二天老师问起这件事，女孩大方地说：“老师，我的钱找到了，是我不小心放错了地方。”

课后，拿钱的同学把钱还给了她，十分感激：“谢谢你这样做。”

我佩服这位爸爸。他看重的不是50元钱，而是一个活生生的孩子。50元可以害一个人，也可以救一个人。信任可以唤回一个人的良知。

做到对孩子信任，你可以这样告诉孩子：

**1. 相信自己——敢于批评自己**

真正相信“我能行”的人，是敢于批评自己的人。

一个人不可能不做错事，尤其是小孩子，他们就是在知错、认错、改错中长大的。聪明的人做了错事，从来不赖别人，而是从自己身上找原因，结果越变越聪明；愚蠢的人做了错事，老是找“客观”，怨天尤人，结果越变越蠢。

有个聪明人为自己准备了一个本子，上面写的是“我所做过的傻事”。每天晚上他都花点儿时间来自我反省，问自己“我犯了什么错误”，“哪些事我做得不对，怎样才能改进我的做法”。每周，他都选一个缺点或一个毛病着力改正，然后把每一天的反省做个记录。后来，这个人成为受欢迎的国家干部。这个方法你可以试试看。一个人能发现自己不行的一面，也正是“我能行”的一种表现。

**2. 信任他人——愉快地接受批评**

自信的人，不仅能从表扬中获得力量，而且能从批评中获得力量。

批评你的人，都是关注你的人，不管他是好意还是恶意。如果听到有人说你坏话，你先急着替自己辩解，那你什么事都做不成了。听到批评，你可以做两件事。

一是尽力去做好你应该做的事，用事实证明你是对的，那么人家怎么说，就无关紧要了。如果事情确实做得不好，就是花十倍的力量来为自己辩解，也没有用。

二是去和批评你的人交谈。当面听取意见，也许你会知道自己错在哪儿。如果受到不公正的批评，你也不必生气，只“笑一笑”就行了，这是相信自己也是信任别人的表现。总之，当批评的雨点儿落下来，不必忙着打伞。

**3. 他人信任——在信任中管教**

在信任中长大的孩子往往充满自信，信任的力量正在于让孩子觉得“我能行”。

假如你每天早上总是不忘提醒孩子带这带那，结果他偏偏丢三落四。孩子本来有能力天天学习，天天长进，天天完善，你的“唠叨”却使他失去了自信。

我去辽宁省营口市开办“知心家庭学校”，跟时任团市委书记的曹爱华女士一见如故。她有一个十分可爱的女儿，名叫格格，刚上一年级。姥姥说她挺懂事，可就是有个坏毛病，每天早上不爱起床，得妈妈叫上好几遍。

“爱她不一定要管她。”我对格格的姥姥说，“有空带格格去买一个她喜欢的小闹钟，让小闹钟叫她起床就行了。告诉她，早上迟到了她自己负责。”

我又把格格叫到身边：“早上自己起床，你行吗？”

“我想我行。”格格说。

“你愿意每天让妈妈叫你起床，还是愿意让闹钟叫你起床？”

“闹钟叫好，多有意思呀！”

“我相信格格能管理好自己。那我们从什么时候开始呢？”

“有了闹钟就开始吧！”

第二天，姥姥带格格买了闹钟。曹爱华后来告诉我，格格像变了一个人，不用大人管了，还说她能自己管好自己。

给孩子一个自由的空间去发挥，孩子反而学会了管理自己。我告诉格格，每天按时睡觉，按时起床，以后到了该起床的时间，不用闹钟叫也能自己醒。

其实“不管”比“管”还难。不是孩子不行，而是自己要豁出去，要从心里信任孩子。这种充满信任的“不管”，会让孩子变得自信而独立。

## 三、发现的力量——你是奇迹

学会用发现的眼光，点燃自信之火，强化自信之心。

能发现千里马的人是伯乐，能发现孩子长处的父母是称职的父母。

一位作家说过：“人人都是天才。”要让孩子的潜力充分发挥出来，就要帮助孩子去发现“我能行”“我哪点最行”“我哪一点会更行”。我认为，让孩子“自我发现”比别人发现更重要。“我能行”的认识过程，本身就是一种自我发现的过程。“没有笨孩子，只有潜能尚未发挥出来的孩子”，要使孩子明白这些道理，需要父母和老师共同做工作。

我非常感谢我儿子中学的班主任。每次开家长会，她讲的只是哪些孩子成绩最优秀，哪些孩子进步最快，哪些孩子“最有潜力”。我儿子有时也被列为“最有潜力”的那种孩子。

实际上，这些“最有潜力”的孩子都是考场上没有发挥好的孩子。老师不以分数论英雄，而真正是“以人为本”，不仅让父母有面子，还让孩子有自信。

孩子们主动去发现自己最强的地方，个个都挺自信。后来，我儿子终于发现了自己与众不同的方面，就不断展示着他的“潜力”。

谁会以自己的短处作为生存条件呢？人应当扬长避短，如果经常展示自己的长处，别人就会认为他行，他就向更行的方向努力；如果总是展示自己的短处，大家都认为他不行，自己就可能破罐破摔，影响自己一生的发展。

我们要善于发现孩子的长处。有很多父母，总觉得别人的孩子是天才，自己的孩子像个蠢材；别人的孩子是金子，自己的孩子是沙子。有这样的心理，他们永远不会主动发现孩子身上闪光的地方。

有位父亲一连几天给我打电话谈论他的孩子，每次说的都是孩子的缺点，我问：“你的孩子就没有一点儿优点吗？”

他居然回答：“我告诉您吧，他一点儿优点都没有！”

我生气了，对他说：“你不配当爸爸，你想好孩子的优点再找我吧！”

那么，怎样才能发现孩子的优点呢？

请爸爸妈妈相信，每个孩子都是金子。正像北京前门小学前校长钱红石说的那样：“只要看重您的孩子，就会让蒙尘的金子闪光！”

发现孩子的优点要注意三条。

**1. 发现不同点**

就像天下没有一模一样的树叶一样，世间也没有一模一样的孩子。父母的责任就是发现自己孩子的“不同”。

爱迪生所以能够成为伟大的发明家，正因为他有一位善于发现他优点的伟大母亲。

爱迪生上小学时，学校买来了新教具，他很好奇，全给拆了，又装不回去，气得老师请来了他的妈妈。老师对爱迪生的妈妈说：“你的儿子太爱拆东西了，你要让他改改这个毛病！”

“老师，我看你不对哟！我观察儿子很久了，他跟别人最大的不同就是喜欢拆东西，你叫他改掉这一点，那我儿子不就跟别人一样了吗？”爱迪生的妈妈是那么相信这是儿子最大的优点。

喜欢拆东西，实际上就是好奇心强，是智商开发的动力。正是受到妈妈的鼓励，爱迪生的动手能力越来越强，终于成为20世纪对人类贡献最大的科学家之一。可以说，没有爱迪生的母亲，就没有爱迪生的成功，是她发现了儿子的与众不同之处，发现了儿子的才能，也保护了儿子珍贵的好奇心。

那么，你的孩子有什么才能吗？有什么与众不同的地方吗？如果你还没有发现，你就有可能扼杀一个天才，尽管你是无意的。每个人都有与众不同之处，这个不同点也许就是他最行的地方。我们现在教育的误区是，把孩子培养成一筒“筷子”，戳齐了就满足了。这样做培养不出人才，更培养不出天才。

**2. 发现闪光点**

武汉市有个学习不太好的学生，上课特别爱举手，有时老师的问题还没有说完，他就把手高高举起。可叫他起来回答，他又答不上来。

老师课下跟这个同学聊天，问他原因。

“同学总笑我成绩不好，说我笨。我不服气，所以老师提问我总举手，想让大家看看，证明我不笨，可实际上我不会。”学生对老师实话实说。

老师了解了真情，表扬了他的积极性，并且跟他订下“君子协议”：“以后老师再提问的时候，如果真会回答，你举左手；如果不会，你举右手。”

老师心里有了底，以后上课就抓住这名学生举左手的机会，让他回答问题，并经常表扬他。从那以后，这个学生在学习上变得很有起色。

在武汉市中小学德育工作会议上，时任市教委主任的罗友松讲完这个故事，会场上响起一片笑声和掌声。他说，老师对学生要多发现，多肯定，多赞赏，多表扬，多鼓励。

孩子天天在长大，天天在进步。父母和老师要像哥伦布发现新大陆一样去发现他，特别要善于发现后进孩子的闪光点，让每个孩子都抬起头来走路。

**3. 发现动情点**

孩子是人类最真诚的群体。孩子的内心是纯洁的，孩子的情感是细腻的，我们要与孩子为友，就要去发现孩子的真诚，倾听他们真挚的声音。

有个孩子对我说："我妈过生日的时候，我送给她礼物。可我妈说：'花钱买这些干什么？'我当时挺生气的，觉得一份好心白费了。第二天，我发现我妈在仔细看我的礼物，我觉得挺高兴的，知道我妈还是喜欢我的礼物。她要是不用那种口气说话就好了。"

我儿子正在大学读书，新年没回家，给我和他爸寄来了他画的贺卡：一只笑容可掬的黑猩猩，左手拿着香蕉皮，右手敬着礼。

我招呼他爸："哎哟，你看你儿子画得多好啊！"

我丈夫过来看了看："哼，不好好念书，净画这个！"

话音刚落，我就发现贺卡上有一行小字："爸，请不要说'不好好念书，净画这个'。这可是我业余时间画的。"

我俩都笑了。我说："你看儿子对你的语言掌握得多准确！"

家庭生活中，我们常常遇到的是细微小事，从中我们不难发现孩子满含真诚和爱的情感。善于发现它，是使我们走近孩子并与之沟通的法宝，也是我们教育孩子走上成功之路的法宝。

## 四、评价的力量——你真棒

家长会能不能将"告状"变为"报喜"？把"挑毛病"变成"发现闪光点"，把"成绩大排队"变成"特长研讨"？

有位父亲对我说，他最怕开的会是孩子学校的"家长会"。"我们在外面挺光鲜的，可一走进教室就只有低着头，谁叫咱儿子不争气呢！有一次我去开家长会，老师瞪着眼冲我说，别瞧您是个干部，可您儿子那德行！当时有个地缝我肯定钻进去！"

许多孩子都说："天不怕，地不怕，就怕老师找我爸。"

我的一位朋友曾向我介绍过美国学校的家长会。"美国的家长都很重视家长会，再忙也要赶去，这点跟中国相同。不同的是，美国学校的家长会是家长和老师一起分析孩子有什么优点，有什么特长，有什么个性，怎样去发扬优点，发展特长，培养个性。"

这番话令我耳目一新。仔细想想也真是，我们的家长会能不能把"告状"变成"报喜"，把"挑毛病"变成"发现闪光点"，把"成绩大排队"变成"特长研讨"呢？

每一位老师和家长都用欣赏的眼光看孩子，就会发现孩子不一般的优点；用赞美的口吻评价孩子，就会在孩子心中荡起一股股激流。当我以"知心姐姐"的身份面对孩子们时，我会睁大眼睛去发现孩子们的长处和闪光点，然后用十分惊讶和肯定的语言表达出来，就如同发现了"新大陆"！我相信，"知心姐姐"的评价对崇拜"知心姐姐"的孩子来说，可能会影响他的一生！

评价是一种力量，更是一种能力。家长不但应该多给孩子正面的评价，而且还要教孩子怎样自我评价和评价他人。

**1. 自我评价——正确看待自己**

在一次中队干部改选中，有一名男生大胆走上台，对同学们说："我这个人优点有三条：一是爱帮助人，二是能团结人，三是爱动脑筋想办法。我的缺点也有三条：一是爱发脾气，二是有时粗心马虎，三是上课爱做小动作。我希望能有机会为大家服务，希望大家投我一票。"他的真诚换来同学们热烈的掌声。当选为中队长后，他干得十分出色。

无论是谁，都有优点也有缺点，有长处也有短处。坚信"我能行"的人，并不是没有缺点和短处，而是善于发扬自己"行"的一面，同时敢于正视自己"不行"的一面。

有些孩子心理承受能力差，听别人批评自己就受不了，甚至因为一两句话而轻生。他们这样脆弱，常常是因为从小被娇宠惯了，不能辩证地看待自己。

其实说你有优点，掩盖不了你的缺点；说你有缺点，也否定不了你的优点。

**2. 评价他人——正确看待别人**

所谓正确评价别人，是客观全面地看待人，并且对人做出公正的评价。作为一个孩子，不可能什么都好，没有一点儿缺点；也不可能什么都不好，没有一点儿优点。我们不能“盲人摸象”，摸到一个局部，就认为是全部。

家庭是我们教育孩子正确全面地看待别人的启蒙学校。比如爸爸评价妈妈：“是个热心人，但比较粗心。”妈妈评价爸爸：“很稳重，但爱挑剔……”这样的评价会让孩子从小有这样的概念：尺有所短，寸有所长；金无足赤，人无完人。那些老在家里说三道四、讲人家坏话的家庭，培养出来的孩子都会是心胸狭窄、爱搬弄是非的人。

# 第六章　将孩子引向快乐人生

所有的妈妈，都希望自己的孩子拥有一个快乐的人生。

可是，快乐的人生从哪里来呢？

很简单，有什么样的心态，便有什么样的人生。

每天，如果你想的是快乐的事，你就会快乐；如果你想的是烦恼的事，你就会烦恼；如果你想的是可怕的事，你就会害怕；如果你想的是失败的事，你绝没勇气击退失败……

人的心态，能把人推向成功，也能把人引向失败；能“把地狱变成天堂”，也能“把天堂变成地狱”。这便是“心理力量”。

大家都知道世界两大名人：拿破仑和海伦·凯勒。

拿破仑拥有世人所追求的一切——荣耀、权力、财富——可他说：“我这一生从来没有过一天快乐的日子。”

而海伦·凯勒——又瞎、又聋、又哑——却表示：“我发现生命是这样美好。”她的一生留下许许多多不朽的著作。

要想让我们的孩子一生快乐，与其拼死拼活给孩子挣一笔财产，不如培养孩子从小有个积极的心态，永远微笑着看世界。

因为，良好的心态是成功的一个必备条件。要把孩子培养成为一个高素质的人，心理品质教育应放在首位。

## 一、“太好了！”

人生快乐不快乐，取决于自己的心理状态。“太好了”这句话可以培养孩子带着微笑看世界的心理品质。

“太好了！”就是培养孩子无论遇到什么事情，无论遇到什么困难和特殊情况，首先有一个信念，就是凡事多从正面考虑，要有带着微笑看世界的心理品质。

人有两种心理网络。

一种是恶性网络，遇到任何问题，心理上反映出来的都是：“太糟了！”“糟透了！”“真倒霉！”

我曾在北京街头看到一些小青年穿的文化衫上写着几个大字：“烦死了，别理我！”这种人的心态，就是看这不顺眼，看那烦死了，脸上总是阴沉沉的，永远没有快乐的时候。其实快乐不是别人给予的，而是自己内心的感受。

另一种是良性网络，遇到什么问题，都抱有积极的态度，认为：“太好了！我又多一次锻炼的机会！”

这种人，常常能把负效变成正效，由弱势变成强势，把坏事变成好事，把不利因素变成有利因素，永远有一种成功感，因为，成功不是战胜别人，而是战胜自己。

人生快乐不快乐，取决于自己的心理状态。

战争年代，有个女人去沙漠里的军营找她丈夫。不久她丈夫被派出差，她一个人被留下。那里除了陌生的墨西哥人和印第安人之外，没有人可以和她说话。风不停地吹着，到处都是沙子，沙子！她当时难过极了，写了封信给父母，告诉他们，自己受不了，要回家去，她连一分钟也待不下去了，还不如住在监狱里呢。她父亲的回信只有两行字。这两行字一直铭刻在她的记忆中，使她为之改观。她父亲写道：“两个人从监狱的铁窗往外看，一个看见烂泥，另一个看见星星。”

“我把这两行字念了一遍又一遍，觉得非常惭愧。我下定决心，一定要去看那些星星。”那位女人说。不久她和当地人交上了朋友，开始对他们织布、做陶器发生了兴趣，生活变得快乐起来。她突然发现，沙漠没有改变，当地人没有改变，是自己改变了。她说：“在这种变化之下，我把一些令人颓丧的境遇看成我生命中最刺激的冒险。我所发现的这个崭新的世界使我非常感动，也非常兴奋。我高兴地写了一部叫《光明的城垒》的小说……我从自己设下的监狱往外望，找到了星星。”

世界上许多生活环境优越的人整天看到的是烂泥，而许多生活在逆境中的不幸者却找到了星星。

现在就请你和“知心姐姐”一起，走进“太好了”的世界，看看孩子们是怎样使用“太好了”这三个字的吧！

## 面对自己说声“太好了！”

有一次，我去浙江娃哈哈小学开展“知心姐姐”咨询活动。学校多功能厅里坐满了孩子，他们都用期待的目光看着我。

“谁来提第一个问题？”我注视着面前的孩子们，发现他们大多是队干部，可谁也不敢第一个说话。

“我先说！”坐在门口的一个瘦小的男孩子站了起来，大步走上台来拿过了话筒。

“本来今天老师没选上我，我是自己挤进来的。我有一件苦恼的事，想和知心姐姐说。”

我带头为这个勇敢的孩子鼓起掌来。

“我长得又黑又瘦，有的同学管我叫‘非洲难民’。可我天生就黑，怎么也洗不白……”

场内爆发出一阵笑声，我也笑得前仰后合。会场里热烈的气氛，让我忽然觉得这个小男孩儿挺有人缘。于是，我问同学们说：“你们觉得他长得黑吗？”

“黑！”

“你们觉得他美吗？”

“美！”

“他美在哪里呢？谁来说说？”场上有好几位同学举手。

“他是我们班的，他很热心，爱帮助人！”

“他爱劳动，每次打扫卫生他都抢重活干！”

“他很勇敢——”

我一下子被眼前的一切感动了，小男孩儿的眼睛里也放着光。

“你看，”我对男孩儿说，“大家多喜欢你！叫你‘非洲难民’无非是想说明你比他们黑，很特殊。可是大家看的不仅是你的长相，而是通过你的行动看到了你的热情和善良的心！长得黑怎么不好？世界就是由白皮肤、黑皮肤、黄皮肤等多种肤色的人组成的。不同的颜色，有不同的美。如果世界只有一种颜色，反而会很单调。我们中国人的皮肤是什么颜色的？”我接着问大家。

“黄色的！”

“中国人好看吗？”

“好看！”

“非洲人也好看。你们看非洲人，眼睛亮亮的、头发鬈鬈的，他们走在路上，总是挺胸抬头，一笑还露出白白的牙齿。他们之所以那么自信，是因为他们认为黑色很美。”

我讲到这里，“非洲难民”不好意思地笑了。他扬起头，在大家的掌声和笑声中走下了台。

我对孩子们说，对于长相，我们也要有这种“太好了”的心态，要向《晏子使楚》故事里的晏子学习。晏子不以自己个头矮小而自卑，而以自己是大国的使臣而骄傲，所以他能不失国格人格地完成国家交给他的使命。一个人不怕别人瞧不起，最怕自己瞧不起自己；不怕别人朝你说“太糟了”，最怕自己对自己说“太糟了”。如果你想当个快乐小天使，你就要常常对自己说：“太好了！”

## 面对他人说声“太好了！”

我们每一个人都生活在人群中，当你和沮丧的人在一起时，你一定要把“太好了”的小人儿带到他身边，给他带去快乐，那么你才叫够朋友呢！

记得有一次，我带《中国中学生报》的小记者到内蒙古大草原参加探险活动。在沼泽地行军时，遇到一条1米多宽的河沟，许多同学都跳了过去。我在河沟边站了好久，心里想：虽然我对同学们说“太好了”，可是如果我掉到河里也够糟糕的，因为我的腰和腿全有病。我就暗暗仔细地观察那些男同学是怎么跳过去的，看明白以后，我就憋足劲儿一跳……嘿！成功啦！没想到，我身后一直跟着一个胆小的女孩子，她也怕掉进水里，不敢跳。看到我都跳过去了，她也放了心。没想到，只听得扑通一声，这女孩掉进了河沟，水一下子没过了她的膝盖。我赶忙伸出手去，把她从河沟里拉了上来。她一边朝上爬，一边说着：“太好了，我终于掉到河里了！”我说：“真是太好了，这回数你最凉快了！”说完，我俩痛快地大笑起来。在追赶队伍的路上，每走一步，她的鞋里都会发出咕叽咕叽的声音，她神气地说：“听，多么美妙的音乐！”我说：“太好了，我们行军有乐队伴奏啦！”一路上，她一点也不觉得沮丧，反而感到轻松愉快。如果这个女孩子的心里被“太糟了”的心态主宰，她一定会想：“为什么别人没掉进河里，偏偏我就掉进去了呢？真是倒霉透了！”这样，她一定会觉得探险活动又苦又累，甚至会哭鼻子的。

等我们赶上队伍，只见探险队员们都齐刷刷地集合在草地上，等着我这个“营长”的检阅。

正在朝队伍走去时，两个小男生慌慌张张地向我跑了过来，说："不好了，有个同学发烧啦！"

"你俩觉得怎么样？"我关切地问道。

"肚子有点儿疼……"

看到他俩紧张的神情，我口气轻松地说了声："好，我知道了，你们先回队吧！"

我走到那个"发烧了"却站得直直的大个子男生跟前，摸摸他的额头——并不太烫。于是，我就站到队伍的前面，夸张地说："同学们，告诉你们一个'太好了'的消息！"

同学们睁大了眼睛看着我，等待我发布这个"太好了"的消息……

"我们队伍中终于有人发烧啦！"

我的话音未落，队伍中已是一片哗然……

"有人发烧了，怎么还说'太好了'？"

……

"因为他比任何同学站得都直，他战胜了自己！"我大声地说。

这句话一出口，就像我喊了"立正"的口令一样，全体营员都精神抖擞地站直了。他们是被一种力量感动了。

这时，我又走到那两位喊肚子疼的男生面前，小声问道："你们的肚子还疼吗？"

"报告营长，我的肚子不疼了！"两个男生齐声答道。

我们开心地笑了，周围的同学们也笑了……

我对其他的带队老师说："此时此刻，假如我惊慌失措地喊：'太糟了，有个同学发烧了，要马上送医院！'我相信，队伍中有一半的人要倒在草地上。因为经过一整天的行军，每个人都是疲惫不堪的，一个人的惊慌失措很快就会传染给大家的。"

后来，全体营员都坚持走出了草地，没有一个人生病，也没有一个人当逃兵。

这件事使同学们感受到：能够战胜自己，真是“太好了”！

## 面对困难说声“太好了！”

人的一生中，会经历许多事情，也会遇到许多你意想不到的困难和坎坷。这时候，你一定要跟着那位叫“太好了”的小人儿走，他会帮助你走出困境，也会带给你战胜困难的力量。

如果你考试考得不错，你就想：“太好了，我的努力没有白费。”如果你考得不理想，你就这样想：“太好了，我的进步又有了新的起点。”

如果你竞选班里的干部成功了，你就想：“太好了，我可以有机会为大家服务了。”如果你落选了，你就这样想：“太好了，我把成功的机会让给了别人！”

在生活中，如果你遇到不幸，你就想想比你更不幸的人，想想他们是怎么战胜困难、走出不幸的。就像一个为没钱买鞋发愁的人，出门见到一个没有脚的人，立刻觉得自己还是太幸福了，因为虽然没有鞋子，但是还有两只脚，还可以自由自在地走来走去。

有了“太好了”的心态，缺陷和困境对我们常有意外的帮助。大家都知道，世界上有许多卓有成就的人是残疾人，或者是曾屡遭磨难的人。音乐巨匠贝多芬晚年失聪以后，依然热爱生命，创作出了那部震撼人们心灵的《命运》；张海迪高位截瘫，而她却采取了积极进取的人生态度，创作了两部长篇小说，并获得文学博士学位……

“太好了”，这平平常常的三个字具有无穷的魅力，它仿佛一个振奋人们精神的号角，把人们心里失望、沮丧的负面信息转化成催人奋发向前的正面信息，把在前进道路上遇到不愉快时的心情变成继续前进的动力。

掌握这三个字有三个要点：一是自我激励——多从积极的方面去想问题；二是激励他人——多向别人发出鼓励的正面信息；三是学会转化——将消极因素转化为积极因素。

如果你学会了使用“太好了”这三个字，从小学会乐观、潇洒地面对人生，将来无论遇到什么样的困难和挫折，你都能微笑着去面对，你的生活也会是愉快幸福的。

## 二、我能行！

勇敢的人常说：“我能行！”懦弱的人爱说：“我不行！”

每一个人的心灵里都有两扇大门，一扇门叫“我能行”，另一扇门叫“我不行”。

走进“我能行”大门的人，在“我能行”先生的引导下，个个都充满自信，人人都有成功的体验，能够抬起头大胆地往前走，有勇气迎接风雨，乐于在困难中微笑。

走进“我不行”大门的人，在“我不行”先生的影响下，对自己没有信心，总是自卑地低着头走路，遇到一点困难就想往后退，即使成功的机会到来，他们也抓不住。

“我能行”和“我不行”就相差一个字，可意思是完全相反的：“我能行”是成功者必备的心态，而“我不行”是失败者失败的最重要的原因。

“我不行”是一种反面的负信息，是缺乏自信心的表现。如果总用这种负信息来暗示自己，人的心理会处于一种非常消极的状态，使人本来能做的事情也做不成。而“我能行”是一种正信息，是充满自信心的表现。如果总用这个正信息来调控自己，人就会非常兴奋，事情也就能做得更好。

“我能行”与“我不行”，虽然只是一字之差，却有着本质的不同。从小对自己说“我能行”的人，对自己总是充满信心，会不断地用正信息调控自己，这比在考试中取得很高的分数还重要。

有个男孩子字写得很难看。低年级时老师常常说他笨，不如别的孩子有灵气。孩子一点儿信心也没有，字越写越差。三年级时，换了班主任。一次在孩子写得乱糟糟的一片字中，老师挑中一个写得比较好的字，画了一个大红圈，批了一个大字“好”。孩子兴奋异常，拿回来给妈妈看。这位年轻的妈妈叫王峰，是杂志社编辑，文化修养不错。她兴奋地说：“我早说你行！瞧你这个字写得就是好！”从那天起，孩子有了自信，迷上了练字，后来写得一手好字。

是老师那个“大红圈”改变了这个孩子，“大红圈”就是一种正信息的传递。

我可以自豪地说，在我的成长过程中，获得的正信息比较多，所以从小就充满了自信。这要感谢我的母亲，正是那“太好了！”“你能行！”几个字把我引上了成功的道路。

可今天，我们身边的孩子得到的信息又是什么呢？大人们常常指责自己的孩子“太差了！”“太糟了！”“太不争气了！”“太没出息了！”……整天在负信息的暗示下长大的孩子，他们的才能被忽视，他们无形中给自己下了定义“我不行”，于是他就真的不行了。

我们当父母的，如果不丢掉“你不行”的负意识，便会成为孩子走向成功的最大障碍。

现代京剧表演艺术家盖叫天曾说过：“天下没有不行的事，自幼我们便是打这‘不行’中锻炼出‘行’来，这叫‘练行的’。凡事总要有信心，老想着‘行’。要是做一件事，先就担心着‘怕不行’吧，那就没有勇气了。”

这话很有道理，自己的孩子自己都不相信能行，那谁还能相信他们呢？

哥伦布曾经说过：“世界是属于勇敢者的。”喊着“我不行”长大的孩子，将来肯定竞争不过喊着“我能行”长大的孩子。

主宰自己命运的，是人，是勇气，而这种勇气要从小培养。

当“我能行”三个大字成为一种信念，随着时间的流逝悄然沉入孩子心底的时候，他们就真正长大了。

## 相信自己行——哇，我能行！

香港小学生叔雨有一天趴在桌边，仔细观察一只蚂蚁吃蛋糕的全过程，发现蚂蚁的身躯虽然渺小，可精神却很伟大。

叔雨是这样写的：

只见那可怜的小东西在桌面上蠕动着，好像很疲倦似的，我暗笑它无能。它不停地用触角小心翼翼地向四周探索，像要找什么东西，犹如一个猎人在寻找猎物似的。终于，它找到它的“猎物”——一块小蛋糕屑。它认真地围着它心目中的庞然大物爬来爬去，好像为难了。忽然，又一只蚂蚁来帮忙了，可它们怎么搬也搬不动……它们把触角碰了碰，好像在发信号呢！不一会儿，一大群黑乎乎的蚂蚁排着整齐的队伍浩浩荡荡地爬过来。到了蛋糕屑旁边，它们立刻分散了。有的用头顶，有的用背托，旁边还有一只大蚂蚁，仿佛在指挥呢！很快地食物被架起来了，也向前移动了。当它们好不容易才把蛋糕屑抬到桌边时，我顿时产生了一个怪念头，我淘气地把蛋糕屑又放回桌子中心。我满以为那些蚂蚁一定会泄气了，可出乎我的意料，它们竟回来了，毫不犹豫地重新开始，好像不达目的绝不罢休。我被它们感动了。

一只小蚂蚁都有它的伟大之处，何况我们人呢？

人是地球上最伟大的动物，是人创造了这个多彩的世界。人类伟大的力量，是由每个人的伟大之处组成的。所以你要相信，自己是很伟大的，就看你自己能不能发现！

有一位大作家曾非常肯定地说：“人人都是天才。”因为每个人都在某一些方面与众不同，或优胜于他人。大自然赐给我们每个人以巨大的潜能，等待我们去发现，去开发！你要相信，没有什么人是没有天赋的，那些认为自己没有天赋的人只是一些尚未开发出自己潜力的人。

要真正发现自己行，必须要经历一次战胜自己、挑战极限的体验。然后惊喜地发现——哇，我能行！

## 祝贺你能行——嘿，你真棒！

能发现千里马的人是伯乐，能发现别人长处的人是最能行的人。

如果你换一种心态，学会为别人的优点高兴，为别人的成功鼓掌，你就会发现你周围的每个同学都是奇迹！

每一个人都有一个神奇的大脑，都有一双能创造奇迹的双手，但表现出来的才能各有不同：有的同学擅写会画，有的同学能歌善舞，有的同学勤于思考，有的同学善于动手……聪明的人善于取长补短，愚蠢的人却爱嫉贤妒能，“我能行”的人会主动为别人加油，而“我不行”的人看谁都不行。

北京光明小学在“我能行”教育中，提出了“让每一个学生都当半年小干部”的设想，改变“小干部”只是班里少数同学“专利”的局面，让所有的孩子都有机会戴“一道杠”“两道杠”，学会为大家服务。

有一次，五年级一个班召开“队长竞选会”。一个男同学涨红着脸，激动地请求：“虽然我各方面表现不太好，但我也想当个干部，为同学服务，请大家投我一票吧！”

面对这发自心灵的呼唤，同学们报以热烈的掌声，一致同意这位同学担任小队长。从掌声中，这位同学听到了同学们热情的鼓励：“你能行！”当时，他激动得哭了。上任以后，他工作得很出色。

学校大队部还做出一条规定：如果哪位同学到了五年级还没有当过一次干部，可以到少先队大队部申述并自荐，由“组织安排”适当的岗位，保证让每个同学都有平等的表现机会。用前校长刘永胜的话说："让每个人都能在思想上相信'我能行'，行为上表现'我能行'，情感上体验'我能行'。"

假如，你是一个队干部，你愿意主动"辞职"，把自己的职位让给没有当过干部的同学吗？

假如，你的同学在某个方面有了很大进步，甚至超过了你，你能真诚地向他表示祝贺吗？

再假如，面对一个缺点比较多的同学，你能主动跟他交朋友，寻找他身上的闪光点，给他爱的鼓励吗？

我想，你一定能做到。

你知道怎样给别人爱的鼓励吗？

请跟我做：把手里的东西放下，脸上带着微笑，目光充满热情，先鼓两下掌，再鼓三下掌，停顿一下，高声喊："嗨，嗨！"然后有节奏地再鼓三下掌，伸出大拇指，高声喊："你真棒！"

## 告别"我不行"——快，飞走吧！

"我能行"说起来容易，做起来难。要在困难面前说一句"我能行"，真要勇敢地战胜"我不行"才行。

我在《中国少年报》的《做人与做事》专栏中开辟了"我能行"教室，设计了两个小人物："我能行"先生和"我不行"先生。我们一直提倡，让同学们跟"我能行"先生交朋友，和"我不行"先生告别。

1999 年暑假，中国少年报社和中国文化扶贫委员会在鸡公山举行了"手拉手共话祖国 50 年"夏令营。这次夏令营，令同学们最难忘，也最觉得有趣的活动，是和"我不行"先生告别。

那天，是夏令营的最后一天，我们让营员们在一张纸上写下自己认为做不到的事情、最害怕的事情和自己的弱点。

每个同学都绞尽脑汁地在纸上写着，谁也不让别人看到自己的“秘密”。写完以后，他们按照我们的要求，把这张纸叠成了小飞机。

我们把同学们带到营地“志气楼”二层的阳台上。

“让我们面对天空和营旗，大声喊：‘我不行’先生飞走吧！”我对同学们说。

“‘我不行’先生飞走吧！”

“‘我不行’先生拜拜了！”

“‘我不行’先生别再回来了！”

……

同学们大声叫着、笑着，放飞了手中的纸飞机，也仿佛赶走了自己的怯懦、不足。

飞机很快“着陆”了，80多架纸飞机“停”满了营地。

“把‘我不行’先生装进棺材！”我又发出命令。

同学们蜂拥跑下楼，把纸飞机“残骸”一个个地放进“棺材”——一个大纸箱。

当夏令营的营旗降落的时候，营员们面对着营旗高喊：“我能行！”

突然，天空乌云密布，狂风大作，雷声一阵紧似一阵，暴风雨来临了。这场山雨来得急、下得大，大风把营地旁边的大树都刮倒了。

城里来的这些孩子从来没有见到过这么大的风雨，但他们没有畏惧，而是高喊着：“太好了！”因为，他们觉得自己就是“我能行”先生。

大雨过后，小雨依然淅沥下着。我们忽然想起了那一箱可怜的“我不行”先生。待我们冲出去寻找它们时，“‘我不行’先生”号飞机大部分已经真的“飞走”了，只剩下二十几架了。

我们仍然如获至宝，把它们抱了回来，并一张一张地打开看。

“今天，我要放飞我的‘我不行’先生，我没有勇气在公共场所露面，我要放飞它！”

“告别我的马虎、胆小、怕累、怕热。”

“让‘我不行’先生飞离我吧！”

“过去，我胆子很小，知了叫一声都会被吓一跳，腿还直发抖，做什么事都不行。‘我不行’先生，咱俩告别吧！”

“怕黑、怕虫子……请让我所有的缺点都随着飞机永远离开我！”

“我的缺点是：挑食、怕登楼梯……我把这张纸折成小飞机，希望它能带着我的缺点越飞越远，飞向远方，永不归来……”

……

夏令营结束后，一位女孩的妈妈给我打来电话说：“我的女儿一回到家，就兴奋地告诉我，她的胆小自卑都跟着‘我不行’先生飞走了！”

直到如今，只要我听到有孩子说“我不行”时，我的眼前就会出现那次放飞“我不行”先生的情景。我想对他们说，假如你也和我们去了鸡公山，参加过“放飞”活动，你一定会相信，你心里的“我不行”先生早已经被暴风雨冲走了。

“我能行”不仅是一句激动人心的口号，而且是对自己价值和能力的肯定，有了这种体验、这种认识，才会产生自信。从小相信“我能行”，长大了你才有可能去创造人生的辉煌。

怎样才能做到“我能行”呢？北京光明小学的同学们总结出了8句话，很值得借鉴。

相信自己行，才会我能行；

别人说我行，努力才能行；

你在这点行，我在那点行；

今天若不行，争取明天行；

不但自己行，帮助别人行；

能正视不行，也是我能行；

相互支持行，合作大家行；

争取全面行，创造才最行。

## 三、你有困难吗？我来帮助你！

快乐的人常说："我帮你。"烦恼的人爱说："你帮我。"

一个小学生曾经认真地问我："一个人要怎么样才能快乐？"我告诉他说："帮助有困难的人。""为什么呢？"他问。我说："助人为乐嘛！"他笑了，说："那只不过是个词语。"我说："不，那是真理。帮助别人的确是一种快乐。"

"助人为乐"这四个字，蕴含着人世间最真最美的意义。"助人"为什么会快乐呢？因为可以从帮助别人的过程中发现自己的生存价值。由于你的帮助和付出，别人的困难得到解决，别人的不方便变成了方便。这是一种成功的体验，你一定觉得自己"还有点用呢"！正像大文学家歌德所说的那样："你若要喜爱你的价值，你就得给人创造价值。"

### 受助的快乐

一个满怀着爱心的人，能够随时发现别人的困难，并且能把帮助别人解决困难当作自己的责任。能够在生活中遇到这样的人，是一种幸福。

一次，我独自赴云南丽江地震灾区采访。那时，我骨折了的右脚刚好，又拎着一个笨重却没有轮子的箱子乘坐飞机。不巧的是，上飞机时需要在停机坪走上一大段的路程。我走几步，便停下来歇歇，还在担心着刚刚好了的右脚。

"如果有人帮我一下就好了！"这个念头刚刚从我脑子里闪过，我耳边就传来一声关切的问候："你需要帮助吗？"说话的是一位文质彬彬的年轻人，一定是走过我身边时看到了我的困境。

我心里一阵感激，不由自主地坦白说："我需要帮助！"

这位先生二话没说，拎起我的箱子就朝飞机走去。来到机舱门口，他又问我："你在哪一排？"

"23排。"我回答。

于是，箱子被放在23排的座位旁边。而我连句感谢的话都没有来得及对他说，这位先生已经穿行在机舱拥挤的人流中了。

在这次旅途中，"你需要帮助吗"一直在我耳边回荡着，心里也有一股暖流在流淌着。我想，如果每一个有困难的人，都能听到这样温暖的话语，得到及时的帮助，那么人与人之间的关系会变得多么和谐啊！

这件事，给我留下非常深刻的印象。我想，快乐的人生不就是在帮助人和互相帮助中体会到的吗？于是，"快乐人生三句话"里"你有困难吗？我来帮助你"成为最重要的一个内容。

## 助人多快乐

"助人为乐"，说起来简单，但要体味到"乐"却并不容易。这种习惯要从小培养，这种心态也要从小体会。

人们常常说："种瓜得瓜，种豆得豆。"在你心灵这片土地上，从小播下"助人为乐"的种子，长大后，就会关心别人的疾苦，多为他人办好事，体验到人生的快乐；如果种下"自私自利"的种子，长大后只会注意自己的事，怎么能在社会上有所作为，又怎么能获得快乐呢？

现在，社会上流行这么一句话："有困难找民警。"可是，在北京第一师范附属小学六（2）中队里，同学们常说的一句话是："有困难找子贺。"

子贺就是六（2）中队的中队卫生委员周子贺。周子贺长着一个大大的脑瓜，耳朵和嘴巴也是大大的，看上去一副憨憨实实的样子，他对人、对事、对学习也确实有那么一股实在劲儿。“我能行！”“我来干！”“我帮你！”这些话他常常挂在嘴边。

班里总有一些爱丢三落四的同学，不是今天忘了带铅笔，就是明天忘了带橡皮，十分影响学习。起初，好心又细心的子贺常多带上几件同学们爱忘了的东西，借给他们用。为了更好地解决这个问题，周子贺做了一个“子贺万能袋”，放上同学们常用的钢笔、铅笔、橡皮、尺子、毛巾等，真是应有尽有，为同学们解决了不少问题呢！为了让那些爱忘事的同学也养成好习惯，子贺在每件东西上都要写上诸如“你又忘了，刮你鼻子”“下次要记得带上哟”等非常有意思的忠告。慢慢地，同学们也就记住了，丢三落四的毛病也改了。

周子贺最爱干的活是午饭时为同学们分饭菜。热腾腾的饭菜一端进教室，子贺就拿着饭勺，你一勺他一勺地分起来。看到同学们狼吞虎咽地吃着香喷喷的饭菜，子贺心里甜滋滋的。可是，轮到子贺吃的时候，饭菜早就凉了。有一次午饭吃的是红烧排骨，一人一块。班里有个挺能吃的同学，几口就把自己分得的那块吞了下去。接着，他又眼巴巴地看着菜盆里剩下的排骨。可是，菜盆里只剩下一块排骨了，那是属于子贺的。“给，这儿还有一块！”子贺看到这个同学还想吃，就毫不犹豫地把自己的那块排骨也让了出去。虽然子贺没有吃到香喷喷的排骨，只能一个劲儿地咽口水，但他心里却有一种说不出来的高兴。

周子贺同学把帮助别人解决困难当成自己的快乐，所以他就比别人更快乐。同学们喜欢周子贺，选他当上了区“十佳少先队员”。

周子贺的故事让我们明白这样的道理：你把最好的给了别人，就会从别人那里获得最好的回报。你帮助的人越多，你得到的也会越多；你越小气，就越一无所有。

### 手拉手交朋友

“助人为乐”是团结协作思想的一块重要基石。但这个“乐”字很多孩子却没有体验到。

几乎被“爱河”淹没的城里孩子，一切都由别人帮他们做好了。他们看不到生活中有谁还需要他们的帮助，自然也就品尝不到助人的快乐滋味。

在“手拉手”互助活动中，自从城里孩子和农村孩子交上朋友，城里那些一贯受宠的孩子心里有了别人，尝到了助人的快乐。一句“你有困难吗？我来帮助你”使许多同学变得爱帮助人，从此有了新的朋友，而且生活得更加愉快和充实。

河北唐山韩城镇的陈欣同学说：

> 我这个人最讨厌别人要我帮助，有人要我帮助，我要么把他赶走，要么不理他。前几天，老师留的数学作业有点儿难，一个同学来问我，我忙闭上眼睛，不说话。他又问了一声，我听了，眯着眼，有气无力地说：“走走走，我还不会呢。”那位同学不高兴地走了。
>
> 开始，我认为这样做很“聪明”。但前些天看了《中国少年报》，我才觉得自己是一个“大傻瓜”。因为我这样做，没人会和我交朋友，等我请求别人帮助时也没人会理我。于是，我改变了心态，乐于助人了，我的朋友多起来。从中，我感受到了帮助别人的快乐。

13岁的邓丽莉，是江苏武进市湖塘桥实验小学六年级的学生。由于家境比较富裕，丽莉从没体会到生活的艰辛和困苦。但是，一个暑假的经历成了邓丽莉难忘的记忆。

那年，邓丽莉参加学校的“手拉手考察团”，到了安徽大别山区金寨县希望小学。当她到“手拉手”朋友詹洋家做客时，她震惊了。詹洋家的房子是用泥土和茅草建造的，屋里黑洞洞的，除了一张破旧的桌子，再没有一件像样的东西了。同岁的詹洋长得又瘦又小，个头比自己矮了一大截。

詹洋的家里很穷。为了挣学费，詹洋要常常去砖窑帮忙挑砖坯。从山脚下把砖坯挑到半山腰的砖窑，一趟挑 6 块，一块 2 分钱，每天挑 10 趟，可以挣 1 元 2 角钱。詹洋那瘦小的身体，是怎么完成这么艰苦的劳动的啊！

看到这些，丽莉的心里沉甸甸的。她掏出 50 元钱放在詹洋妈妈的手里，真诚地说："阿姨，以后我会帮助詹洋的。"

回来以后，丽莉像变了一个人。她不再吵着要妈妈买新衣服了，也不再挑食和吃零食了。整整一个暑假，她没有吃一根冰棍，用省下来的 300 元钱，买了文具、衣服，寄给了詹洋。她还经常给詹洋写信，鼓励詹洋用功学习；詹洋的每一封回信，丽莉都认真地读上几遍，还要指出错别字。在丽莉的帮助下，本来学习成绩不太好的詹洋，成绩提高了很多，还被选为中队委员。

邓丽莉说："'手拉手'活动，使我结识了许多朋友，让我从小窗口看到了大世界，学到了课堂上、书本里学不到的东西。"

有一次我带小记者团去河南信阳光山县王大湾"手拉手"希望小学看朋友。第二天离开村子后，张家口市来的一个男孩子悄悄对我说："我在朋友家只住了一个晚上，你猜他送我一个什么礼物？"

"什么礼物？"我好奇地问。

"送给我他家的门钥匙。他说，我家穷，没什么好送的，你带上这把钥匙吧，以后你就是我家的人了。以后来我们村，随时都可以进我家。'知心姐姐'，你看他多么信任我呀！"

孩子说话时，很激动，一脸庄重。

"手拉手"的实践，使城乡小朋友从对方身上找到了快乐，找到了责任，找到了新的知识。他们彼此不再陌生，他们彼此产生了浓厚的兴趣，并且打开了封闭的孤独的心灵大门，结为知心朋友。

"你有困难吗？我来帮助你！"虽然是简简单单的一句话，却表现出对别人的一份关心、一份爱心，表现出现代人高尚的情操。

如果你能把这句话作为自己的行为准则，我想你的朋友一定会很多很多，快乐也会很多很多！

试试看，好吗？

## 四、珍惜孩子的第一次成功

孩子有了第一次成功，就会有第二次，第三次……

在孩子的一生中起到最好激励作用的，是他的第一次成功。在那种时候得到肯定与鼓励，将使他对前景充满信心，从而获得自信。

我们《中国少年报》有一条原则：动员孩子参与的活动或事情，一定要有一个圆满的结局。获奖面尽量要大，对获奖的孩子，一定要及时奖励。对孩子们写给“知心姐姐”的信，我们要求做到每信必复，这些孩子第一次给“知心姐姐”写信就收到了回信，会品尝到一种成功的滋味。特别是孩子们向“知心姐姐”发出邀请时，“知心姐姐”要尽量满足孩子的要求。因为孩子邀请“知心姐姐”，常常是遇到了困难或是有心里话要倾诉，你满足了他，他就获得了成功。

有一次，北京二中一个叫李萌的女孩子打电话请我去他们班里谈心。我答应了她，她非常高兴，说：“星期四下午 3 点半，我在学校门口等你，我穿一条牛仔裤，手里拿一张《中国少年报》。”“好，一言为定！”我仿佛一下子回到了童年。

那天，我准时到达。果然，看见两个穿着牛仔裤、手拿《中国少年报》的小女孩在等着我。那一次，我给他们班里的同学讲了有关“人际关系”的问题。

过了几天，一个叫李紫科的男孩子打来电话，请我也去给他们班的同学讲讲人际关系。我很诧异，一问才知道，李紫科是李萌的弟弟。我知道，自己无论如何也要去，如果不去，在姐弟的竞争中，弟弟就失败了。我答应了他。他高兴极了，说："星期四下午 3 点半，我在校门口等你。我穿一条牛仔裤，戴一顶鸭舌帽。"我忍不住笑出声。

不巧，那天正好赶上开会。我请假提早出来，赶到李紫科的学校时，已经 4 点了。孩子们见我终于来了，都激动得哭了。李紫科对我说："在门口等你的那半个小时，我像热锅上的蚂蚁，真怕你不来。如果你不来，我就会在全班同学中失去威信，也在和姐姐的竞争中失败了。"以后，李紫科常给我来电话。

几个月后，我收到北京二中"家长学校"的邀请，给家长们谈谈孩子们的心声。

会后，一位母亲紧紧拉住我的手。她满脸是泪，激动地说："我就是李萌和李紫科的母亲。我的两个孩子让你费心了。我过去一直喜欢我的女儿，因为她学习好，能干。有些看不上我的儿子，嫌他胆子小，窝囊，不用功。那天他回家来说，他也要打电话请'知心姐姐'，我就不让他打。我想，'知心姐姐'也不能光为我们家孩子忙乎，全国那么多孩子需要关心呢！没想到，你那么理解孩子的心。你知道吗，自从他把你请到学校，他在学校就出了名，毕业分配时，学校还在推荐信上写着：李紫科同学组织能力很强，能把'知心姐姐'请到他们班上。更让我惊喜的是，那件事后，我的儿子像变了一个人，爱说爱笑，胆子也大了，干事也痛快了，学习成绩有了很大提高……我们全家不知该怎样感谢你呢！"

"这就是激励作用。我们做父母的如能帮助孩子获得人生的第一次成功，让孩子品尝到成功的喜悦，他将来一定是个成功者！"我向家长们倾诉了我的感受，"如果'知心姐姐'的到来能给发出邀请的孩子带来成功，我宁愿牺牲所有的时间。"

现在的孩子缺少这种成功感。多年来的应试教育培养了大批的失败者。现在提倡将应试教育转化为素质教育，这就给孩子创造了更多的机会。

所以，让孩子们获得第一次成功是我们每个人的责任。

当孩子获得了成功以后，对于大人来说，要郑重其事地为他鼓掌，不要轻视他的第一次成功。孩子的成长，的确像运动员一样，需要别人为他加油。

过去的应试教育，其结果是将极少数的学生从全体学生中挑出来，培养出的很多是高分低能的“人才”。而进行素质教育，就是发现每一位学生身上的闪光之处，使其充分发挥光亮，让每一个孩子都成功！

而面对别的孩子的成功，父母不但应该克制比较心，而且还要让孩子学会为别人的成功叫好。正如歌德说：“人不能孤独地生活，他需要社会。”孩子总有一天要长大，要走向社会，要与他人共生存。良好的人际关系，不仅能给孩子带来快乐，而且能帮助他走向成功。狭隘的嫉妒心理是人与人相处、人与人竞争中十分可怕的一种阴暗心理，对孩子来说，危害最大。

但是，孩子的嫉妒心理，很大程度上是大人们潜移默化的影响和熟视无睹的默认造成的。一味让孩子去争“第一”，并把别的孩子的成功看成是对自己孩子的威胁，这实际上是在害孩子。

让孩子学会从别人的成功中感受快乐和爱，才是对孩子的真爱。

## 五、让家里洋溢快乐的氛围

在生活氛围快乐的家庭中成长的孩子心灵健康阳光。而快乐家庭呼唤什么？善待。想让孩子拥有快乐人生，你自己首先要快乐。用乐观代替悲观，善待请从自己开始。善待孩子，请从体谅和尊重开始。善待丈夫，请从赏识和温柔开始。善待妻子，请从微笑和赞美开始。善待老人，请从顺从和关怀开始。

快乐的家庭有快乐的生活气氛，快乐的生活气氛要靠快乐的人去营造。

在家庭成员中，如果每个人都能快乐地面对自己，面对他人，那么欢声笑语便会充满你家的小屋。

人要怎样才能获得快乐？那就是必须学会善待，而善待起源于一个良好的生活心态。

人的内心是一个广阔的世界。在心灵的世界里，每个人每一天都在编织着自己的心理网络。

我在前面曾提到过，有的人编织的是快乐的网络，遇到任何事情，他都能微笑着说一声："太好了！"有这种心态的人，有一种伟大的力量，能够把负信息变成正信息，把不利变为有利，把坏事变成好事。靠这种力量，他每天都生活在快乐中，这叫"善待自己"。如果他把这种快乐心情传达给孩子，传达给家人，那就叫"善待孩子""善待家人"。

可是，有的人却在编织痛苦的网络，无论遇到什么事，他都皱紧眉头："太糟了，糟透了！""烦死了，别理我！"有这种心态的人，每天和烦恼打交道，好事也会变成坏事，快乐的事也会变成痛苦的事。他每天生活在愁苦中，这叫"虐待自己"。如果他把这种"惨相"带给孩子和家人，那就叫"虐待孩子""虐待家人"。

家，是任何一个为事业奔波、辛劳的人最好的归宿。为了全家的幸福和安宁，当你迈进家门的时候，建议你把烦恼关在门外，一脸轻松地走进去，带给亲人一份恬静，一份欢愉。

快乐家庭呼唤什么？

善待。

## 善待自己——保持好心态

美国哲学家爱默生曾经说过一句话："人生最好的礼物，就是你自己的一部分，就好像诗之于诗人，羊群之于羊童，亲手绣的罗帕之于女孩。"

人生中许多美好的东西，不是靠别人给予，而是靠自己去发现去创造的。如果想让你的孩子拥有快乐的人生，你自己首先要拥有快乐的人生。用乐观代替悲观，善待请从自己始。让孩子从你的生活中看到：人活在世上多么美好！

**喜欢自己**

"人必其自爱也，而后人爱诸；人必其自敬也，而后人敬诸。"西汉扬雄的话，今天读起来仍很有道理。如果一个人不自爱，又怎么承受得起别人的爱呢？所以“欲信人必先自信，欲知人必先自知，欲爱子必先爱己”。

做父母的给孩子上的第一课，便应该是“喜欢自己”。

我认识一位女教师，热情，开朗，富有才华，可是40多岁了还没有结婚。我问她为什么，她回答说：“我很丑。”我大吃一惊。眼前的她，五官端正，眼睛大而有神，气质高雅，只是嘴巴略大了些，但是整体看上去挺不错的，怎么会认为自己长得丑呢？

她指着窗台上的一张照片，问我：“你看这个人漂亮吗？”

照片上是一位女士，眉目清秀，脸上还带着一点儿腼腆。

“那是我妈。我妈年轻时是出名的美人，可我却是‘丑小鸭’。从小我就很自卑，觉得自己丑，嫁不出去。”说完，她自嘲地笑了。

长相可以给人带来自信，也可以带来自卑；可以给人带来快乐，也可以带来烦恼。作为孩子的父母，要喜欢自己的孩子，无论他的长相如何，你都要告诉他：你有你的优势，不必去羡慕别人。

处在青春期的女孩，往往对自己的长相相当在意。有个上中专的女生来信说：“打我学会照镜子的那天起，我就埋怨爸妈：为什么把我生得这么丑，黄黄的头发，大大的鼻头和一个厚嘴唇。从我发现自己丑以后，就不爱照镜子了。我是上中专以后才开始注意长相的，是因为受了同学的影响。她们时常在一起讨论哪个女生长得好，然后就埋怨父母为什么不把自己生得漂亮点儿。起初我想得挺开的：我们是来学习的，不是来比长相的。但慢慢地，我也学着她们使劲往脸上抹化妆品。连我都不知道为什么，学习成绩开始一个劲儿下滑。当我第一次捧着40多分的数学试卷时，我哭了。我痛下决心，把我的镜子给砸了，发誓要好好学习……”

我回信告诉这个姑娘，应该砸的不是那面镜子，而是自卑的“心镜”。如果你能用自信的“心镜”照自己，怎么照都会觉得自己美。你看，那些很受人喜爱的歌星、演员，也不全是长着大大的眼睛，也不全是那么漂亮呀！有不少人可以说是“其貌不扬”，可是他们的表演却有那么多的观众喜欢！

有一次，我到云南昆明去采访。一位年轻的女辅导员来找我。她给我的第一印象是：个子很高，瘦瘦的，大嘴巴。她给我讲了好多和学生们在一起的快乐：“每次过队日，同学们都要给我梳许多小辫子，头上挂许多美丽的小花。孩子们管我叫‘花仙子’……我4岁的儿子很喜欢我，老是自豪地跟别人说他妈妈很漂亮。他还对他爸爸说，妈妈每天要化妆，早晨你得多干活儿！”说完，她爽朗地笑了，那笑声像银铃，清脆动人。当我再次打量她时，发现她的大嘴真的挺美，因为她的嘴角泛着笑容，脸上写满了自信与快乐。

我忽然领悟出这样一个道理：一个人美不美，不在于长相，而在于心态。心态好的人，自己活得潇洒，孩子也会喜欢他；而那些把所有烦恼都写在脸上的父母，哪个孩子也不愿意接近。

高兴点儿，别跟自己较劲。接受自己，喜欢自己，也让别人接受你，喜欢你！

**珍重自己**

珍重自己，就是珍惜生命。

有一次，我去浙江温岭开会，听说两名五年级的女孩在队干部改选中落选，双双跳楼自杀。我从心底里为她们惋惜，同时也在思考，难道在她们11年生命的历程里，就没有人告诉过她们“人最宝贵的是生命，生命对人只有一次”这个最基本的道理吗？联想近年来不断出现的学生轻生事件，我迫切地感到：“该为生命补课了！”

如果想让孩子学会珍惜生命，我们大人先要懂得生命的价值。

儿子上中学时，一天焦急万分地对我说：“出大事了！我们乐队老师把他从香港买的萨克斯丢在出租汽车上了！”

“你们老师一定特别着急吧？”我关切地问。

“我们大家都急得要命，可老师却平静地说：‘大家别急。人的生命是个1，金钱是个0，其他东西像萨克斯什么的也是个0。丢了萨克斯，也只是丢了个

0，为丢失的0而着急上火，伤了身体就会丢那个1，那就什么都没有了。'”

过了几天，儿子又喜出望外地告诉我：“真绝了！出租车司机千方百计把老师的萨克斯送回来了！”

替他们高兴之余，我也实在佩服这位老师超然物外的人生态度。想想我们自己，平时常常为职务、职称、房子、工资、待遇等而烦恼，不是着急上火，便是气急败坏，甚至因此损害健康……这是多么不值得呀！当一个人情绪愉快时，人体会分泌出有益于健康的物质，使人产生快感。当一个人情绪不愉快时，人体就会分泌出肾上腺素类的毒性激素。活动身体可以把这种毒性激素消耗掉，不会对身体造成什么影响，但是，如果你的心情不愉快，又不通过活动让肌肉把那些毒性激素发散掉，就会使身体内产生“活性氧”。这种活性氧会破坏遗传因子。受到破坏的遗传因子开始制造一种特殊的蛋白质，这种蛋白质甚至可以致癌，就连高血压和糖尿病也是遗传因子受损伤引起的。所以，我们遇事要尽量保持一种“太好了”的心态，进行积极的心理暗示。

珍重自己，还要给自己留点时间。

我们实在太忙了，忙得竟然忘记去注意周围世界是那么美好。白天，我们匆匆忙忙地在奔波；夜晚，我们忙着做这做那，仿佛有干不完的活儿，真是很累很累。不知不觉之间，我们的生活中少了欢乐，脸上少了笑容……这难道就是我们的人生？我们不该为自己留点时间吗？

留出时间做什么呢？什么也不做，只要独处就行了——这就是所谓的“休养生息”。

许多时候，我们需要的不是到处找人提供建议，而是不受干扰的地方，需要有安静的环境，供自己来清理思路，感受平时在嘈杂的环境里不曾感受到的东西，也感受别人感受不到的意念。

如果你发现自己竟然无法专心地处理一些事情，就表示你需要有一个独处的环境，需要有一份宁静的心绪——沉思和反省对人们来说，真的是很重要！

不要犹豫，马上行动吧！

**超越自己**

21 世纪，有人称它是创新的时代，在这样的时代里，成功者是终身学习的人。

在过去的年代里，我们凭着热情，凭着苦干实干、流血流汗，能够干出一番成绩，创出一番辉煌，能够赢得孩子们的信任和爱戴。但是到了今天，还是像原来那样工作就远远不够了，孩子们需要的是富有创新精神、具备新知识、拥有新思维、掌握新方法、展示新技能的父母，需要这样的父母陪自己一起进入新的世纪。怎么办？我们必须学习！而学习，正是我们超越自己、跟上时代的前提。

人们常说："逆水行舟，不进则退。"而今天，即使是"顺水行船"，只要不再读书学习，也会被甩得远远的。

今天，教育的对象不再只限于儿童和青少年了，每一个人都面临着终生接受教育的问题。这就意味着，在今后的日子里，作为孩子的父母，既要帮助孩子学习，又要跟孩子一起学习，甚至向孩子学习。

时代不等人，孩子们已经走到我们前面去了。作为父母，必须有这种超越自我的紧迫感。昨天已经成为历史，不要再回味昔日的辉煌，要马上行动，学习！学习！再学习！

## 善待孩子——成为好朋友

善待孩子，就是要体谅孩子，给予孩子自信，帮助孩子找回失去的尊严；善待孩子，就是要尊重孩子，在尊重中长大的孩子才懂得尊重别人；善待孩子，就是要锻炼孩子，教会孩子给自己打气，把孩子培养成敢于迎接困难和挫折的挑战者。

**体谅孩子**

我遇到过一个"没有家"的小女孩。

那是我在西安人民广播电台经济台开办“知心热线”时发生的事情。

热线直播间设在西安市一个大商场中央，玻璃墙外围满了人。电话一个接一个地打进来。

忽然，我从电话里听到一个甜美的声音：“知心姐姐，我想问问你，一个女孩没有家怎么办？”

“孩子怎么会没有家？没有家，哪有她？”我十分诧异。

“她原来有家，有一个幸福快乐的家。但是后来，她的爸爸妈妈离婚了。妈妈一走了之，她被判给爸爸抚养，爸爸把她放在奶奶家，自己住到别处去了。她天天盼望爸爸来看她，可爸爸没有来。”女孩用稚嫩的声音叙述着，一个严肃的话题却讲得十分平静。

“那这个女孩还爱她的爸爸妈妈吗？”我有意这样问。

“她很爱她的爸爸妈妈。她爸爸很高大，很帅，很有才华；她妈妈很漂亮，脸上长了一颗黑痣。有人说，谁跟这样的女人在一起，谁就很富有。她的爸爸就很有钱。”

“那她爸爸为什么要和她妈妈分手呢？”

“因为另一个女人看上了她的爸爸，另一个男人看上了她的妈妈……”女孩讲得很清楚。

“你怎么对那个女孩这么了解？”我问她。

“因为我就是那个女孩。”女孩的坦率、沉静，使我早就含在眼里的泪水一下子涌了出来。我被她的善良、真挚深深地感动了。

父母离婚有时是不可避免的，问题是孩子怎么办？孩子心里的感受，父母理解吗？怎样才能减少家庭破裂对孩子的伤害呢？离异的父母应该如何善待自己的孩子呢？

有一位父亲离婚不久，就深深感到对不起5岁的女儿，他说：“没有了父爱，她的幸福也是打折扣的。我甚至怀疑，女儿不可能再拥有真正的快乐和幸福，因为父亲在她的心中是任何东西都无法替代的。而这一切，都源于我们对婚姻的不够善待和珍惜。离婚，或许使我们从苦海上岸了，但对于孩子而言，我们是输家。对此，我无法宽恕自己。”

这位父亲的“忏悔”让人感动。他表达出这样的“忏悔”，原因是他很在乎自己的女儿。

父亲对于成长中的孩子来说是多么重要！父亲的作用是母亲很难替代的。如果说母亲是大地，那么父亲便是那一片蓝天；如果说大地能够创造生命，那么蓝天就应该包容世界。天地合一，万物才能和谐健康地生长、繁衍，这是自然界发展的规律。

父亲应该用博大的胸怀去接纳孩子，体谅孩子，陪伴在他们人生的道路上。

**尊重孩子**

自信的基础是自尊。

孩子是在成人的尊重中学会做人、学会自尊的。如果孩子在羞辱中生活，他将会自卑。人最不能伤害的就是自尊。在某种情况下，教师不尊重学生会比父母不尊重孩子对孩子心灵的伤害更大，因为在孩子的心目中，老师是至高无上的。

“学者为师，身正为范。”在家里，父母是孩子的启蒙者；在学校，教师是孩子的表率，其言行举止甚至兴趣爱好，都会对孩子产生潜移默化的影响。

我认识一位年轻的画家，他才华横溢但胆小怕事。一次，我请他与几个朋友吃饭。他始终坐在桌角，不怎么跟大家交谈，更拒绝吃鸡蛋，我很纳闷。后来，一次谈心中，他透露了其中的秘密。原来，他上幼儿园时遇到过这样一件事：邻床的小朋友从家里拿来一篮子吃的东西，挂在床头。一天，这个小朋友告诉老师说鸡蛋丢了。老师没有调查清楚，就认为是这个画家朋友偷吃了。他不承认，老师就把他关进小黑屋，说不承认就不放他出来。我这位朋友说：“当时我害怕极了，就违心地承认了。于是，小朋友们总骂我是‘小偷’。”那年他四岁。从此，他一见鸡蛋便有一种恐惧感。

听完他的叙述，我难过得直想哭。这位教师如果知道自己因为一个鸡蛋伤害了一个孩子的自尊并影响了孩子的一生时，应当感到内疚。

其实，每个老师都应该知道，尊重学生是教师的职业道德，尊重学生就要维护学生的人格尊严。遗憾的是，教师侮辱学生的事件仍屡屡发生，有的甚至令人发指。

有个辅导员发现一个男孩偷拿了别人的钱，盛怒之下，竟用纳鞋底的锥子在男孩脸上刺了一个大大的“贼”字，还涂上红墨水。从此，男孩脸上留下了洗不掉的“贼”字。记者去调查时，男孩一直用手捂着半边脸，喝水都不肯松开手。

这个教师为什么会失去理智做出如此伤天害理的事情来？一个重要的原因就是法制意识淡薄。他没有意识到，学生也是人，是独立的人，尤其是未成年人，必须给予应有的尊重和保护。更可悲的是，他严重违反了《中华人民共和国未成年人保护法》。“保护未成年人的人格尊严”之所以写入法律，是因为人格尊严对一个人，尤其是对未成年人来说是极其重要的。

尊严是人类灵魂中不可践踏的东西。一个从小失去尊严的孩子，长大了很难堂堂正正地做人，很难抬起头来走路。人没有了尊严，哪里还谈得上自信、自强？

尊重学生，就要礼貌地对待他们，不能随意打骂。那些学习一时跟不上的学生，常常听到老师骂他们“笨蛋”“傻瓜”……这些带有侮辱、刺激意味的字眼，强化了孩子的弱点，使他们以否定的态度对待自己，使他们失去自信和自尊。后果多么严重呀！

教师的语言是学生成长的营养剂，爱的语言会结出爱的果实。只有讲文明的老师，才能培养出讲文明的学生。

尊重学生，有一项重要的工作是帮助“差生”找回尊严。

一些老师眼里的所谓“差生”，实际上是一些童年或者少年时代被歧视过、被冤枉过、被误解过的孩子。让他们得到转变，根本的办法是帮助他们找回失去的尊严。

**锻炼孩子**

“如果面前有一座山峰，我们就勇敢去攀登；如果遇到一场暴风雨，我们就是翱翔的雄鹰。跌倒了，爬起来，说一声，我能行！骨头变得更硬；失败了，不气馁，说一声，我能行！再去争取成功。我能行，有信心；我能行，更坚定；我能行，去开创新的人生。”

这首由著名儿童诗人金波作词、著名作曲家瞿希贤作曲的《我能行》的歌，唱出了当代勇敢少年的心声。

人生的路上，有平原小溪，更有高山大河；有灿烂阳光，更有风风雨雨。只有那些勇敢的人，才能像暴风雨中的海燕，“得意扬扬地掠过海面，好像深灰色的闪电”。

因此，要让孩子去迎战困难，锻炼孩子承受挫折的能力和积极面对困难的乐观品质。

一天中午，“知心电话”铃声响起。电话是一个女孩从广东打来的。

“是知心姐姐吗？期末考试我不及格。今天下午老师就要公布成绩了，那时全班同学都会瞧不起我，我该怎么办哪？”接着，传来了女孩的哭声。

“世界上没有常胜将军，再了不起的将军都有打败仗的时候。你现在只是暂时的失败，只要你有勇气，你仍然能打胜仗，仍然能当将军。下午老师公布成绩的时候，你要把头高高地扬起来。同学们看到你充满自信的样子，就不会看不起你了。因为，人最怕的是自己倒下去，别人的看法或议论都不是最要紧的。”

放下这个长途电话，我的心里想起另一个女孩。

她是一名高三学生，家境优越，从小受宠，平时成绩名列前茅，是三好学生。参加高考后，她觉得自己考糟了，不会被学校录取，天天坐卧不安，想到落榜后人们的白眼，她再也忍受不住，悬梁自尽了。更令人惋惜的是，第二天高考成绩公布了，她的成绩超过大学录取分数线 7 分！是心理承受能力太差害了她。

有一位心理学家说得好：“一个周边高矮不等的木桶，它的盛水量不取决于最长的那块板，而取决于最短的那块板。”那个轻生的女生，她的智力像木桶上最长的那块板，而她适应社会的心理承受能力，却是像那木桶上最短的一块板。面对高考，她没有输在智力上，而是输在心理承受能力上。

著名科学家居里夫人说：“我的最高原则是：不论任何困难，都绝不屈服！”

当孩子失败的时候，父母要跟他说：“太好了！你可以品尝一下跌倒了自己爬起来的滋味，你可以锻炼自己让自己不怕失败，你肯定有机会再去体会成功的喜悦！”于是，孩子会振奋起来，奋起直追。至于人家怎么议论，那是人家的事，不必去管，笑笑就行了。

“人要学会走路，也得学会摔跤，而且只有经过摔跤，他才能学会走路。”良好的承受失败与战胜挫折的能力，受到挫折后的恢复能力和百折不挠、不向失败屈服的精神，是成功人才不可缺少的素质。困难是人生的大学。如果孩子能以正确、积极的态度对待困境，自立，自强，那么，他们将来才会有充满阳光的美丽人生。

## 善待家人——扮演好角色

世界那么大，国家那么多，对于你来说，家庭只有一个。

世界上的孩子千千万，对于你来说，亲生骨肉只有一个（也许是两个）；世界上的男女千千万，对于你来说，丈夫（妻子）只有一个。你成为你父母的儿女，是缘分；你跟你爱人结婚，是缘分；你成为自己孩子的父母，更是缘分。亲情，应该永远是每个人心中最珍视的。因此，善待家人吧！

**善待丈夫**

善待丈夫请从赏识和温柔开始。

我是女性，因此要先谈谈善待丈夫。

女人要善待男人，首先要了解男人关注的是什么。

男人真正关注的是事业，事业是自己价值的体现。事业成功的男人，希望从妻子那里得到喝彩；事业不顺心的男人，希望从妻子那里得到鼓励。一个明白的妻子，要关心丈夫的事业。当丈夫眉飞色舞地向你“炫耀”成功时，你要表现出惊喜说：“太好了！你真棒！祝贺你！”当丈夫垂头丧气向你倾诉失败时，你要关切而坚定地说：“这点儿失败算什么？我始终相信，你能行！”

一个吸毒者在妻子和母亲的鼓励下戒了毒，写了一本《戒毒者的自白》。电视台记者采访他的妻子，妻子平和地说了一句话，让我激动得直落泪：“我始终相信他能戒毒！”

男人最怕别人说他不行，最烦的是妻子说他不行。妻子瞧不起丈夫，这是对男人最大的伤害。事业不成功的男人，本来在外面就没有成就，回到家还是那么窝囊，就丧失了男人的豪气。

挑剔，是女人常犯的毛病。有些女人爱用欣赏的眼光看别的男人，用挑剔的眼光看自己的丈夫，因此，常对别的男人说“你真行”，对自己的丈夫说“你真笨”，这有点儿像家长对待孩子。但爱挑剔的人，总是得不到满足，永远也不会幸福。

人最大的幸福是得到赏识。女人最初对男人的爱正是建立在赏识和崇拜的基础上的，可是成家之后，女人的眼睛往往容易盯在丈夫的缺点上，赏识变为挑剔，崇拜化为鄙视。女人要善待男人，首先要改变自己的心态，相信：“我的丈夫很棒，是个出色的男人！”然后，随时向他发出“你能行”的正信息，于是，一个“出色的男人”便逐渐被你“塑造”出来了。在这方面，女人不妨表现得大度一些，不要吝啬自己赞美的语言，要把男人的每一个成功看在眼里，给予发自内心的称赞。

女人要学会“温和地说话”。一个女人，假如你握紧双拳面对丈夫，他会把拳头攥得更紧。假如你温和地对他说：“坐下来商量一下，看看我们有什么不同意见，也许会发现还有许多共同点呢。”这样，丈夫也会变得温和起来。

你想知道如何使丈夫更爱你吗？好的，下面就是几个秘诀。

秘诀之一：在你心中，丈夫永远是个重要人物。要让他知道，他对于这个家是多么重要，“我们不能没有你”。

秘诀之二：不要总是埋怨、指责丈夫，要善于发现他的长处，称赞他说：“你真棒！”

秘诀之三：你只要对丈夫谈论他自己，他就会兴致勃勃地听下去，尽管他说他很忙。

**善待妻子**

善待妻子请从微笑和赞美开始。

作为女性，现在我要为姐妹们说几句。

苏霍姆林斯基曾对父亲们说：“你想教育好孩子，首先要真心喜爱自己的妻子。”

女人热爱生活，热爱工作，热爱家庭，更关注丈夫是否持久地爱自己。

拥有爱的女人，眼睛里总是充满了激情，对待工作和生活像火一样热情；而缺乏爱的女人，尽管工作也许很出色，眼睛里还是会带着隐隐的忧愁。

妻子渴望得到的是丈夫的微笑和赞美。但是现在，很多丈夫每天忙于工作，往往忽视了妻子，不能像新婚时那样在乎她：或者微笑，或者拥抱，或者亲吻。

有位朋友对我说：“如果丈夫能对我说几句好听的话，我会特别卖力地干一个礼拜的活，可惜，好听的话一句都听不到。”有的女人说，自己的丈夫对别的女人可以眉开眼笑，可是对自己却常常毫无表情。

丈夫的微笑和赞美，对妻子来说极为重要。女人有孩子般纯洁可爱的心灵，很希望被人爱，被人包容，被人保护。有的丈夫不能包容妻子，妻子自然倍感痛苦。

有个比喻，在两性生活的世界中，男人是大树，女人是大树上的鸟巢；男人是天空，女人是自由飞翔的小鸟。香港凤凰卫视著名主持人吴小莉喜结良缘，她择偶的标准是，自己“在他身边永远是一只快乐的小鸟，自由自在”。著名影星沈丹萍曾经告诉我，她之所以嫁给一个德国男人，是因为从他那里得到了真诚的微笑和赞美，才使她抛却了童年时父教严厉带来的自卑。女性拥有了甜蜜的爱情，她就会更加奋力地追求事业的成功。

有些妻子爱给丈夫买衣服，而丈夫总爱挑剔，说这不好那不好，妻子就不再有给丈夫买衣服的愿望了。一是对自己的“审美眼光”不自信，二是担心“费力不讨好”。妻子爱跟丈夫倾诉心声，但丈夫总没有耐心，不是随便打断，就是妄加评论，慢慢地，妻子关闭了心灵的大门，不再说什么也不再想什么了。妻子爱让丈夫陪着逛商店，而丈夫总不耐烦，时不时说一声：“你到底买不买？不买我走了。”于是妻子大为扫兴，连与丈夫一起出去的兴趣也没有了。

男人的微笑和赞美与其心态有关。

自信的男人喜欢用微笑和赞美对待妻子。他相信自己在妻子心目中的地位，相信自己的人格魅力，他觉得，赞美妻子显示出自己更有力量。优秀售票员李素丽有一个好丈夫，她上早班，丈夫就凌晨起床送她，上晚班就在半夜接她。有人问：“每天接接送送早出晚归的，你烦不烦呀？”他回答得好：“自己的媳妇，我不心疼谁心疼。”

自卑的男人喜欢用粗鲁的责骂对待妻子。这种人常常是在外面受了气，回家来拿妻子撒气。他们在妻子面前摆出说一不二的架势，或者随意贬低妻子，以显示自己的“地位”。其实，女人最看不起这样的丈夫，有修养的女人对你敬而远之，没有修养的会以恶对恶，让你不得安宁。

你想知道如何使妻子更爱你吗？告诉你几个秘诀。

秘诀之一：在你学会尊重女性之前不要结婚。婚前的尊重是必然，而婚后的尊重是必要。

秘诀之二：如果你想每天都快乐，就不要责怪你妻子的治家本领，也不要拿她的不足跟你的母亲做比较。

秘诀之三：要赢得妻子的青睐，只要跟她谈她自己就可以了！

**善待老人**

善待老人请从顺从和关怀开始。

老人是家庭的功臣。

老人年轻的时候，把自己的青春年华奉献给了社会和家庭，如今，他们年老体弱，应当受到社会的尊敬和家人的照顾。

作为儿女，我们要善待老人，尊重他们的意见，不要与他们争论。他们走过了半个多世纪的人生道路，已经形成了对世间各种事物的看法，又由于离退休在家，缺少新的外界信息的刺激，改变起来很难。我们不必试图改变他们，从某种意义上讲，顺从就是善待。

老人最怕让人觉得自己“没用了”。其实，老人是一部书，一部记录国史、地方史和家史的书。认真地读这部书，可以使我们明智，可以帮助我们预测明天。

我们善待老人，就要学会对他们的教诲洗耳恭听——少说“不”，多说“是”。

人是时代的产物。老人多年积累的人生经验和感悟是十分难得的，用金钱也买不来。多听一听老年人的话，只有益处没有害处。如果说，老年人思想有些跟不上时代，也是正常的，儿女应该给予充分的理解。毕竟，多数老人已经没有精力大量接触并筛选新的信息，更新观念不那么容易。

但是在老人面前，我们要学会善待——你善待了老人，将来你的孩子也会善待你。

# 第七章　学会生存　培养能力

## 一、培养选择能力——人生三大选择

一个孩子的盲目比淘气可怕得多。

前些年，在大学生中流行一种“心理测验”的游戏。游戏把被测对象的注意力及思绪带到漫无人迹的沙漠、神秘幽僻的森林和碧草茵茵的草原，通过各种预想好的情境向被测者提问，让其做出选择，最后，再通过对被测者的选择答案一一地进行分析，总结出被测者的人生态度及志趣。这虽然是一种游戏，但至少说明，人的一生需要面临很多次的选择。

过去，我们的教育方式是让孩子听话，听爸爸、妈妈、阿姨、老师的话，听话的孩子就是好孩子。但是，当我们经历了许许多多的曲折以后，当社会前进的脚步迈入商品经济的时代后，我们忽然发现，今天的社会发生了巨大的变化。此时，面对社会纷繁莫测的变化，再强调孩子听话就远远不够了，而应该意识到要教会他们具备某种能力。我想，这种种能力中，孩子们最急需的一种能力是选择的能力。

有人说，今天的孩子都是家庭的“小皇帝”。而我却认为，他们是思想、活动严格地受到父母禁锢的“小奴隶”！

曾经有一个孩子气鼓鼓地对我说:“人们都说我们是‘小皇帝’，我可不这么想。

皇帝什么都说了算，我在家里却说了不算。虽然平时吃什么穿什么，他们都依我，可是到了攒钱买大件时，我也出力，在讨论买什么时，我说应该买一个录音机，可爸爸、妈妈、姐姐三个人六只眼盯着我，说：‘这是大人的事，哪有你说话的分儿呀？’这也太不公平了，我大小也算个人，凭什么没有我说话的分儿呀？”可以看出，孩子们缺少选择的机会，大人们根本不给他们这种权利。

在孩子的生活道路上，会面临许许多多的选择，我认为，最重要的选择在三个方面，即：朋友的选择、对象的选择和工作的选择。这些选择是否得当，将影响孩子的一生。

**1. 朋友的选择**

没有快乐童年的人生是不幸的，没有朋友的童年则更为不幸。

作为《中国少年报》的“知心姐姐”，我们经常有机会到全国各地去主持接听“知心电话”。从青少年打来的电话中，我们深切地感到，他们有一种渴求，那就是渴求朋友，渴求友谊。

孩子们经常问道：“怎么样才能找到朋友？”“什么样的朋友才算得上是好朋友？”

在求友的问题上，我认为有这样一个原则：求异。

很多人乐意寻找与自己的性情、志趣等方面有相同之处的人做朋友，实际上，这样去交朋友很有局限性。雨后的彩虹会显露出赤、橙、黄、绿、青、蓝、紫七种绚丽的色彩，更何况多姿多彩的人生、各种各样的人呢！如果总是跟与自己志趣相同的人在一起相处，今后面对纷繁的社会，你会无法很好地去适应。你会遇到很多与你的性情、志趣大不相同的人，与他们相处，你会感到别扭，甚至还会发生摩擦和冲突。

所以，在选择朋友的时候，应该选择一些跟自己有所不同的人做朋友。有不同之处，就意味着有互补的可能，你的长处会被对方吸取，你的不足也可被对方的长处所补充。两个彼此相异的人相处久了，互相影响对方的同时，自己也会变得完美。

说到求异，异性的同学能不能在一起相处，成为朋友呢？

有一次，一个男孩说："我在班里跟一个女生说了句话，他们就乱说我们在搞对象。"于是，我在这个班里开了一个讨论会，让孩子们分别说说男孩和女孩各有什么优点。男孩们说："女孩子细心，守纪律，学习好，会做家务活。"女孩子说："男孩子力量大，胆子大，说话声音大，好打抱不平。"我跟他们说："男孩子有男孩子的优点，女孩子有女孩子的优点，在一起玩，才会取长补短。"

一个女孩子还告诉过我这样一个小秘密："我们跳皮筋时，只要有男生在旁边看，我们就跳得特别来劲儿。"一个男孩说："每次我们打架的时候，只要有女生围观，我们就越打越来劲儿。"

在学生时代，男女学生之间纯真无邪的友谊，有时候会给人的一生留下甜蜜感人的记忆。

我提倡交朋友求异的原则，主张男生和女生交朋友、好学生跟差学生交朋友、城市孩子和农村孩子交朋友等，是因为我希望，让不同类型的孩子在一起交往、相处，会令他们成长得更加全面，成为一个能够适应社会、与社会有着广泛接触的人，而不是一个孤独、怪僻的人。

**2. 对象的选择**

这种选择，是孩子们在今后人生中将要面临的一个重大的问题。作为家长，无须回避这个问题，应该坦诚地告诉自己的孩子，怎样选择终身伴侣，用什么标准来选择终身伴侣。

在选择对象这个问题上，尊重是最基本的原则，要懂得尊重对方，也要有奉献精神。可是，有一些年轻人却总怀着不明朗的心理，想着从别人那里得到些什么，或者利用别人达到自己的某种目的，这都是不道德的。

许多年轻人在选择对象的问题上，不仅没有正确的原则，而且站在了错误的立场上。选择对象时要求太苛刻，往往搞得双方不欢而散，甚至抱怨终身。

我曾对一些大龄女青年说："找对象要找喜欢你的人，而不应该只是你喜欢的人。如果一味地想寻找一个自己想象中的理想人物，恐怕一辈子也找不着呢！”我也曾对一些男青年说过：“你要是真心喜欢一个人，千万不要对她挑剔过多。”俗话说：“情人眼里出西施。”你喜爱上一个人，便应能够容忍对方的缺陷或不足，也应该真诚地陪伴对方，走完今生的路。

因为工作，我有机会接触到大学的学生。大学生们提出的问题，十个中有九个是关于恋爱问题的。他们谈到，在大学校园里，谈恋爱成风，相当比例的学生都有恋爱的对象。夜幕一降临，原本书声琅琅的校园成了恋人们相会的“街心公园”。

在厦门的一所大学里，一个男生因为追求一个女生没有成功，便跳楼自杀了。这件事，对男同学震动很大，他们组织了一个“五草研究会”，一起调侃、总结恋爱的现象和经验，提出了恋爱的“五草精神”：第一，“天涯何处无芳草”——好女到处都有，男子不必太着急；第二，“兔子不吃窝边草”——不能找身边的女生做对象，目标太集中；第三，“疾风知劲草”——不要听女生灌了几句“迷魂汤”就上当，而要经过长期的考验；第四，“好马不吃回头草”——恋爱不成就算了，千万不要强求；第五，“老牛啃嫩草”——男子年龄大一些，才能找到好的女子，不要过早地涉足恋爱。这几名男生说：“自从有了‘五草精神’，我们的精神获得了解放。”

这些大学生所总结的“五草精神”，听起来难免偏颇，但毕竟说明一点：一些年轻人已经开始有意识地、认真地面对恋爱和选择对象问题了。这也难免令我们汗颜：为什么我们这些父母、我们的教育工作者不早一些给予他们正确的引导呢？选择对象，对于年轻人来说，是不可回避的、早晚要考虑的问题；作为年轻人的父母、长辈，我们要有一种责任感，给孩子们一些必要的指导，免得他们走弯路！

**3. 工作的选择**

对于青少年来说，指导他们正确选择“将来干什么”的办法，就是进行生动的“理想教育”。

一位教师曾在学生中搞过这样的教育，她让每一位同学写一篇《我长大了做……》的作文。

一个小女孩说："我长大了要当教师。"老师就告诉她："老师是要面对许多学生讲话的，你以后说话时就不能带'后来呀''这个呀'一类的口头语。而且讲话的声音要洪亮，仪表要好，手势也要适度。以后回答问题时，请你到讲台前边来。"

有一个粗心马虎的女孩子说将来要当医生。老师说："医生是个神圣的职业，但需要特别细心，否则会对病人造成伤害。所以，以后你不能因为马虎而出现错误。"

有一个淘气的小男孩说他要当警察。老师说："好，咱们班刚发生了一件事，班里养的几条金鱼不知让谁给毒死了，请你把这个案子破一下吧。"结果不出两天，这个小男孩就把案子破了，因为他本人就参与了"作案"。老师知道了真相，并没有批评他，却夸他了不起。他找了个好听的说法承认了自己的错误："老师，我打入了'敌人'内部。"

这次活动搞得很有意义。孩子们立下了今后的志愿，更了解到了自己的不足之处。通过努力追求，我相信他们一定能够实现自己的理想。

现在，有些家长习惯于把自己的意愿强加在孩子身上，希望他们成为这个家那个家，其实孩子自己未必喜欢。家长们应该把选择兴趣的权利还给孩子，让他们自由选择，自由发展。

选择，对一个孩子来讲是十分重要的，盲目比淘气要可怕得多。一个孩子如果只知道听话，让他干什么他就干什么，庸庸碌碌肯定不会有什么发展。而那些知道自己喜欢做什么，知道怎么去做的孩子才会有出息。

在培养孩子的选择能力时应该注意以下几个方法：一是多出选择题；二是多搞一些活动，让孩子做自己喜欢的事；三是回答问题不要答得太满，要给孩子留有思考的余地。

比如，有孩子问："你说有没有飞碟？"你不要不假思索地告诉他"有"或者"没有"，可以婉转地说："我不是自然科学家，所以回答不了这个自然之谜，这就需要你们长大以后去解开这些谜了。”一次，一个孩子打电话来问：“世界上有没有恐龙？”当时，在报社实习的大学生肯定地回答道：“世界上没有恐龙。”结果，那个小孩立刻反驳说：“世界上有恐龙！ 11个月前，澳大利亚发现了一个恐龙蛋，如果它孵化出来了，怎能说不是恐龙呢？……”

从我的经历中，我体验到，一个人如果选择了自己热爱的工作，那他便会充分发挥自己的聪明和才智，并自觉地以苦为乐。我从小就想当《中国少年报》的记者，做一名大家喜欢的“知心姐姐”，当我如愿以偿时，我便竭尽全力地工作，并以工作为自己的生命。

我最喜欢马克思的一段名言：“如果我们选择了最能为人类福利而劳动的职业，重担就不能把我们压倒，因为这是为大家而献身；那时我们所感到的就不是可怜的、有限的、自私的乐趣，我们的幸福将属于千百万人，我们的事业将默默地、但是永恒发挥作用地存在下去，而面对我们的骨灰，高尚的人将洒下热泪。”

衷心希望我们的孩子能有这样的选择。

## 二、培养承受能力——正视挫折和不幸

让孩子在艰苦的环境中，一洗养尊处优的习气，磨砺坚强的意志，学会在“黑暗中看到光明”的自信和技能，培养他们的韧性、耐挫力和受挫后的恢复能力，从而使他们不仅学会从别人或外界的给予中得到幸福，而且能从内心深处激发一种自己寻找幸福的本能。

困难和挫折，对于成长中的孩子来说，是一所最好的大学。无论什么人，只要他没有尝过饥与渴的滋味，他就永远也享受不到食物和水的甜美，不懂得生活到底是什么滋味。一个孩子，如果他没有经历过困难和挫折，就品味不到成功的喜悦；没有经历过苦难，就永远感受不到什么叫幸福。

良好的承受挫折的能力，受到挫折后的恢复能力和百折不挠、不向挫折屈服的精神，是成功人才不可缺少的素质。培养承受苦难和不屈服于挫折的能力，对今天的孩子尤为重要。

近年来，在培养跨世纪人才的话题中，挫折教育越来越引起人们的关注。让孩子在艰苦的环境中，一洗养尊处优的习气，磨砺坚强的意志，学会在“黑暗中看到光明”的自信和技能，培养他们的韧性、耐挫力和受挫后的恢复能力，从而使他们不仅学会从别人或外界的给予中得到幸福，而且能从内心深处激发一种自己寻找幸福的本能。这样，他们才能在任何困难和挫折面前泰然处之，保持乐观。这是人生的无价之宝。

我们做父母的，不愿让孩子去经历苦难，总是千方百计地为孩子设计充满笑脸和鲜花的明天。但是，生活是无情的，也许有千百种灾难在等待着一个年仅几岁或十几岁的孩子，畏惧这些灾难的人，永远不会有幸福。

奥斯特洛夫斯基曾经说过：“人的生命似洪水奔流，不遇上岛屿和暗礁，难以激起美丽的浪花。”一帆风顺长大的孩子，很难创造出生命的辉煌。

关于挫折教育，早在远古时代就已经开始了。在一些原始部族里，少年男子如果想拥有成年人的权利，被社会所接纳，必须要通过一次近乎残酷的优胜劣汰的考验。大人们把这些男孩放到一个没有人烟的、野兽经常出没的恶劣困境中，让他们品尝孤独和挫折的滋味，学会面对和战胜各种困难。只有经过千辛万苦奋力挣扎返回部族居住地的男孩，才能被证明已是个成年人，是个真正的男子汉，他才能享有成年人的一切权利。这种考验可视为人类早期挫折教育的雏形。当然，这种以生命为代价的挫折教育，不免有些惨无人道。

现代社会里，尤其是一些发达国家，由于物质生活条件优越，就更加重视对下一代进行挫折教育。

日本很早就开始对孩子进行挫折教育。一些平民学校的老师经常带领学生到户外上课，让学生们到大自然中寻求知识和体验生活。这种名为修学旅行的教学方式一直沿用至今，其中体验生活的内容与我们现在开展的挫折教育相仿。

近年来，日本比较流行的做法是，定期向学生供应清汤萝卜、粟粒煮成的“饥馑午餐”，目的是让他们了解父辈的艰苦生活。学校还规定了穿短裤、短裙的日子，这一天，哪怕气温再低，全校学生一律都要换短裤或裙子；在学校规定的穿长衣的日子，无论天气多热，学生们都必须换上长衣长裤……

每年，日本都有一些有钱的人花钱让孩子到中国来参加夏令营活动，让孩子背着很沉重的背包，到草原上走一走，尝尝吃苦的滋味；他们有时还把孩子放在荒岛上，让孩子懂得什么叫饥饿，让他们学会自己生存。

有位老师对我说，不久前他们学校的孩子同日本的孩子一起开展了一次活动。老师们发现：日本孩子身上有一种不怕困难、坚忍不拔的韧劲，耐受力很强，孩子发了烧，自己想办法，不去找老师。他们的领队说，从小家长就告诉他们，爱护身体是自己的事，自己的事要自己负责。

在韩国，家长同样也很注重从小锻炼孩子的意志。他们给孩子穿上羽绒服，让他们在冰窟窿里待上一阵儿再出来，让孩子懂得“寒冷”的滋味。

可是，在我们国家，挫折教育做得却很不够。由于父母的娇宠，孩子的心理承受力相当脆弱，一点点小的挫折或失败就有可能酿成一桩惨祸。

一个9岁的男孩，平时在家里很得宠，在学校是个中队长。有一天，他向哥哥要糖吃，哥哥说糖是留给爸爸的，没有给他吃，这孩子一气之下竟用红领巾上吊自杀了。心理脆弱到了何等地步！

究其原因，是因为现在孩子们的生活太幸福了，许多家长唯恐自己的孩子再遭受艰难困苦，能够替孩子承受的，他们都“承包”了。幸好，并不是所有的孩子都有这样的“幸福”。一些生活在贫困环境中的孩子，由于生活的磨炼，比家庭条件优越的孩子更容易形成良好的品质。

黑龙江省有个男孩子叫纪洪波，他的爸爸只有一条腿、一只胳膊，妈妈没有双腿，只有一只胳膊、两个手指。从小，爸爸妈妈就没有抱过他，学走路时摔得鼻青脸肿。3岁起，他就自己照看自己了；到了5岁时，他就能帮爸爸做饭了。

后来，爸爸死了。妈妈便不吃饭、不起床，她不想活下去了，因为她不想连累儿子。小洪波对妈妈说："妈妈，你不能死！你死了，我就成了孤儿了。你好好地活着，我一定能养活你！"

从那以后，他每天早早起来给妈妈做饭、熬药，帮妈妈套上假肢后，自己再吃饭上学。一次，他病了，咬着牙挣扎着走下楼时，昏倒在地上，被过路的民警送进医院，他才知道自己患了十二指肠溃疡，面临着穿孔的危险。医生告诉他要住院治疗时，小洪波哭了："我住了院，谁来照顾我妈呢？"

我想，像纪洪波这样经历过磨难和挫折的孩子，才会真正懂得生活的真谛，也才会更好地爱别人，爱我们的祖国。

承受挫折的良好心态，是在童年和青少年时受过挫折并不断地解决困难中磨炼出来的。这是一个人素质高低的重要标志。

卢梭曾经说过："你知道用什么方法可以使你的孩子不幸吗？这个方法就是百依百顺。"

所以，爸爸妈妈对孩子的过分娇纵、百依百顺，只会产生强烈的负面效应；妈妈爸爸无微不至的关怀，只能是让你的孩子一次次地与能磨炼他成长的艰难困苦、失败挫折失之交臂，使得他们缺乏面对挫折并战胜挫折的勇气和经验，一旦遭受到挫折，便会无所适从，一蹶不振。

巴尔扎克说过："苦难对于人生是一块垫脚石，对于能干的人是一笔财富，对于弱者是万丈深渊。"一个人受不了委屈，经不起挫折，害怕困难，是不可能面对未来竞争激烈的大千世界的。哪位父母又能够保证，你的孩子一生不会受到挫折呢？

## 三、培养竞争能力——告别嫉妒

嫉妒是把自己的成功建立在别人的失败上，竞争则是把成绩建立在自己的努力上。与嫉妒绝交的人才有可能取得优秀业绩。

进入新世纪后，人们都有了一种紧迫感：现代科学技术越来越发达，生产过程越来越趋向自动化，地球上的人口越来越多……摆在我们和孩子们面前的将是激烈的竞争。

多年前，一位82岁的法国老记者来中国少年报社采访，我问他："法国的孩子们都在想什么？"他说："他们想的是如何占领空间。"

我听了心里一震。我们的孩子又在想些什么呢？

我们都知道，我们的孩子想得最多的是如何考取重点学校。这也是一种竞争，是一种较为低层次的竞争：人与人的竞争。

古语云："满招损，谦受益。"总结了人与人相处、人与人竞争的经验和教训，其中也多少包含着成功之后遭人嫉妒的苦涩。

嫉妒心理是人与人相处、人与人竞争中十分可怕的一种阴暗心理。尤其对于孩子来说，其危害性最大。

北京一所重点中学的一个男孩曾对妈妈说："我们学校虽然是重点中学，但同学们都很自私。我病了那么长一段时间，没有一个人来看我，我落下了功课，谁都不告诉我。"有的学校里，学习好的同学临考前书包被人偷走，住宿的同学在被子里发现一根很长的针……这都是学生们嫉妒心理的表现。

南方一所县实验小学，搞了一个"甘璐落选的是是非非"队会。甘璐是一个女孩子，在和一个男孩竞选大队长时当选了，可是半个月后，在选县少代会委员时，她落选了。一些师生感到奇怪和不理解，便召开这次队会进行热烈的讨论。

一个男孩说："甘璐当了大队长后就骄傲了。有一个同学在放学路上玩纸镖，本来应该是路队长管的事，可是她偏要去管，她就是想出风头，显示她是大队长。"另一个孩子马上说："你说得不对，当时路队长不在，甘璐怕同学出危险，才去管的。如果在前线，班长牺牲了，战士冲上去，你能说他是出风头吗？"又一个同学说："有一次我和一个同学站在台阶上，甘璐把我们撞了，也没说对不起。”另外那个同学马上说：“不对，当时咱们站在台阶上，甘璐拿着拖把，走得急了，碰到了咱们，她说‘对不起’了。”每件事都摆开后，发现都不是甘璐的错。

有一个女孩说：“甘璐当了大队长以后，我就嫉妒她。以前她是中队长，我是小队长，她就比我多一道杠，现在她又比我多了一道杠。每当上课老师叫她回答问题时，我就用白眼儿翻她，希望她答错，挨老师的批评。”

那个落选了的男孩说：“我就是不服气，为什么好事儿都是甘璐的？”于是同学们就说：“都是你嫉妒甘璐，在背后搞了那么多鬼名堂。实际上你就是光想当官不干事，我们才不选你。”这件事的是是非非终于搞清楚了。

这不是一件孤立的事，许许多多学习好的、当干部的同学在学校里是孤立的，因为其他孩子嫉妒他。

我跟一些孩子谈过竞争与嫉妒的问题。我问他们：“什么是竞争？什么是嫉妒？”他们都说不太清楚。我告诉他们：“比如说两个人跑步，一个在前边，一个在后边。后边的人想，前边这个人现在最好让石头绊一跤，然后我好超过他。这就是嫉妒，嫉妒是把自己的成功建立在别人失败的基础上。可是反过来，如果后边的人想，我要使劲儿跑，超过他，我一定要超过他。这就是竞争，竞争是把成绩建立在自己努力的基础上。”

孩子的嫉妒心理，很大程度上是大人们潜移默化的影响和熟视无睹的默认造成的，并随之“根深”而“蒂固”。

有的孩子喜欢告状、打小报告，如果老师听信他们的话，那就是在助长他们嫉妒的恶习。

有一年，我们在武汉举办了一次全国性的少儿艺术比赛。一名9岁的辽宁男孩扬琴弹得很好，在预赛中排第一名。但决赛时，他得了第二名。吃晚饭时，他说：“比赛用的琴有毛病，比赛结果也不公平，你们能不能跟评委说一说？”我们没有答应他。当天晚上领奖时，他妈妈竟然不让他去领奖，说：“二等奖有什么好领的？我们孩子参加比赛从来就没得过第二名。这次来之前已经和校长打了保票，就是要得第一的。”

我对这位母亲说：“中国这么大，人口这么多，有天赋的孩子多的是，我们有责任让他们个个都成才。如果大家都像你一样，还谈什么公平竞争？！”

我在一次联欢会上，给孩子们讲过这样一件事：两个中国孩子去国外参加歌唱比赛，一个唱得好些，另一个唱得差些。到了比赛点以后，唱得稍差的孩子得了感冒，另一个孩子冒雨请来医生，自己却被淋病了。到了比赛那天，唱得差一点的孩子病全好了，得了金牌；唱得好一点的孩子因为嗓子还没恢复好，结果只得了银牌。

我问孩子们：“你们说，应该怎么办？”

一个男孩子站起来，不假思索地说：“应该把金牌还给人家，本来就是人家的嘛！”

也有的孩子说：“你说得不对。得金牌的孩子应该感谢另一位，说‘是你帮助了我’，而得银牌的孩子应该说：‘不要这样说，都是为了祖国争光嘛！’……”看得出，先回答问题的那个孩子，存在着不正当竞争的心理。

后来，我发现许多有了些成绩的孩子，都不太懂得正确对待自己的成绩和别人的成绩；还有的孩子存在着“你好，我就要打击你”的狭隘心理……这些不良的心理状态，都是不能适应未来的发展的。

嫉妒的心理，在成年人中尤其是成年妇女中，表现更为突出。她们的做法常常是“无事生非”。

一个辅导员是普通人时，没有人过多地议论她；一旦成了优秀辅导员，出了名，就会有人说她这也不好那也不是；如果成了全国优秀辅导员，还有人写匿名信，告她有这样那样的问题。所以，我经常对女辅导员们说：“作为一个女人，要想成功，就不要怕别人说。有这样一句歌词：‘要生存，先把泪擦干；走过去，前边是个天。从来女子做大事，九苦一分甜。’这不是说得很好吗？我想，这不光是指付出辛勤的劳动，而且要承受来自方方面面的压力。如果一个女人怕人议论，那她就干不成什么事了，因为，你过于计较别人的看法。要知道，只要你干得好，周围总有人不平衡，议论你、贬低你，以得到一时的满足。这种时候，你不要理睬他们，只管大踏步朝前走，走得离这些人远了，他们也就不说你了，因为，他们只对自己周围的事有兴趣。”

男人的嫉妒平时看不出来，其实更为可怕，表现为“怀恨在心”。两名同在一个研究室工作的研究生，都相当能干、有才华，互相间也暗暗地在竞争着。后来，其中一名被派出国，令另一名十分嫉妒。他虽然笑着把别人送到了机场，但随后在出国同事十分孤独寂寞的时候，接连写去了三封饱含刺激意味的信。第一封信写道：自己已经是研究室主任了，颇得领导们的器重；第二封信说：单位刚刚分给自己一套条件很好的房子；第三封信的内容是：我有女朋友了，非常可爱，她就是你原先的女朋友……

最后，那名出国的研究生由于意志薄弱、心理承受能力差，没有学完就提前回国了。他是一个失败者，他对男人的嫉妒没有任何心理准备。他也是一个脆弱者，没有“不以物喜，不以己悲”的胸怀，所以才会受外界干扰，当然不会成功。

只有具有良好的心理状态，既懂得竞争又懂得超脱的人，才会成功。孩子们应该从小就得到这种训练。

克服嫉妒，参与正当的竞争，是我们对孩子的期望，也是未来对孩子们的要求。善于处理人际关系，在竞争中求得共同的发展和进步是我们最迫切的愿望。因为，还有更为激烈、更为高层次的生存空间、生命资源等的竞争在等着我们的孩子们，如果与人的竞争都处理不好，何以参与更为深刻、广泛的竞争呢？

## 四、培养社交能力——成功社交三大秘诀

热忱——捧出你的心；沟通——打动别人的心；自信——赢得大家的心。

歌德说："人不能孤独地生活，他需要社会。"

良好的人际关系，不仅能给人生带来快乐，而且能助人走向成功。

因此，社交能力是人类生存的重要能力。

这一代独生子女虽然能够受到良好的教育，但由于小家庭之间的封闭、孤立而不善交往。这一点，应当引起年轻妈妈的足够重视。

一些从小很有才华的孩子，就因为"不合群"，长大以后，一直"怀才不遇"，自感"英雄无用武之地"，不仅才华得不到发挥，而且一生总是"不顺"；一些很善于处理人际关系的人，因为受到大家的欢迎，才能得到充分的发挥，自己也感到很快乐。任何人都不会喜欢性情乖戾、忧郁的人，人人都喜欢与快乐而热情洋溢的人在一起。

如何帮助孩子建立良好的人际关系呢？

从许多受人欢迎的孩子身上，我总结出三个"秘诀"。

**秘诀之一：热忱——捧出你的心**

一个人成功的因素很多，而热忱是不可缺少的因素之一。

热忱是发自内心的兴奋，是一种深存于人内心的炽热的精神特质。成功的人和失败的人在智慧和能力上的差别通常并不很大，但如果两个人各方面的素质都差不多，具有热忱的人将更有机会如愿以偿；一个人能力不足，但是具有热忱，通常也会胜过能力很强，但欠缺热忱的人。

一个领导的热忱，会影响他部下的工作情绪；一个母亲和师长的热忱，会影响孩子和学生的情绪。

美国著名的心理学家罗森塔尔，曾进行过"期望效应"的试验。他来到一所中学，考察一个十分普通的班级，临走时，他兴奋地告诉班主任：你们班上有 18 名学生很有培养前途。

罗森塔尔的热忱影响了这位老师。从此，老师对这些学生特别关心，脸上总挂着微笑，尽量发现他们的优点，总爱向他们提问……高中毕业时，这些学生都考入了重点大学。

当罗森塔尔再次来到这所学校时，笑了，他告诉老师，那次他只是随便点了 18 个人，并没有认真对他们进行考察，是老师对学生的热忱、信任产生了今天的效应。这个故事说明，成年人的热忱能改变孩子的命运。

父母通过各种方式把热忱传递给孩子，孩子受到了激励和鼓舞，也就学会了如何热忱地对待别人。

**秘诀二：沟通——打动别人的心**

如果你希望自己的孩子能够与别人友好相处，受到别人的欢迎，就应当让孩子从小学会尊重每一个人，学会与别人沟通，打动别人的心。

父母与孩子沟通的方法，会直接影响孩子的心。

沟通的原则有三条。

第一，不要总是批评、指责、抱怨。

现在，家庭教育中存在三多三少：看缺点太多，看优点太少；批评太多，激励太少；训斥太多，表扬太少。

在训斥中长大的孩子，往往爱谴责别人，这样的人最不受欢迎。训斥和指责往往收不到任何良好效果，只会使别人加强对你的防备，并想尽办法来证明自己是对的；训斥与指责，还会伤害一个人的自尊，而过分的伤害就会激起对方的怨恨。

第二，真心地欣赏和感激别人。

人类本性最深层次的需要是渴望得到别人的欣赏。每个人都乐意跟欣赏自己的人在一起工作和生活。让孩子成为受欢迎的人，一定要让孩子学会真诚地欣赏和感谢别人。

美国一家超级市场的老板，和儿子有隔阂，常批评儿子。有一天，他去儿子主管的店时发现，那家店从亏损变为盈利，而且顾客和店员都很喜欢他儿子。他把儿子叫到一边，说："你做得太好了，没有人比你更能招徕这么多的顾客！" 没想到，牛高马大的儿子竟流出了眼泪，说："爸，你从来没有这样称赞过我，我很高兴你对我有这样的感觉。”这位父亲后来对别人说：“这是儿子长大后，我与他的第一次真正的沟通。”

如果你希望孩子和丈夫喜欢你，你一定要对他们感兴趣；如果你希望自己的孩子受到同学、老师的喜爱，一定要让他及时去感谢别人对自己的帮助。

第三，多发现别人的长处，不说别人的闲话。

一位农民母亲，很善于教自己的孩子去发现村里和家族中的每一个人的优点，并告诉孩子说：“每个人都是一棵小草，每棵小草上都有一颗露珠。太阳底下，每颗露珠都会发光。”于是，她的孩子学会了善良。

我们有些年轻妈妈不太注意这点，常常在背后说别人的闲话，时间久了，孩子就容易学会说闲话。爱传闲话的孩子，朋友最少。在这里，我尤其要告诫女孩子们，千万注意不要在背后议论人。

**秘诀之三：自信——赢得大家的心**

我曾采访过农民企业家沈雯，他将一个村里的小蘑菇房，发展成为在四个国家有分公司的大企业——上海紫江集团公司。我问他成功的秘诀，他讲了两个字：“自信。”他说：“只有你相信自己一定能成功，和你一起干的人才会有信心，有动力。”

我访问了他周围的人。一位退休返聘的老工程师说，他愿意帮沈雯干，沈雯就是力量，跟他干，一定能成功！

与人交往中，自信心就如同吸铁石的磁力，会把许多有能力的人吸引过来。相信自己能行，便会攻无不克。有人说：“失去金钱的人损失甚少，失去健康的人损失极多，失去勇气的人损失一切。”

但是，自信不是自负。只觉得自己行、别人都不行的人，一定不会成功。这里，我想送给年轻的妈妈一句话，这句话是老教育学家陶行知先生说的：“滴自己的汗，吃自己的饭，自己的事自己干，靠人靠天靠祖上，不算是好汉。”

## 五、培养合作能力——学会微笑和赞美

良好的人际关系不仅能给人生带来快乐，还助人走向成功。

有人说，日本人喜欢下围棋，走这一步想着下一步；美国人喜欢打桥牌，研究上家和下家的配合；而中国人喜欢打麻将，防着上家，盯着下家。

这种说法虽然偏颇，但却反映出人们对中国人不善合作的批评。中国很早就流传着“一个和尚挑水喝，两个和尚抬水喝，三个和尚没水喝”的故事。

我们的孩子是属于21世纪的人，他们应该具有合作能力，否则就很难成功，所以，教会孩子与他人合作，是一个很重要的课题。

### 孩子与伙伴的合作

孩子中间的“头儿”，有一种团结人的本事。他能发现、发挥别人的优点，所以，伙伴们都喜欢他，愿意在他的“指挥”下游戏。有个被同学们称为“嘻嘻队长”的女孩子，一天总是笑嘻嘻的，从不向同学发脾气，在同学中享有较高的威信。

一次，两个男同学打架，难解难分之际，同学们找来“嘻嘻队长”。她没有上去拉架，只是说：“待会儿再打行吗？你们两个不是还要出板报吗？”两个男孩听了，挥挥拳头朝对方喊声“等着瞧”，就一个写一个画出起板报来，打架的事就过去了。

孩子们最不喜欢动不动就“告老师”的孩子。这种孩子长大了，也不是好的合作伙伴。如果孩子在你面前讲别的孩子的“坏话”或“告状”，做家长的

要表现出“无兴趣”，并引导他去发现别人的优点。

现代社会需要富有合作精神的人。有的父母很爱自己的孩子，但是却不愿意让自己的孩子与别的孩子玩，慢慢地，孩子养成孤僻的性格，很不合群，长大以后常常因为不能处理好人际关系而陷入苦恼之中。

你想让自己的孩子拥有快乐的人生，就一定要让他从小学会与人合作。

**1. 学会与人合作，就要真正认识到别人很重要**

与人交往，一定要尊重人、看重人，使对方觉得他在你心目中很重要。

我想起一个故事：在纽约街头，一个乞丐打扮的人在地摊上卖铅笔。一个商人从他身旁经过，把一枚一元的硬币丢进放铅笔的杯子里，匆忙踏进地铁。但他停了一下，又转身回来，走到卖铅笔人跟前，从杯中取走几支铅笔，并很抱歉地解释说，他匆忙中忘记取走铅笔，希望这个人不要太介意。他还说道：“你跟我都是商人。你是在卖铅笔，而且上面都有标价。”说完，他赶下一班地铁走了。几个月后，在一个社交聚会上，一位穿着整齐的推销员迎向这个商人：“你可能忘记了我，我也不知道你的名字，但我永远也忘不了你。你就是那个重新给我自尊的人。我从前是个卖铅笔的乞丐，直到那天你告诉我，我是一个商人为止。”

在这个世界上，每一个人都有很大的潜能，你不仅要知道自己的潜能，也要了解别人的潜能。你尊重了别人，别人也会尊重你、看重你，这样，你和他才有可能成为真正的朋友，你的事业才有可能获得成功。

**2. 学会与人合作，就要对别人真诚地感兴趣**

一个人只有真诚地对别人感兴趣，他才会得到很多朋友。有的父母只要孩子关心自己的学习成绩，其他的事情一律不许过问，久而久之，孩子养成了只关心自己的习惯，只要求别人满足自己，至于别人有什么困难，他们并不去想。他们享受不到帮助别人和得到别人帮助的乐趣。长春市一名 13 岁的少年，只因父母没有满足自己的要求，便以死来威胁父母，一周内竟然三次服药自杀，幸好被及时发现抢救脱险。

一个作家要想写出畅销书，一定要对读者感兴趣；一个艺术家要想赢得观众的掌声，一定要对观众感兴趣。

一位叫哲斯顿的大魔术师，40年中到世界各地去演出，共有6000万人看过他的表演。他成功的秘诀之一，就是始终对别人真诚地感兴趣。他总对自己说："我很幸福，因为这么多人来看我的表演。我要把最高明的手法表演给他们看。我爱我的观众，我爱我的每一个观众。"

孩子终究要走上社会，无论从事什么工作，都要和人打交道，只有对自己工作的对象感兴趣，才能焕发出一种热情，产生一种创造力。

**3. 学会与人合作，就要给予别人诚挚的关怀**

人与人之所以成为朋友，正缘于他们之间相互惦记，相互牵挂。

一次，我去宁波采访，当地一群《中国少年报》的小记者听说了，先跑来采访我。一个女孩问："我们有苦恼找知心姐姐，知心姐姐有苦恼找谁呀？"

诚挚的问话，一下子让我心里一热。我当了那么多年"知心姐姐"，经常听到孩子向我倾诉自己的烦恼，却很少有孩子关心我的烦恼。我激动地对她说："谢谢你对我的关心。我烦恼的时候，一是靠自己的好心态，更多的是靠朋友。"被人关爱的感觉真好！

显然，这种诚挚的关怀，会让彼此间的合作更加顺畅更加愉快。

## 孩子与老师的合作

师生之间，不仅仅是教与学的教学关系，而且也应该是朋友关系。老师是孩子走向社会遇到的第一个成年人。要让孩子也能走进成年人的世界，学会与成年人合作。

有一次，上海一名初中女生对我说："我的班主任老师是个党员，我很佩服她。可是有一件事使她在我心目中的地位完全丧失了，因为她作弊。上级要检查她的教学，她事先安排好谁第一个发言，谁第二个发言，并告诉同学们怎么说。这不是作弊是什么？”

我告诉她说：“老师作弊是不对的，但老师为什么要这样做？因为老师缺乏自信，怕学生不踊跃发言。你们没有给老师这种信心。如果你们对老师说：‘老师您放心，当有人来听课时，我们会比平时表现得更好。’那么老师就不事先安排了。”那名女生服气了，承认自己对老师支持得不够。

做父母的一定要注意，不要在背后讲老师的“坏话”，孩子如果在家中讲老师的“不是”，父母要站在老师的角度做孩子的工作，让孩子学会与成年人合作的本领。

## 孩子与家长的合作

这是如今最为紧张的一种关系。一个孩子，牵动着 2 至 6 位家长的心。孩子从小学会和不同年龄的家人友好合作，那么这孩子合作的能力一定很强。这里，占主导地位的是大人。家长与老师的教育不同，老师主要是施教，学生主要是受教；而家长主要是施爱，孩子主要是受爱。家长必须用爱教育孩子，和孩子商量办事。经常向孩子下命令和对孩子大声喊叫的父母亲，培养出的孩子或是蛮横不讲理，或是胆小怕事。

作为“知心姐姐”，我常常告诉孩子们如何与家长合作。其主要原则是学会体谅父母。

我曾接到过一个 17 岁高中男生打来的“知心电话”，他用低沉的声音问我：“昨天我看见我妈妈和一个陌生男人在公园里，我该怎么办？”我问他：“你父母的关系好吗？”“不好，经常吵着要离婚。”男孩子告诉我。“他们多大年纪了？”“50 多岁了。”

我明白了，这是一桩不幸的婚姻。为此男孩子承受着巨大的精神压力。

我告诉他：“一年后或当你成年后，你的父母可能会离婚。那时，你不要反对。幸福的婚姻维持下去是幸福的，不幸的婚姻解除掉，对父母来说也是幸福的。如果妈妈给你找个新的爸爸，你要表示欢迎；如果爸爸给你找个新的妈妈，你也要表示欢迎。你，永远是他们的儿子。儿子都是希望父母幸福的。关于昨天你在公园见到的事，永远不要对父母讲，你能做到吗？”

“能。”电话里传来深沉的声音，我的眼泪突然涌了出来。一个未成年的男孩子，要承受多么大的心理压力呀！但是，我必须让他学会面对现实，让他学会从父母的角度考虑问题。

## 夫妻之间的合作

家庭氛围，对孩子的成长至关重要。要营造一个良好的家庭生活氛围，夫妻之间就要很好地合作。现在许多父母离异、吵架，“恶劣”的环境，严重伤害了孩子的身心健康。

夫妻之间如何友好合作呢？

从许多幸福的家庭中，我找到两件“法宝”。

**法宝之一：激情和爱**

爱情之树，要靠激情来浇灌，才能根深叶茂，结满果实。初恋时，男人充满激情的亲吻，会令女人激动得流下热泪；女人充满激情的亲昵，也会使男人倾倒。结婚以后，一些年轻的夫妻都忽视了自己激情的魅力，整天对彼此熟视无睹，甚至变得冷冰冰的。爱情之树的枝叶开始枯黄了。

一次，我去外地讲课。一位职位很高的女领导干部，听了很受感动，邀请我去她家和她丈夫谈谈。她说，他们夫妇俩的关系很紧张。

我接受了她的邀请。走进她那装修得挺豪华的四居室的家，发现家庭气氛过于冷清。她的丈夫是某杂志社的摄影记者。女儿上了大学，住在学校。

“你跟‘知心姐姐’谈谈。”这位女士用命令的口气对丈夫说。我立刻觉得有点不自在。

“好吧，请到我的房间来。”男士站起身，我只好随他进去。

他说："我从小就看《中国少年报》，知道'知心姐姐'。今天，我要跟你讲点心里话，我一生中最大的不幸就是结婚！"

"为什么？"我不太理解。

"她根本不是一个女人，每天就会向我下命令。别的男人都拼命挣钱，给自己的妻子买衣服，可我却没那个情绪，我买的衣服她从来不穿，她说，当领导哪能穿这样的衣服！白天她很忙，晚上倒头就睡，醒了爬起来就走，像住旅馆一样。她这样无视我的存在，我觉得很没意思……"说着，他流泪了。

我惊呆了。这是我第一次看见男人痛苦的眼泪。同时，也第一次感觉到，女人对男人来说是多么重要。

这位女士送我出来时，问我她的丈夫跟我谈了什么，我如实地讲了她丈夫的苦恼。

女士也流泪了。"那我辞职回家做饭去。"她赌气说。

我说："我观察，你的丈夫不需要厨师，他需要一个妻子。在外面你是领导，在家你是他的妻子，你不该用命令的口气跟他讲话。再忙，你也该给他留下一片温柔。"

这件事已过去多年，但我却难以忘却。我觉得，即便是一个功绩显赫的女人，如果爱在她心中消失了，美的力量也就不复存在了。

做个女人的确不易。女人的爱要分成三份：一份给事业，一份给孩子，一份要留给丈夫。女人的爱，是事业成功的基石，是孩子成长的营养，也是丈夫生命的力量。

有人说："吃，悦己；穿，悦人。"婚后的女人，出门时才打扮自己；在家干活时，总是邋里邋遢，不注意仪表。其实，丈夫和孩子都希望每天看到的是一位端庄大方、整洁而美丽的女性。女人打扮自己，不光是给外人看，也该给家人看，给自己看。保持一种激情，女人的事业与家庭都会幸福。

现在，不少年轻夫妇闹离婚。从他们陈述的理由中，我们发现这样一个事实：许多婚后感情尚好的夫妻，从孩子诞生之日起，大吵小闹便接连不断，最终导致感情破裂。什么原因呢？请听一位司机的陈述。

“自从孩子出生后，她心里只有孩子没有我。白天，她支使我干这干那，买菜、做饭、煮奶、洗尿布……可到了晚上，她搂着孩子一起在大床上睡，让我去睡沙发，从来不愿理我。起初，我还忍着。后来，我觉得这个家越来越没意思，我在家里算什么？用人？奴隶？我不愿回家，每天下了班先到我妈那儿待一会儿，在街上遛几圈再回家。为这，她老跟我吵，说我不顾家，不管孩子……”

女方在陈述中说：“婚后感情还可以，生孩子以后烦夫妻生活！”“他脾气大，有了孩子后更厉害了，对家庭不负责任！……”

由此可见，孩子的出生，使家庭的人际关系复杂化了。如何养育孩子？如何分配家务？这一切都需要夫妻间的协调、理解和沟通。然而，初为人母的妻子却忽略了这一点，她们往往有意无意地把当初对丈夫的爱全部转移到孩子身上，在孩子身上倾注了所有的感情。与此同时，却忽略了丈夫的心理需求和生理需求。

丈夫、孩子，谁第一？东西方人的看法有很大的不同。西方人总是把夫妻之爱放在第一位，孩子出生后安排单独的房间或床，从不与父母住在一起，更不允许孩子挤占双方的位置。而中国的夫妻却为了孩子而腾出自己的情感空间，对孩子的爱也远远超过对配偶的关心，其结果是宠坏了孩子的同时，夫妻之间的感情也消失殆尽！

一位明智的母亲，不应该只顾在孩子身上倾注时间和精力，还应为孩子营造一个美满和谐的家庭环境，这需要夫妻间的亲密合作。把自己的丈夫放在一个合适的位置，在爱孩子的同时深爱自己的丈夫，这样不仅可以使夫妻之间的情爱绵绵，而且可以为孩子营建一个温馨幸福的家庭氛围，给孩子一份完整的父母之爱！这对于自己、对于丈夫、对于孩子，都是极为重要的。

**法宝之二：微笑与赞美**

微笑是友善的信号，赞美是赏识的外溢。

有一首歌，歌词中的一句话我一直铭刻在心："一句亲切的话语，也许胜过万钧雷霆。"我想，微笑和赞美有时真有这样的"威力"。

女人最需要微笑和赞美。男人对女人的微笑和赞美是对女人最好的激励。然而，现在的女人容易得到周围同事、朋友的微笑和赞美，却很难得到丈夫的微笑和赞美。丈夫的挑剔、指责、埋怨，常常使女人望而生畏、心灰意冷：炒菜怕丈夫嫌难吃，不敢做；买衣服怕丈夫嫌难看，不敢买。久而久之，就没有了做饭、买衣的兴趣，谁愿意干"费力不讨好"的事呢？

一些和妻子闹矛盾的男士来找我调解或倾诉时，我为他们开的"诊断书"上写的是"缺少微笑和赞美"。我对他们说：妻子工作一天，下班回来做好了饭，你却挑剔说："你炒的叫什么菜呀！"于是妻子就会说："你嫌我做得不好，以后你自己做吧。"如果你不服气，再添一句："做就做，大不了我去饭馆里吃，那儿的菜好吃，还不用听人唠叨！"……这样一来，你们俩准打架。你不妨换一种心态，想着妻子干了一天工作，回家还要做饭，多么辛苦，就会觉得饭菜很香。你如果能发自内心地赞美说："我妻子做的菜就是好吃，比饭馆做的又干净又好吃。"那你的妻子一定乐意为你做事。

我有一位女友在回忆因车祸死去的丈夫时说："每次他的朋友们来我家吃饭，我下厨房去炒菜，他一定要等我上桌再开饭。他总是在朋友面前夸耀说：'我最爱吃我妻子做的菜。'他的朋友们都很羡慕他有一个漂亮能干的妻子。我心里很高兴，多累也不嫌烦……"

妻子从丈夫的微笑和赞美中得到的是爱的信息。这种信息，是女人保持激情的源泉。

有一个日本人与妻子相处得很紧张，面临着离婚的危险。他的心理医生告诉他："你没有什么毛病，就是不会微笑。"他听了以后并未十分在意。第二天早晨，妻子拿衣服来给他穿，他忽然想起心理医生的话，朝妻子微笑了一下。妻子惊讶之余欣喜若狂，于是做了一顿十分丰盛的晚餐，等着他回来吃。吃晚餐的时候，他又想起医生的话，便又笑了一下。结果，夫妻关系竟一天天好起来。他的妻子幸福地对别的女人说:“我觉得像新婚一样。”这位丈夫，什么都没有做，仅仅是微笑就挽救了这桩婚姻。有许多男人，在外面对别的女人嘻嘻哈哈，一回到家里就对自己的妻子满脸“阶级斗争”，这没法不引起夫妻间的感情不和。

夫妻之间要互敬互爱，对别人的关心要及时表示感谢，对别人的成绩也要及时表示赞美。

父母之间这种微妙的合作，会直接影响到孩子，他们也会学着与他人友好地合作。

## 婆媳之间的合作

每一位年轻的妈妈都是婆婆的儿媳妇，因此有必要说一说与婆婆的合作。“婆媳是因一个男人而相遇的两个时代的两个女人。”婆媳关系历来被认为是最难处的。作为成长在新时代的年轻女性，应当体谅上一个时代过来的老人。婆婆心里希望让儿子得到母亲和妻子双重的爱，这也是人之常情。有的年轻媳妇爱当着婆婆的面让丈夫为自己盛饭、倒水……显示丈夫对自己的爱和顺从；婆婆则看不惯自己的儿子被支使，希望儿子得到别人的照顾……这些矛盾，并不难处理。如果你能勤快地为公公婆婆和丈夫做一些事，丈夫会觉得你很尊敬老人，一定会感谢你。

在这方面，我自认为做得不错，所以婆婆很疼爱我，我也很爱她。我总想:多得到一份妈妈的爱有多么好！跟婆婆对着干，给婆婆难堪，无疑也给丈夫难堪。自己有个儿子，早晚你也会成为婆婆，你愿意自己的媳妇也跟你别别扭扭的吗?

美国一位心理学家在他的著作中曾写过这样一段发人深思的话:

如果孩子生活在批评中，他便学会谴责。

如果孩子生活在敌视中，他便学会好斗。

如果孩子生活在恐惧中，他便学会忧心忡忡。

如果孩子生活在鼓励中，他便学会自信。

如果孩子生活在受欢迎的环境中，他便学会钟爱别人。

如果孩子生活在安全中，他便学会相信自己周围的人们。

如果孩子生活在友谊中，他便会觉得他生活在一个多么美好的世界。

试想，我们的孩子从小能够生长在一个充满文明、祥和、赞美和友谊的氛围中，那么，他们一定会是有情有义、有合作能力、善于与他人友好相处的乐观的人，他们的一生将充满爱，充满快乐和成功。

让我们为了这样的日子努力吧！

## 六、培养听说力和行动力

学会倾听，对方就会打开心扉，世界就会向我们打开新的窗口。

在现代社会，一个人要成功必须学会说话。

世界上许多奇思妙想都是通过手变成现实的。

别忘了脚的功劳，它会帮助我们走好人生路。

### 会倾听的耳朵

我们每人都有两只耳朵，耳朵的功能是倾听。

**1. 我们要学会倾听，倾听大自然的声音**

我们生活在大自然中，只要静心地用耳朵倾听，就能感觉到，大自然打开了它的大门，让我们听到风声、雨声、雷声、水声、小鸟的唱歌声、蝈蝈的演奏声、小狗的玩耍声、母鸡的报喜声、公鸡的打鸣声……于是，我们融入了大自然。

器官不用就会退化，我们可不想让孩子生活在无声的世界里。那么，假日里，就带上孩子，离开喧闹的城市，到野外去，到山里去，到海边去，到大自然中间去倾听，忘掉如山的作业，忘掉考试的成绩，忘掉往日的不快，只是去听，听平日听不到的声音，感受听的美妙！

**2. 我们要学会倾听，倾听对方的声音**

我们每天要跟人打交道，周围的人都是我们倾听的对象。大人要倾听孩子的声音，孩子也要倾听大人的声音；学生要倾听老师的声音，老师也要倾听学生的声音。只要我们专心倾听，就能够感觉到对方接纳了我们。

跟对方交谈时，无论是大人还是孩子，我们都要专注地看着对方，耐心地听他说话。虽然我们工作一天十分劳累，但当孩子向我们诉说时，我们要鼓励他说，尽量让孩子通过语言，把自己所有积极的、消极的情绪都表达出来。今天的孩子太缺少倾听者了！

人人都有喜怒哀乐，人人都希望与他人分享喜悦和悲哀，人人都渴望得到共鸣和理解，孩子自然也不例外。对孩子来说，与他们共享快乐或分担愤怒、恐惧、压抑、悲伤、哀愁等情感的最佳人选，无疑是他们的父母。

我们的耳朵要有“承受力”，不能只爱听“好话”，不爱听“坏话”。听到孩子带回“好消息”，便喜滋滋地摸摸孩子的头表示赞赏；可是听到“坏消息”，就嗤之以鼻，甚至劈头盖脸地训斥，即使很想对孩子的处境表示理解，也往往不知如何表达。

倾听需要修养。人长了一张嘴巴，耳朵却有两只，就是要少说多听。平日跟朋友交谈，虽然我们有一肚子的新鲜事，但还是要把更多的时间留给朋友，自己甘当“听众”，鼓励别人谈自己，让每个朋友都感受到有人倾听的快乐。假如朋友把“秘密”告诉我们，我们保证绝不乱说，因为这是倾听者应有的道德。

**3. 我们要学会倾听，倾听自己的回声**

我们每天都生活在自己的回声中，只要竖起耳朵就能听到。

一个男孩跟妈妈闹别扭，独自跑到大山里喊：“我恨你！”大山里也传来一个男孩的声音：“我恨你！”男孩害怕了，回家告诉妈妈，山里有个坏孩子说恨我。妈妈陪他又来到山里，让他冲着大山喊：“我爱你！我爱你！”果然，大山回应着：“我爱你！我爱你！”

这声音就是回声。回声是我们自己发出的声音的重复。我们要常常倾听自己的回声，检讨自己哪些话说得对，说得文明，哪些话说得不对，说得不文明。我们不要当着孩子说不应说的话，更不要在背后说别人的坏话。记住，孩子就是父母的回声。

学会倾听，对方就会打开心扉，世界就会向我们打开新的窗口。

## 会说话的嘴巴

说话是一门学问。

在现代社会里，一个人要成功必须学会说话。会说话是与别人沟通的一种重要能力。想让孩子成为会说话的现代人，要注意些什么呢？我来说说我的体会。

**1. 敢说话才能会说话**

当一名“知心姐姐”，经常要面对众人讲话。尤其是1986年孩子们强烈要求“知心姐姐”从报上走下来，我创办了“知心姐姐咨询活动”，参与创办了“知心电话”，经常要登上讲台，面对孩子、家长和教育工作者，谈我对人生、对教育的看法，向成人倾诉孩子的心声，向孩子转达成人的期望。

我最先要克服的是当众说话的恐惧心理。记得我第一次上台讲话，看到台下黑压压的人，紧张极了，浑身打战，手脚冰凉，脑子里一片空白，把背好的词全忘了……最后，只好拿出稿子来念。

后来，我拜访了著名的故事大王孙敬修老师。孙老师向我传授了当众说话的几点“秘诀”。

一是讲话要吸引人。如果上场时会场乱哄哄的，你不必大喊大叫：“大家安静……”这样，即使暂时安静了，你的讲话不吸引人，场上还会乱起来。面对第一排关注你的孩子，你先小声讲一个故事。一会儿，孩子们笑起来，后面孩子就会急了：“孙爷爷说什么了，我没听见……”带着遗憾，他们的注意力会全集中到台上，生怕再落下什么有趣的事。这样，场上自然会安静下来，你便可以言归正传了。

二是眼睛不必去看那些不听讲的、交头接耳的、睡大觉的，你如果注意看他们，就会影响自己的情绪。你只要选定一两个表情丰富、能与你互动的人，即你笑他也笑，你难过他也会掉泪，你激动他会鼓掌的人……面对这样的人，你会始终情绪饱满。

三是如果你实在是一见人就紧张，那不如把台下的人头看成是萝卜、青菜、土豆，视而不见，完全进入自己的状态，全神贯注地去讲，也能够引人入胜。

孙老师的一番话，让我茅塞顿开。跟孩子说话实在是一门大学问，难怪一代又一代的小朋友都爱听他讲故事！

我开始一边实践，一边摸索。经过十几年的努力，我终于找到了克服恐惧的三个方法。

（1）深呼吸法。上台前先做30秒的深呼吸，这样可以提神，也可以起到为自己“打气”的作用。

（2）自我暗示法。往台上走，心中反复告诉自己：“我很棒，讲话算什么，我能行！”

（3）主动交流法。主动与台下听众交流，语气恢复到正常说话的状态，不拿腔拿调，不时用提问法请听众参与。这样，心情就会放松，也会引起台下共鸣。

现在上台讲话，无论有多少人听我都从容不迫了。

**2. 练说话就能说好话**

俗话说："台上三分钟，台下十年功。"说话的能力，通过勤学苦练是可以提高的。有一个孩子，小时候说话结巴，老师、同学都笑他，可他却立志要成为最有魅力的演说家。他喜欢看书，也喜欢到法庭听别人辩论。平时，他看到树林就对树林说话，看到小狗便对小狗说话，随时随地在学习演讲，后来，他的理想真的实现了。

有些小孩说话结巴，很让父母焦急。其实，说话结巴的人往往聪明，思维能力强，由于"心理语速"比"口齿语速"快，才出现语言表达不连贯的现象。越是急于表达，就越害怕表达，于是便结巴起来。

我儿子小时候说话也有点儿结巴。我提醒他："慢慢说，别结巴……"结果，他结巴得更厉害了。后来，我意识到：你提醒他"别结巴"，实际上是在提醒他"你结巴"，反而加重了他的心理负担。我索性不去理会他这个毛病了，他说什么我都耐心听，慢慢地，他结巴的毛病好多了。

六岁时，儿子从幼儿园毕业了。我参加了他的毕业典礼。

小朋友们一个接一个上台表演节目。

我担心地想：我儿子能演什么呢？他说话结巴……

出乎意料——儿子大大方方地跟一个小男孩表演了相声！他俩幽默的语言逗得大家哈哈大笑。我惊奇地发现，5 分钟的相声，儿子说得十分流畅，没有一处结巴！

"儿子，你真棒！"我在心里大声喊着，两行热泪不知不觉流淌下来。我明白了，儿子的心理障碍解除了——现在于他而言，上台说话是一件很平常的事情，没有什么了不起的。

儿子上小学后，通过竞选当上了学校电视台的副台长，主持《开心一刻》节目。在中学和大学里，他仍然是学校的活跃分子，自编、自导、自演的小品，还在大学生自创大赛中荣获最佳表演奖。

真是“有心栽花花不发，无心插柳柳成荫”啊！我怎么也想不到，一个曾经在语言上有障碍的孩子，竟然在语言上也能有这样的造诣。

**3. 准备好才能讲得好**

要想讲得好，就要做到准备好了再上台。没有准备就站在听众面前，与不穿好衣服就出来一样使人难堪。我的体会是，要想讲得好，只用大纲，不用讲稿。照着讲稿讲话，对听众来说是一件很枯燥的事情，听众会因为缺少交流而失去听的兴趣。每次讲话前，我都要先准备好一个大纲，在每个问题下面写上要讲内容的题目。这样讲话有顺序，体系完整，不至于东拉西扯。我还要准备一个精彩的开头，以引人入胜，但绝不说没用的套话。最重要的是，我以充沛的精力和热忱的心去面对听众——我相信，只有自己感动，才会感动别人。

每次上台讲话前，我都针对不同的对象做不同的准备。准备不是写稿，而是构思。这是一个挺艰苦的过程，真有点儿“受煎熬”的感觉。有时，我坐在桌前，关上灯，掩卷沉思——黑暗中，面前出现的是无数孩子、家长和老师企盼的目光……这促使我打开心灵情感的闸门，一句句充满激情的语言从心里涌出。当“文思如泉涌”时，我立刻打开台灯，演讲提纲挥笔而就。我许多获得好评的讲话和文章就是这样诞生的。也有实在憋得难受的时候，那我就走到室外去，仰望美丽、静谧的夜空，展开想象的翅膀，对月亮说，对星星说……心旷神怡时，奇妙的构思会突然冒出来。我马上回屋写下来，第二天清晨再用心想一遍。经过这样的思索过程，思想会出现一个飞跃，“心路”变得十分清晰，不用稿子，讲上几小时，也可以做到文思不乱，既有一定的逻辑性，又能够保持足够的激情。

讲话，虽然出自口齿，但实际上是在用“心”。

教孩子讲话，不是让他重复大人的语言，也不是让他讲套话，而是鼓励他讲出自己心里的话。

作为父母，要教会孩子说话。会说话，是他们迎接新世纪挑战的一项能力，也是帮助他们早日成功的一项素质。

## 会操作的双手

手，是伟大的。

世界上有许多奇思妙想，都是通过手变成现实的。劳动的手创造了世界，也造就了人类自己。

**1. 手，要从小锻炼它，它才会劳动**

现在，人们的物质生活越来越好，许多孩子应该做也能做的事父母都给包办代替了，孩子很少参加劳动，结果，孩子手的功能退化了。

一次，我带孩子们去一个自然保护区参加夏令营活动。第一天早餐，一个女孩拿着一个煮鸡蛋发愣。

我问："你怎么不吃啊？不喜欢吗？"

她告诉我说，这个鸡蛋跟家里吃的不一样。

"怎么不一样呢？"我奇怪。

"我家的鸡蛋是白白的，软软的，这个鸡蛋太硬，是红的。"女孩为难地说。

我忍不住笑了，一了解才知道，这个女孩从小就没有见过熟鸡蛋的剥皮过程，每次吃鸡蛋都是妈妈或者姥姥剥好了端上来。

一位长期为学生搞军训的军官告诉我，他问过一个小学生："你知道鸡蛋是哪里来的吗？"小学生想也没想就回答："妈妈从冰箱里拿出来的呗！"

孩子们手的功能就这样在父母的溺爱中退化了。

要让孩子学会动手，父母就要放开手。

**2. 手，要经常使用它，它才能变得灵巧**

人们常说"心灵手巧"，脑越用越灵，手越用越巧。边晓春是一个性格内向的女孩，平时不爱劳动，也很少有创新思维，她想改变自己，于是寒假里向妈妈学刻水仙花。她边刻边研究水仙花的组织结构，发现不懂的问题就独自去图书馆查资料。后来，她写出了一篇小论文，还在北京市获了奖。为此，她得到了去韩国首尔参加第一届亚太青少年科学节的机会。她的爸爸说："真没有想到，仅仅是刻水仙花这一件小事，就促使女儿开始了科学探索。"

**3. 手，要珍惜它，它才能创造奇迹**

重庆市有一个严重残疾的女清洁工高中兰，两岁时家里发生的火灾使她失去了健全的双手，左手只有四个变形的手指，右手臂高位截肢。然而，她用残手断臂创造了奇迹——每天劳动，最终搬走了一座5000吨的垃圾山。

孩子的手也很了不起，"中国少年儿童手拉手地球村"的小村民，在两年的时间里，用一双双小手回收废品中有用的东西，一点一滴地攒起89万元，为江西、甘肃、山西等贫困地区小伙伴建起了四所"手拉手环保小学"和上百个"手拉手书屋"。在20世纪末，"中国少年儿童手拉手地球村"荣获了世界环保大奖——福特汽车环保奖最高奖项"长城奖"。

如果孩子们的手都能创造奇迹，这个世界该有多美好啊！

进入新的世纪，手，还要学会操作电脑。由于有了互联网，世界变成了一个巨大的村落，只要轻轻按动鼠标，坐在家里便可以遨游天下，了解各种信息，学习各种知识，享受高科技带给我们的便利服务。

这一代孩子被称为"网上的一代"，一点儿也不过分。

如今，小"电脑迷"不计其数。他们的小手操作起来速度之快，有时候真让人眼花缭乱：他们给你在屏幕上呈现出一个漂亮的画面，你还没弄明白是怎么回事，他们的小手噼里啪啦一阵儿鼓捣，另一个漂亮的画面又出现了……你想要找资料吗？别着急，他们又是噼里啪啦一阵儿——你要的东西全出来了！嘿！你瞧——多棒！

我们的孩子生活在信息化时代，如果他们这方面的素质跟不上时代发展，我们整个国家就很难在未来成为社会主义现代化强国。

计算机知识，你的孩子具备了吗？你帮助他们做好迎接信息时代挑战的准备了吗？

## 会走路的双脚

脚，是神奇的。

每天早晨，我们一起床，就会把它塞进鞋子里，站起来，又将全身的重量加给它，这一双脚带着我们去学习、去打球……被鞋子焐出臭味来的是它，累得又酸又痛的还是它。

脚，有着“光荣历史”。当年震惊世界的二万五千里长征，正是红军战士凭着一双脚板，一步一步地走出来的。

现在，交通发达了，出门可以乘汽车、火车、飞机、轮船，也可以骑自行车，走路的机会越来越少了。我真担心，哪一天脚的功能退化到不会走路了，那人不是白白长了两只脚？

我们既然有两只脚，就要锻炼它，不停地给它刺激，让脚的功能得到最大的发挥。

根据中医学的观点，人的脚底有很多穴位和经脉，与我们的五脏六腑都是相通的。只要用力按压脚底不同的位置，发现哪里疼，八成是身体上与之相关的器官出了毛病。因此，人们摸索出用足底按摩来治疗全身疾病的方法。

三十多年前，日本科学家发现某地区的人长得特别高。经过深入的观察，这里的人吃的喝的都很普通，唯一不同的，是他们每天光着脚，在当地特有的凸凹不平的路面上行走。于是，科学家们分析出，刺激脚底会有增高的效果。其实，人穿鞋的历史并不长，我们的老祖先不都是光着脚在地上走的吗？婴儿学走路的时候，也是双脚放松，用五个脚趾用力地抓地，才使身体得到锻炼并促进发育的。

一次环保夏令营，环保博士李皓带领小营员一起光着脚丫在草地、土地上走，孩子们以前很少经历脚与土地的直接接触，现在都感到神清气爽，舒服极了。

从美国回来的朋友告诉我，现在那里的男女老少掀起了走路运动的风潮，每天早晨或者傍晚，许多人穿上“走鞋”，快速行走半小时以上，直到走出汗。这时再坐下来看书或工作，精力特别容易集中，工作效率也特别高。

我们有的父母舍不得让孩子走路，孩子也懒得走，出门就乘车，结果走不了远路。很多学校组织学生远足，一些孩子走不了多远就头晕恶心，更谈不上坚持走完全程了。

人生的路很长很长，要靠孩子自己去走。一路上，不仅有灿烂的阳光，也会有风风雨雨；有平坦笔直的大道，也会有崎岖不平的小路。作为父母，我们要教会孩子走路，最重要的是告诉他们，遇到困难的时候，要勇敢积极地去面对，坚定不移地走下去，成功就在前面招手。

## 七、学会保护自己

生命是父母送给孩子的最珍贵的礼物，要好好保护。机智和勇敢是自救的武器，知识与能力是自护的法宝。

你会保护自己吗？

假如你被人绑架，你能逃脱自救吗？

天津南开小学 11 岁的谢尚逸就能凭着勇敢和智慧死里逃生。谢尚逸跟随父母从浙江温州来到天津上学，他的姑姑经营的鞋业买卖兴隆，家乡人都挺羡慕他们。但也有 4 个坏家伙起了罪恶的念头，就是绑架小尚逸，敲诈他们家的钱财。

一天凌晨，4 个坏蛋隐藏在谢尚逸上学的途中，并用温州话叫住了背着书包上学的谢尚逸。

“我们是老家来的，给你姑姑捎来一盘录像带，给你拿走。”几个人说着，把小尚逸引到早已准备好的一辆桑塔纳轿车前，等尚逸刚刚靠近，冷不防将他推进汽车里疾驶而去。

谢尚逸顿时明白了，自己的处境十分危险。他先央求对方说：“叔叔，我还得考试呢，你放了我吧！”

歹徒说：“你再说话，就弄死你！”

聪明的小尚逸没哭也没闹，心里一直盘算着怎样脱离虎口。首先，他想到的是应该让家长及时知道自己的情况。于是，他央求说：“能不能告诉我爸爸一声，我今天考不成试了。”

歹徒自以为实施敲诈的机会到了，便问了谢尚逸家里的电话。7 点 40 分，他们打通了谢尚逸父亲的电话，称小尚逸被绑架了，让谢尚逸的父亲交出 50 万元的赎金来换回谢尚逸。

8 点左右，家人向管界派出所报了案。南开公安分局刑侦支队一大队迅速开展全面侦查。

从上午 10 点到下午 4 点，歹徒多次打电话威胁谢家，最后双方约定在北京某地交钱。南开分局刑警迅速赶往北京，会同北京的警方在约定地点守候了 5 个小时。

下午 3 点多，谢尚逸被歹徒押到保定郊区事先准备好的一间 8 平方米的小平房里。歹徒把小尚逸的手脚死死捆住，将他扔在地上。

“哎哟！”小尚逸大声喊着痛，“我被绳子勒得血液不通，一会儿死了，我爸爸肯定不给你们钱。”

歹徒一听，怕谢尚逸真的死了，自己的计划也落空了，便将他手脚上的绳子松了松，把一床棉被铺在地上，把他放在了上面。歹徒们将门锁上，开车去北京接钱了。

小平房的窗子已经用木板钉死了，里面黑得吓人。可是小尚逸很镇静，他静静地躺在棉被上倾听着外面的动静。

外面一点声音也没有了，谢尚逸确认歹徒们已经走远，就用舌头慢慢地顶出堵在嘴里的破布，然后使劲儿扭动着身体，蹭到屋内唯一的一个立柜前，用立柜的角拼命摩擦着绑在胳膊上的绳子……整整两个小时，终于将双臂上绑着的绳子磨断。谢尚逸又解开脚上的绳子，走到窗户前，使劲儿地掰窗户上钉着的木板。终于，他将一块木板掰了下来。

可以逃出去了！谢尚逸没有忘记自己的书包——他先把书包扔出窗口，自己才跟着钻了出来。

他快步离开小平房，匆匆往前走。他低着头走着，不向任何人问路，直到看见迎面走来一位老大爷，他才上前求救。

“老大爷，您好！我想问一下，这是哪儿？”

“这是保定啊！”老大爷十分惊讶。

“老大爷，我被人绑架了，您能帮助我吗？”

“那得上公安局啊！”

“我是被人从天津绑来的，求求您救救我吧！”说完，谢尚逸向老人深深地鞠了一躬。

老人说：“孩子，快过来，我帮你想办法。”

老人托人将小尚逸送到了派出所。保定市警方立即通知了天津警方。

天津南开分局刑侦支队一大队，迅速派人赶到保定接小尚逸，并在那间小平房附近埋伏下来。

第二天凌晨，3 名从北京取钱返回的歹徒被抓获。公安干警又顺藤摸瓜赶到石家庄，将另一个准备接应的歹徒抓获。

从案发到破案，仅仅用了 22 个小时。大家都夸奖谢尚逸的机智勇敢，帮助警方迅速破获了这起绑架案。

天津南开区南开小学召开大会，表彰四年级的学生谢尚逸在绑架案中，智斗歹徒、巧妙脱身的英勇行为，称他是“机智勇敢好少年”，并号召全校师生学习他的勇敢精神。

听了谢尚逸的故事，你一定也很佩服他吧！他的确很棒！

谢尚逸被绑架后临危不惧，遇险不慌，他首先想到要跟家中取得联系，依靠父母来救他，这是他最聪明的地方。假如他不知道家中的电话号码，或不能想出好主意骗歹徒给爸爸打电话，他就有可能受到伤害。

另外，他逃出来后，能沉着镇静地处理事情，选中可靠的老人求救，获得了有效的帮助，这又是他智慧的表现。假如他跑出来后慌里慌张，找错了人求救，也许会再入虎口。

通过这件事，我们可以看到机智和勇敢是自救的武器，知识与能力是自护的法宝。我们要从小学会自护自救。

如果你独自在家，有陌生人敲门，无论他说什么好话，你一定不能开门；如果他还是不断地敲，你就小声而有力地说："别敲了，我爸爸正在休息！"如果你经常一个人在家，可以事先把爸爸说话的声音录下，遇到有人敲个不停时，你就打开播放，把爸爸的声音放出去。坏人听了，以为你的爸爸在家，就会被吓跑。如果有人撬门，你要立即从窗口大声呼救，或者用电话拨打 110 报警。

如果你独自走在回家的路上，发现有陌生人尾随你时，你千万不要慌，可以跑到人多的地方把"尾巴"甩掉；如果那人紧跟着不放，你可以大声呼救，或者赶快去告诉警察。要注意，千万不能让陌生人尾随着你回家，更不要逃到废弃房屋、死胡同等没人的地方。

如果你独自乘坐公共汽车，有人对你无礼，你要大声叫喊，千万不要害怕。你大声叫喊，坏人反而害怕了，就不会再纠缠你了。

如果你住的楼房着火，一摸家门的把手已经烫手，这说明外面的火势很大了。这时候，你千万不要出门，而要马上用水把全身的衣服弄湿，用湿毛巾捂住口鼻，迅速地把一张床单撕成一条条的样子，编成绳子，一头捆在暖气管上，一头捆在自己的腰上。捆结实了，你就爬出窗户，等待消防队员来救你。

如果你在家学着炒菜不小心使油锅着了火，你要迅速盖上锅盖或者放进已经切好的蔬菜，让火与空气隔离，千万不要往油锅里放水。

如果你外出游玩，也一定要注意安全，远离危险，不要让自己伤着、碰着。假如发生了意外，比如身上起火，你也不必惊慌，只要就地打几个滚儿，身上的火就会灭掉。

如果你发生骨折，要马上用凉水敷，不要用热水，以免血管扩张出现红肿，最好还要用硬板固定住伤处，等着医生做治疗。

如果你要确保安全，不要把贵重物品随意显露出来，最好不要穿价格昂贵的服装、鞋子上学，更不要带太多的钱出门，不要独自去网吧玩，小心被不怀好意的人勒索钱财。

如果你因各种情况，放学回家很晚而又没有同学陪伴时，应该在学校给家里或熟人打个电话，请求来人把自己接走。

……

你要背熟自己家、父母单位的电话号码及自己家的住址，但不要告诉别人，尤其不要在公共场所跟同学说起，以防坏人有机可乘。

总之，自护自救的能力要从小培养。父母、老师、亲友不可能时时刻刻在你身边保护你，随着你慢慢长大，你要学会独立生活、独立做事，所以就要学会保护自己。你的生命是爸爸妈妈送给你的最珍贵的礼物，你可要好好保护呀！

## 八、学会大声说“不”

假如你孩子的人格尊严受到侵犯，你要告诉他，可以大声说：“不！”

维护人格尊严是公民的基本权利。我国《宪法》第38条明确规定：“中华人民共和国公民的人格尊严不受侵犯。”《未成年人保护法》第4条规定：“要尊重未成年人的人格尊严。”第8条规定：“父母或者其他监护人……不得虐待未成年人。”儿童也是公民，假如你孩子的人格尊严受到侵犯，你要告诉他，可以大声说：“不！”

在家长的头脑中，往往有一种错误观念："老师怎么会有错呢，一定是孩子不听话！"有的家长甚至对老师说："我这个孩子交给您了，您看着办吧，要是不听话，您就打他。"这些都反映出家长对儿童的保护意识非常差。

家长这种认识误区会直接影响孩子的身心健康。有些孩子在学校或者社会上受到什么委屈、挨了打，回家总不敢告诉父母，怕父母不但不会同情理解，反而还会再打上一顿。于是，孩子就把委屈憋在心里。长期的压抑和心灵的伤害，使他们有的变得胆小怕事、畏缩不前、自卑自弃、逆来顺受，走向社会也抬不起头来，这种孩子很容易上当受骗；有的则产生强烈的反抗意识，对弱小的同学施暴以发泄心中的不满，这样的孩子极易走上犯罪的道路。

一位工读学校的校长曾经讲过："可以肯定地说，进入工读学校的这些学生，之所以行为偏常，主要原因是原来所在学校在教育上有或多或少的失误，家长可能也应该负一定的责任。那些受了冤枉没处说理的学生，犯了错误得不到改正机会的学生，非常容易在这些打击和挫折中不知不觉形成一种扭曲的个性，或者产生不健康的心理。"

我国已经出台的保护儿童权利的有关法律告诉我们，儿童不仅有生命权、健康权、受教育权和发展权，同时还享有学校保护、家庭保护、社会保护等权利。

我们要把孩子培养成堂堂正正的人，那么就要教育孩子面对侵犯自己权利的任何行为时，都要大声地说："不！"

## 九、学会勇敢

培养勇气、征服自卑、建立自信最好的办法，就是去做你应该做但又害怕做的事，直到取得成功。

"世界是勇敢者的。"这句话是发现新大陆的航海家哥伦布用一生的体验总结出来的。

每个人都有未被发现的“新大陆”，这就是潜能。一般人一生只开发了自己潜能的1%～4%。有勇气去争取胜利的人，才有可能去发现自己的“新大陆”。培养勇气、征服自卑、建立自信最好的办法，就是去做你应该做但又害怕做的事，直到取得成功。下面，我向你介绍“培养勇气的八大法宝”。

**1. 上课大胆发言**

上课不敢发言的同学，并不是不会，往往是因为他缺少自信。他常常这样想：“如果我答错了，老师会批评我，同学们会嘲笑我，等下一次再发言吧。”结果，下一次机会来了，他仍然不敢发言，于是他会变得更加胆小。其实他想错了，因为即使他说得不对，老师一纠正，自己就会明白，而且记得更牢。胆小的人要主动发言，争取第一个。

**2. 走路挺胸抬头**

如果你仔细观察人的走路姿势，就会发现，人走路的姿势能反映出这个人的情绪。自信的人挺胸抬头，自卑的人含胸低头。走路时，你只要把胸挺起来，把头抬起来，就会觉得自己很优秀，别人也会认为你很自信，愿意和你一起做事。

**3. 用眼睛注视对方**

和别人讲话时，要正视别人，看着对方的眼睛。正视别人等于告诉他：我很诚实，而且光明正大，我相信你说的话是真的。用眼睛正视别人，不但能给你信心，也能赢得别人的信任。

**4. 认为自己独一无二**

任何一个人都有别人没有的长处。你只要找出自己与众不同的地方，你就会为自己而骄傲，勇气自然会回到你身上。

**5. 把“我”想成“我们”**

胆小的时候，往往把“我”想成一个独立的个体，感到无助，产生自卑。如果把“我”想成“我们”，就会减少压力。就拿考试来说，你这次考砸了，你要想一想考砸的绝不止你一个，还会有别人，如果你想着是“我们”考砸了，压力就会小得多。

**6. 给朋友写信**

感到心烦的时候，如果你给自己的朋友写封信，倾诉自己心中的烦恼，无论对方是否回信，你都会觉得轻松许多。如果对方给你回信了，告诉你这是件小事，不必放在心上，你自己也会认为，这没什么大不了的，就不会再为这点事而影响自己的情绪。

**7. 面对高山田野大喊大叫**

如果你觉得自己实在是胆小怕事，说话声音像蚊子叫，你不妨让父母带你去登山或去郊游，面对高山、田野，你可以尽情地大喊大叫，这时你立刻会觉得自己声音十分洪亮、好听，发现自己原来也很伟大。当然千万不要在家里、学校或公共场所大喊大叫，那样，会影响别人正常的工作、生活。

**8. 常对自己说“我能行”**

“我能行”是一种很强的正信息。你天天对自己讲几遍“我能行”，越是害怕做的事（当然是指做正事、做好事），越要鼓励自己“我能行”，当你做了你一直害怕做的事，你会发现，自己勇气大增，真的很能行。

# 第八章　学会学习　终身受益

做家长的，都希望自己的孩子从小努力学习，长大成为有用的人，这是对的。问题是，有的家长把“努力学习”片面地理解为死读书，让孩子整天做题、补习、考试……有位父亲为了让孩子考上大学，竟把孩子锁在家中，不许他上学。他让孩子每天清晨5点起床，深夜12点才准睡觉，逼着孩子把课本、习题、答案全背下来，其他的书一律不准看。结果孩子虽然在13岁时就考上了大学，但好像早已与世隔绝，连长江的源头在哪里这些基本的地理常识都不知道……

对中小学生的家长来说，培养孩子要弄清一个问题：什么是有用的人？我们说，真正有用的人，是那些有理想、有道德、有知识、有体力的人，是懂得终身学习的人。只有这样，他们才能适应21世纪飞速发展的变化。

联合国教科文组织在《学会生存宣言》中指出：“未来的文盲不是不识字的人，而是不会学习的人。”这就说明，教会孩子学习，教会孩子终身学习是一个被全人类所关注的问题。

21世纪是知识经济时代，这个时代需要的是有创造力、勤于开拓的人。不会学习，就掌握不了新的知识，也就不会有创造的能力。孩子只有从小学会独立学习，养成热爱学习的好习惯，长大了才能够独立地生存在这个世界上。

3000年前，古希腊生物学家、教育家普罗塔戈曾经讲过一句话：“头脑不是一个要被填满的容器，而是一支需被点燃的火把。”

2500年前，中国古代大教育家孔子教导学生说：“学而不思则罔，思而不学则殆。”

两位古代教育家讲了同样一个道理：学习的过程是开发大脑的过程，这是一项需要终身从事的事业。也就是说，要一辈子学习，要一辈子补充知识。

让孩子学会学习，并不是让他们一定要做出什么经天纬地的“伟大”事迹，而是要让孩子懂得，无论从事什么职业，学习都是他们体现价值、创造成绩的必要准备。“行行出状元”，只要努力学习，就都能够创造出优异的成绩。

在新中国成立50周年“光辉的历程”成就展上，有一个“英雄长廊”，悬挂着新中国各行各业涌现出的53位先进典型的照片。其中既有像钱三强、华罗庚等这样学识渊博的科学界泰斗，也有像徐虎、李素丽这样的普通劳动者。群星灿烂，各有千秋，他们是我国各条战线上名副其实的明星、“状元”。

进入知识经济的时代，人才的重要性越来越被人们所认识，大学无疑是培养人才的重要园地，但绝不是说只有上了大学才能成为人才。实际上，一个人在学校接受的是基本教育，尽管它十分重要，但毕竟不是人一生所受教育的全部。因此，家长要帮助孩子培养热爱学习、终身热爱学习的习惯。

家长如何能够做到让孩子学会学习、终身热爱学习呢？总的来说有以下三点：

一是培养孩子学习的兴趣。孩子在学习中出现了问题，家长不要马上告诉他解决的办法或者答案，而是要鼓励孩子自己去读书、查阅资料，当孩子通过自己的努力找到答案时，便会欣喜若狂，感受到成功的快乐，品尝到学习的乐趣。

二是开阔孩子的视野。节假日，不要总把孩子关在家里，要带他们出去参观、旅游或者会见有学问的人，让孩子更多地了解世界，也便于开拓他们的思路。

三是鼓励孩子多动手。动手实践，是掌握真知的重要途径。在家里，可以为孩子准备一个工具箱，什么东西坏了，都尽量让孩子去修理。这也是学习，而且是更好的学习。

作为家长，要清楚地明白这样一个道理：你不能够陪孩子一辈子，不能帮孩子一辈子。“授人以鱼，不如授人以渔。”留给孩子金钱、住房、汽车等财富，不如教给孩子一个学习的好习惯，只有学习，才能够让孩子受益一生。

## 一、要学会思考

经过了思考完成的作业，就是最好的作业。你说说，这样培养善于思考的好习惯的方法，难不难呢？

俗话说："眉头一皱，计上心来；灵机一动，难题解开。"意思是，如果一个人会思考，那么做事、学习就容易获得成功。

人善于思考其实就是善于提出疑问，也就是要学会提问题，学会问"为什么"。

我们都知道蒸汽机的发明者是瓦特，如果他在幼年的时候，看到烧开了水的壶盖被热气顶开的情景，并没有仔细想，没有问几个"为什么"的话，那么肯定不会有后来的那项划时代的发明。也正是由于瓦特对事物仔细地观察、认真地思考，才为他后来的成就打下了良好的基础；也正是由于他对事物仔细地观察、认真地思考，使一个司空见惯的生活现象，成为一项伟大发明的重要启示。

如果你也想成为一个会思考的人，请跟我一起来做一种开启思维的训练吧！

其实，这种训练的方法十分简单，就是要求我们遇事学会"加一加、减一减、扩一扩、缩一缩、变一变"，也就是说，对于任何一件事物，我们都要从多个方面来认识它，都要往多个方面想一想它的用处。经常进行这种思维训练，非常有利于开发自己的思维，说不定哪一天你也可以成为一个发明家呢！

人在少年儿童时代最容易产生好奇心，好奇心又往往是创造性思维的开始。问题是，有的孩子善于提出疑问并且善于思考，而且懂得如何在实践中体验；而有的孩子却不善于思考，更懒得去实践，结果造成了在一样的成长环境中长大的孩子思维差异却很大。前面那种孩子具备了成为有创新精神和实践能力的人才的良好素质，而后一种孩子却只能变成人云亦云，没有什么竞争和发展能力的平庸之辈。

善于提问、善于思考的好习惯是要从小培养的。如何培养呢？是不是很困难？我的回答就是：做好自己的作业。

你一定会觉得这像是在开玩笑吧？但如果你听了下面这个故事，我相信，你就不会再有这样的想法了。

讲故事的是一位带着儿子在美国学习的父亲，故事讲的是“美国小学生的家庭作业”。

当我把9岁的儿子带到美国，送进美国小学时，我像是把自己最心爱的东西交给了一个我并不信任的人保管一样，整天忧心忡忡。

儿子放学之后，常去图书馆，背回一大书包的书，边看书边打电脑。当我问他，借这么多书干什么用时，他头也不抬地回答：“作业！”

一看电脑屏幕上的标题，我简直有些哭笑不得——“中国的昨天和今天”，这样的题目，就是博士论文也未必敢用这么大的口气啊！我问儿子，这是谁的主意。儿子坦言相告：老师说美国是移民国家，是来自不同国度的人组成的社会。每一个同学要写一篇介绍自己祖先生活的国度的文章，不仅要概括这个国家的历史、地理和文化，还要分析它与美国的不同，最后还要说明对这些问题的看法。我听了，连叹息的力气和精神都没有了。“这也叫作业？”

过了几天，儿子完成了这篇作业——一本20多页的打印出来的小册子。这里面写得可谓是热热闹闹：从九曲黄河到象形文字，从丝绸之路到五星红旗……这时的我有点发蒙：一是看到他把作业分出了章与节，二是在文章最后还列出了参考书目。这不是我读了研究生之后才运用的写作方式吗？

儿子上六年级时，老师布置过一次关于“二次大战”的作业，一连串的问题居然让我也有些意外呢。“你认为谁该对这场战争负有责任？”“你认为纳粹德国失败的原因是什么？”“如果你是杜鲁门总统的高级顾问，你将对美国投放原子弹持什么意见？”“你认为今天避免战争的最好办法是什么？”……

看着12岁的儿子为完成作业而兴致勃勃地看书、查资料的样子，我不禁想到当年我学战争史的情形：按照年代、地点硬背下发生的事件和书中的有关结论。明知是迂腐而无益的，但为了通过考试，又怎么能不这样做呢。

从上面的故事里，我们看到了一种与我们平时完全不同的做作业的方式，那就是通过思考来完成所做的作业。

经过了思考完成的作业，就是最好的作业。你说说，这样培养善于思考的好习惯的方法，难不难呢？

## 二、谁来解答孩子的为什么

孩子提出的“为什么”，你不必马上直接回答，应该引导他，让他自己从书本上、实践中找答案。

爱思考的孩子总爱问“为什么”，我们的孩子就是在解开一个个“为什么”的谜团中长大的。

可是，面对孩子数不清的“为什么”，父母、老师常常束手无策。

一天，一对年轻夫妇领着他们8岁的儿子来见我，说他们的儿子是“问题儿童”，让我帮忙看看“问题”出在哪里。

“你最喜欢研究什么问题？”我和这个男孩聊起来。

“汽车、武器、电脑、宇宙。”男孩回答。

“那好，请你谈谈你的研究成果吧！”我对他的回答很感兴趣。

他一口气讲出18种汽车的名称、产地、速度和价格，俨然是个汽车方面的“专家”。他说，这些汽车的标牌自己都能画出来。接着，他又说出十几种武器和数十种电脑的名称和性能，还向我说了自己想出来的消灭战争的办法……

我惊讶不已，问:“你几岁？”

“8 岁呀！”他一定觉得我的提问很怪。

“你这些知识是从哪儿得来的？”我又问。

“看书呀。有的是我发现的。”

“你们的孩子很了不起，不但没有问题，而且极为聪明，请你们一定珍惜！”我兴奋而又郑重地对孩子的父母谈了自己的看法和评价。

“他经常提一些怪问题，跟学习、考试一点儿不沾边，我没法儿回答。”妈妈还是很发愁。

“能提出问题的孩子是智商高的孩子。至于他提出的‘为什么’，你不必马上直接回答，应该引导他，让他自己从书本上、实践中找答案。”这里，我引用了一位父亲培养爱思考的女儿成才的成功经验。

这位父亲是这样告诉我的：女儿小时候总缠着我问“为什么”，我都不是直接回答，而是让她自己去寻找答案。她逐渐尝到了读书的兴趣，也更爱思考了，后来取得了博士学位。

我们的孩子是 21 世纪的主人，他们所面临的将是一个知识高度更新、变化日新月异的时代，等待他们的将是许多闻所未闻的新知识、新事物，他们的任务是学习、学习，不断地学习。而对于学习，思考将是最好的、最有效的方法。所以，作为他们的父母，我们要留给孩子的不是一些生活的必需品和舒适安逸的生活环境，而是要教会他们学习，教会他们思考，教会他们用自己的思想去创造生活。

面对孩子们的“为什么”，你该怎样解答？

## 三、想象力比知识更重要

画画，是培养孩子创造力、想象力的重要途径。眼睛里的画只能是别人的画，只有心里的画才是自己的。

我们每个人都有一个神奇的大脑，大脑有左右两个半球：左脑主要处理语言、逻辑、数学、次序，即所谓的学术性活动；右脑主要处理节奏、旋律、音乐、图像和幻想，即所谓的创造性活动。

今天，人类十分重视对右脑的开发，而开发右脑，发挥创造力，主要是运用想象力。

“想象力比知识更重要。”这是科学家爱因斯坦的著名论断。他还说，因为知识是有限的，而想象力概括着世界上的一切，推动着世界的进步，并且是知识进化的源泉。在20世纪自然科学发展史上，几乎无人的成就能与爱因斯坦的相比，他在科学史上占据着划时代的地位。

然而，谁能知道，这个头发蓬乱、不修边幅的犹太人，在中小学时代竟然常常被斥为“智力迟钝”，甚至被断言将来“一事无成”。

爱因斯坦在回顾自己的童年时，多次谈起他所体验的惊奇感。他说：“思维世界的发展，在某种意义上说就是对‘惊奇’的不断摆脱。”他认为，学生最可贵的动力是想象力、好奇心、求知欲、学习中的乐趣以及对学习结果的社会价值的认识，而学校最重要的任务是努力引导学生形成这些能够启发创造性的心理能力。他的结论是：“教育应当使所提供的东西让学生作为一种宝贵的礼物来领受，而不是作为一种艰苦的任务要他去负担。”

画画，是培养孩子创造力、想象力的重要途径。

我曾经看到这样一篇文章——《创造性能不能教》，作者是留美教育管理学博士黄全愈。其中写道：

> 美国孩子学画画，老师往往不设样板，不定模式，让孩子从现实生活到内心想象的过程中自由构图。孩子虽然画得“一塌糊涂”，但十分高兴。画完之后，只问老师“好不好”，而从来不问“像不像”。

黄博士说："回答'像不像'，是指'复印'得如何；回答'好不好'，是指创造得如何。"

黄博士讲了这样一个故事：美国的小学美术老师达琳曾来中国云南做学术交流。不少中国老师请教她："怎样教孩子创造性？"达琳很困惑："创造性怎么能教呢？"

达琳给中国孩子出了一道题：快乐的节日。结果发现，很多孩子都在画圣诞树，而且画得一模一样！她仔细观察，原来孩子们的视线都朝着一个方向：教室墙上的一幅画里有棵圣诞树！达琳把墙上的画遮起来，要孩子们自己创作一幅画来表现这个主题。令达琳感到吃惊的是，那群孩子竟然抓耳挠腮，一副茫然的样子……达琳老师不得不又把墙上的那幅圣诞树画揭开……

这个真实的故事的确令人深思。中国有千千万万个孩子在学画画，问题是怎么学？学什么？用什么方法去学？是用"眼"画画，还是用"心"画画？这可能就是模仿与创造的不同点。

我很同意黄博士的观点：模仿是一个简单的由眼睛到手的过程，由于没有心的参与，可以说是一个类似"复印"的过程。长此以往，虽然技艺越来越高，可想象力却越来越差。他的眼睛里有画，而心里没有。眼睛里的画只能是别人的画，只有心里的画才是自己的。

有创造性的孩子，往往是用"心"画画，正是在"心画"的过程中，培养了创造力。

北京市和平里四小就是一个注重培养孩子创造力的学校。有一天，日本教育代表团来校观摩四年级的美术课。美术老师胡明亮画了一只流着眼泪的小鸭子，让同学们以这只鸭子为主题，当场创作一幅画。30分钟后，全班36名同学创作出37幅画，令日本教育家们大为惊讶，连连称赞："中国的孩子太富有想象力了！"

孩子们都画了些什么呢？胡老师把同学们的作品带给我。

赵亦鑫画的是《失去自由》。小鸭子被关在铁笼子里，望着一群高飞的大雁在默默地流泪。

陈溪画的是《不准动！》。一个戴着假面具的人，正用枪口对准一只流泪的小鸭子。

李佳画的是《水污染》。小鸭子从被污染了的河里叼起一条小鱼，而小鱼只有骨头架子，小鸭子伤心地哭了。

最精彩的是唐小晰的《触景生情》。一只小鸭子呆呆地站在“烤鸭店”门前，看到爸爸妈妈都被挂起来烤熟了，自己成了孤儿，不禁伤心地流下了眼泪。

我想，如果我们的美术课都能像胡明亮老师这样教，让孩子们充分展开想象的翅膀，那孩子可就解放了。一名优秀的教师，必须重视培养学生的想象力。

人类的发明，都来自大脑。一个奇妙的主意怎样才能产生出来呢？这就要张开想象的翅膀，打破原有的模式，学会重新组合，把不方便变为方便。比如：

改变的方式。把两辆汽车摞在一起，改成双层，让它的容量加倍，也可以把汽车减半、扩展、切开、拉长等。

代替的方式。用小球代替钢笔尖，制造出圆珠笔；用互联网代替传统的通信方式。

重组的方式。把耳机和收音机组合在一起，成为“随身听”；把商场和地铁车站连在一起，地铁的出口也就是商场的入口。

新知识、新技能怎样才能学得快呢？有一个成功的做法：进行“形象训练”，画脑图——把全部东西在脑子里绘画组合。

日本有位著名医生，小时候，祖父教他骑自行车，并不先买车，而是让他看别人怎么骑，让他反复想着自己应该怎样骑，在这个阶段，他一次也没有骑过车。过了一段时间，在他找到感觉以后，祖父才买了自行车。他开始骑的时候，有点儿摇晃，但很快就得心应手轻松自如了，连他自己都奇怪为什么掌握得这么快，其实这就是画脑图的作用。学医后，这个经验得到充分的运用。他第一次给患者做阑尾手术，就十分出色。执刀之前，他先反复进行形象练习，回想观看高年级同学手术时的全过程，脑子里浮现出自己执刀手术的全部形象，预想可能出现内脏粘连等复杂症状，描绘着自己有条不紊地及时判断处理的全过程。由于事先做好了思想准备，一走上手术台，就没有了初次执刀的紧张慌乱。

再说说我自己。我利用业余时间学习了大学本科和研究生课程。考试前，我的复习方法是将知识画成树状的图，所有的知识点就是树突，反复看，反复想，最后形成一个脑图。这样，大部分要点都记得比较清楚。另外，上台讲话，我也很少拿稿子，有的时候一口气讲三四个小时。有人说我记忆力强，其实不是，是我事先已经把所要讲的内容画好了脑图，想着“图”讲，这样就能声情并茂，用心与听者交流。有时，我觉得有了稿子反而会限制我讲话，给自己造成“麻烦”。

这其中，冥想是十分重要的。你把自己想象成一个成功者，你就能成为一个成功者；想象成一个失败者，你就可能是一个失败者。孩子在上考场、上赛场、上台讲话或者表演之前，你对他说“别紧张”，他肯定会紧张；如果让孩子想“我都准备好了，我会自如发挥的”，那一定会有好结果。

做父母的，都希望自己的孩子有一个聪明、敏捷、健康的大脑。那我们应该做些什么呢？

**1.“喂”好脑**

大脑需要能量，能量主要从食物中获取。有人说，你的孩子早餐吃什么，决定着你的孩子成为什么样的人。这当然有些夸张，但也不无道理。平时，要多给孩子吃富含维生素 C 和蛋白质的食物，比如新鲜蔬菜、水果、大豆制品、肉类、鱼类等，早餐能吃一根香蕉更好。脑在工作时需要大量的氧和糖，所以要常常保持室内的空气清新，注意通风换气。要让孩子经常做深呼吸运动，也就是“调息”。具体做法是：闭目，吸气——吸到丹田，呼气——把气吐尽。平时让孩子多运动，才能保证大脑有充足的养分供应。

**2. 使用脑**

俗话说得好：“你不用它，就会失去它。”要使大脑得到开发，就要经常使用它，脑子越用越灵，不用就越来越笨。集中精力多思考是锻炼大脑的最佳方法。思维敏捷的人，都是好动脑筋、勤于思考的人。我们批评“题海战术”，是因为它把复杂的脑力劳动变成了重复的“体力劳动”，对孩子的智力发展极为有害。

**3. 放松脑**

自然放松，轻松愉快，可以活跃大脑的生理功能，是保护大脑的好办法。我掌握了一套大脑的“放松术”，效果很不错，通过主观意志的活动，放松全身肌肉，从而调节紧张情绪和高级神经活动的机能。

现在，每逢组织孩子们活动，在紧张之余，我经常带着他们进行放松训练。当然，程序没有这样复杂，但常常使疲惫而又兴奋的孩子得到很好的头脑休息，也方便他们更好地参加后面的活动。

父母们还要注意，保证孩子充足的睡眠，是保护大脑的最好办法。因为人只有在睡眠时，肌体内的免疫细胞才能很好地生长。长期睡眠不足，免疫功能自然下降，人就爱生病，也会影响工作和学习。

大脑，就像一个“沉睡的巨人”。帮助孩子开发大脑吧——他将会在新奇的探索中学会很多，巨人醒来之时，正是即将成功之日。

## 四、会观察的眼睛

观察力是创造力的源泉。

一天，我去天津大港油田参加中国少年报社召开的儿童诗人“世纪盛会”。开幕式当天下午，我们来到大港油田实验中学，参加“大小诗人见面会”。

台下坐的是热爱诗歌的中学生，台上坐的是时任中国作家协会书记处书记的高洪波和著名儿童文学作家、诗人金波，尹世霖，关登瀛等。热情的孩子们非要让“知心姐姐”讲话不可，原来只准备听会的我只好站了起来。

“今天台上台下全是‘湿人’（诗湿同音，我开了一个玩笑），只有我一个是‘干人’。”我的开场白引来一片笑声。

“今天我想说说对诗人的认识，讲讲‘干人’怎么变成诗人！”台下一下子安静下来，同学们被这个奇怪的话题吸引住了。

“我想先问问大家：人有几双眼睛呀？”

“当然是一双眼睛喽！”中学生们一定觉得我提出这个问题太可笑了。

“可是昨天，我却发现了有两双眼睛的人！”

话音没落，台下已是一片哗然。

“两双眼睛的人？在哪儿？”同学们你看看我，我瞅瞅他，满处寻找。

“不用找了，他们就坐在台上，那就是诗人。”

“啊？台上的诗人？不也是跟我们一样，长着一双眼睛吗？”同学们更不明白了。

于是，我讲了我的发现：“昨天下午，我陪诗人们来大港油田。天已经黑了，大港油田完全笼罩在黑色里，一片黑暗中只闪烁着点点灯光。可是今天开幕式上，高洪波老师却朗诵了他昨晚刚写的诗。诗的前几句是：我们被童心簇拥着／被内心涌动的诗情推动着／擎着丹柯一样炽热的心／来到大港油田／脚下是燃烧的地火／是驱动祖国列车隆隆行进的伟大的能源……我十分惊讶，我看到的明明是黑黑的水泥地，而诗人看到的却是‘燃烧的地火’，他不是有另外一双眼睛吗？”

我对同学们说：“诗人与‘干人’的不同之处在于，诗人有另一双眼睛藏在心里，叫作‘心灵的眼睛’，这双眼睛能看见别人看不见的事物，能发现别人发现不了的秘密。你也许要问：我能不能也有一双心灵的眼睛呢？我的回答是：完全可以！如果你能一边看一边想，细心感受，你便会有新的发现、新的感悟。”

我还告诉同学们：“想当诗人，就要用欣赏的眼光去观察世界，用爱的情怀去感受世界，用热情的语言去表现世界。这样，‘干人’才有可能变成诗人！”

同学们对我这位“干人”的讲话报以热烈的掌声。

接着，尹世霖老师又做了重要补充。他说，好诗在意境，让人去联想。要用意境去写诗，用情感去写诗，而意境也要用心去感悟。

观察力是创造力的源泉，观察力是可以培养的，特级教师李吉林老师就十分注重培养学生的观察能力，充分发挥“眼睛”的作用。

一个晴朗的早晨，她带着学生来到开满野花的河畔。

“野花有名字吗？”孩子们兴奋地问。

“有啊！这是荠菜花，那是知风草。你们看，那边还有更美的野花——”李老师把孩子们带到了蒲公英的旁边，让同学们按照“叶—茎—花”从下向上顺序观察，并指导他们边看边描摹各个局部。

“蒲公英的叶子是这么整齐，是二月的风伯伯裁剪的。”

“它像一棵小巧玲珑的向日葵。”

学生们你一句我一句地议论着。

夜晚，李老师坐在灯下思索：孩子们认识了蒲公英，怎样调动他们的写作兴趣呢？让他们用拟人的方法把看到的写下来，不是更能激发想象力吗？

上课了，李老师启发孩子们自己拟题目。

孩子们兴致勃勃，一下子出了七八个题目。最后，大家选中了“我是一棵蒲公英”。

李老师在黑板上画了一朵大蒲公英：圆圆的花盘里，有着一对眼睛和一张微笑的嘴巴。

孩子们看着这拟人化的蒲公英，也都笑了起来。

“现在许多小朋友还不认识你们这些蒲公英，你们准备先介绍什么呀？”

“介绍我的家。”

“介绍我的名字。”

孩子们七嘴八舌地抢着回答。

李老师继续启发：“你们的家住在哪儿？家里有哪些人？谁是你们的兄弟姐妹？”一连串的问题，给孩子们提供了广阔的想象空间，又把他们带到一个新的意境之中。

“小草是我的兄弟。”

“野蔷薇是我的姐妹。”

“蝴蝶姐姐是我家的常客。”

孩子们想象的翅膀张开了。

老师又提出一个问题：“还有一个重要人物没介绍呢！”

孩子们顿时愣住了。

这是李老师精心设置的“障碍”，她想让孩子们想得更深更远。

在孩子们冥思苦想的时候，李老师拿出一棵蒲公英，把茎轻轻折断，让孩子们观察冒出的白色乳浆。

孩子们豁然开朗。

“我知道了，还要介绍土壤妈妈。”

“我们是吸着土壤妈妈的奶汁长大的。”

下课前，李老师拿起那毛茸茸的种子，使劲一吹，小伞一样的种子从窗口飞向蓝天。

孩子们的心跟着蒲公英的种子，飞啊，飞啊，飞向了远方……

许多父母整天把孩子关在家中，休息日也不让他们出去玩。结果这些孩子眼里就缺少画面，写起作文来不是干巴巴的，就是抄点儿形容词装点一下，一点儿意思也没有。

你的孩子有一双明亮的眼睛，请千万珍惜！让他们睁大眼睛去观察，去发现。注意：是让孩子用自己的眼睛，而不是我们的眼睛！

## 五、怎样专心致志

集中精力做一件事，就容易成功；如果一心二用，往往是一事无成。

“专心致志”是形容一个人做事全神贯注，一心一意。这就是告诉我们，在观察时就专心观察，在思考时就专心思考，在玩耍时就专心玩耍，无论做什么事，都用全部精力去做。

有关专家做过调查，人与人相比，智商相差不是很大，但如果专心的程度不同，取得的成绩却大不一样。凡是做事专心的人，往往成绩卓著；而时时分心的人，终究得不到满意的结果。居里夫人在科学上取得那么大的成就，就因为她是一个终身做事专心致志的人。她的成功给了我们这样的启示：集中精力做一件事，就容易成功；如果一心二用，往往是一事无成。

人的思想是了不起的，只要专注于某一件事情，那就一定会做出使自己感到吃惊的成绩来。那么，怎样做到专心致志呢？

一要目标明确。要想明白现在自己究竟要做什么事，不达目的，决不罢休。

二要排除干扰。当一个人专心致志时，就仿佛完全进入了另一个世界，对周围的喧闹声、说话声就会听而不闻。

三要有张有弛。做作业时，要专心致志地写，不要想玩的事；玩的时候就痛痛快快地玩，不必想学习的事。这样一张一弛，大脑才能得到充分的休息。

## 六、请别打扰孩子

在孩子做事、学习的时间里，请不要打扰他们。

两个小学生向我描绘过他们在家学习时的情形。

“我写作业的时候，我妈老在我身边转悠，一会儿伸过头来说，好好写，别写错！一会儿端来苹果说，歇会儿吧，吃点儿水果！一会儿又倒来一杯水说，渴了吧？喝水……唉，真是烦死啦！”

“有一天，我正在自己的房间里专心练字，我妈咚的一声推门进来找东西，我平静的心一下子被扰乱了……”

两个孩子诉说的情形，在不少家庭都发生过。家长这样做，好像是在关心孩子，实际上却是在打扰孩子，非常影响孩子的注意力、记忆力以及情感思维等心理功能的良好发展。

人的大脑有这样一个特点，一部分全神贯注、高度兴奋，其他的部分就全部放松、高度抑制。处于高度兴奋的一部分，各种营养成分的供应都很充足时，就显得特别灵敏，就特别能理解和记忆，就特别能解决问题。

一位教育专家对此做了一个形象的比喻：一只深夜 1 点时某间屋里的灯泡，在其他的灯都关闭时突然拉亮它，它的光亮会比平时增加 1 ～ 2 倍。因为，这时家里其他的灯泡都是“抑制”的，只有它“兴奋”着，供给它的电流也就特别充足。

所以，让孩子养成专心致志学习和做事的好习惯，实际上是教给他们一个成功的法宝。

那么，父母如何培养孩子专心致志呢？

第一，父母要做出好榜样。我们报社的一位高级记者，曾以《时间时间，哪里来》为题，报道过一个十分专心的女孩。这个女孩无论是写作业还是玩耍都很专心，结果不但各门功课成绩优秀，兴趣爱好也得到充分的发展。女孩的专心，主要是受她当工程师的爸爸的影响。女孩的爸爸每天晚上伏案学习工作，精神十分专注，从不受家人看电视、谈天的影响。他说，要做到像一位北宋诗人所描绘的“用心专者，不闻雷霆之震惊，寒暑之切肤”的程度虽然很不容易，但不被其他事情干扰而专心地做事，还是能够做到的。

第二，着意让孩子专心完成一件事。比如，安排孩子整理书籍、玩具，或者练习书法等，让他们有始有终地做一两件事，很利于培养他们专心致志的习惯。

总之，在孩子做事、学习的时间里，请不要打扰他们。

## 七、要严守时间

时间是如此重要，我们就应该严格地遵守时间。严守时间是做人的美德，也是成功的保证。

一次，英国一位著名文学家给朋友们出了一个谜语：

“世界上哪样东西是最长的又是最短的，最快的又是最慢的，最能分割的又是最广大的，最不受重视的又是最珍贵的；没有它，什么事情都做不成；它使一切渺小的东西归于消灭，使一切伟大的东西生命不绝？”

智者查第格猜中了，他说：“最长的莫过于时间，因为它永无穷尽；最短的也莫过于时间，因为人们所有的计划都来不及完成；在等待的人，时间是最慢的；在作乐的人，时间是最快的；它可以扩展到无穷大，也可以分割到无穷小；当时谁都不加重视，过后谁都表示惋惜；没有时间，什么事都做不成；不值得后世纪念的，它都令人忘怀；伟大的，它都使它们永生不朽。”

时间是如此重要，我们就应该严格地遵守时间。严守时间是做人的美德，也是成功的保证。

伟大的革命家列宁是严格讲究准时的人。他组织召开的会议，不管到会有多少人，他总是要求准时开会。人民委员会遵照列宁的嘱咐，在会议桌上摆着一个带秒针的钟，迟到的委员都要被记录下名字，并且注明迟到几分钟。列宁严肃地警告一再迟到的人：“再迟到就登报！”

美国第一任总统华盛顿也是严守时间的人。他的秘书几次迟到，都推说手表不准。华盛顿就爽直地提出：“或者是你换一只表，或者是我换一个秘书！”

守时，是一种道德的行为。你迟到了，就是浪费了别人的时间，说严重点，是浪费了别人的生命，是不道德的表现。

著名教育家马卡连柯十分重视对孩子进行时间教育。他说："任何孩子从顶小的年纪起，就应当受严守时间的训练，清清楚楚地给他们划出行动的范畴。"

他还说："养成遵守时间的习惯，是一种对自己进行严格要求的习惯。在一定的时间起床，是对意志的最根本的训练，它可以改掉在被窝里幻想的习惯。吃饭的时候准时入座，是对母亲、对家庭和其他人的一种尊重，也是一种自尊的态度。在所有的事情上严守时间，那就等于维护了父母的威信，遵守了法律。"

当你每天醒来，口袋里便装下了24小时的时间，这是属于你自己的最宝贵的财富。如何使用这份财富呢？那就给自己上一门"时间利用课"吧。

认真制定一个生活时间表。将每天起床、洗漱、锻炼、用餐、学习、劳动、游戏、看电视、看书、洗脚、睡觉的时间安排好，按时去做。如果你能对日常生活时间养成分秒必争的好习惯，就等于延长了自己的生命。有人做了统计，用"分"来计算时间的人，比用"时"计算时间的人，时间多59倍。

记住鲁迅先生的话："节约时间，也就是使一个人的有限的生命更加有效，也即等于延长了人的生命。"

别犹豫了，快点行动吧！

## 八、把时间交给孩子

把时间全部交给孩子，教他们自己支配，告诉孩子：你的心爱之物，可以珍藏在家里，锁在箱子里，但是时间藏不住、锁不住。世上没有时间的收藏家，但每个人都可以做时间的主人。

中小学生过重的课业负担，不仅来自学校，也来自家长。家长总是把孩子的时间装在自己的口袋里，用“施舍”的办法逼孩子学这个学那个，结果令孩子失去了自己支配时间的能力，减负赢得的时间又白白浪费掉了。

假期开始了。

“假期太长了，我都不知道该干什么！”有的孩子说。

“假期太短了，我要做的事情太多了！”也有的孩子这样说。

假期究竟是长还是短呢？

《伊索寓言》里有这样一个故事：

一位过路人问智者，要走几小时才能到达某城。智者先是默不作声，等过路人走了一段路以后，才又把那人叫回来，根据他行走的速度，告诉他所需的时间。

这个故事启示人们，人生道路离不开时间，而时间又决定于人的行动。生命给予每一个人一生的时间，在这笔数以亿计的财富中，孩子将摘取什么样的人生之果，完全取决于他一生的行动。假期里，孩子的收获多与少，完全取决于孩子自己对时间的利用和支配。

每一个爱孩子的父母，都会爱惜孩子的时间；每一个有责任感的父母，都会从小对孩子进行严守时间的训练。而假期正是为孩子上“时间利用课”的极好机会。

把时间全部交给孩子，教他们自己支配，告诉孩子：你的心爱之物，可以珍藏在家里，锁在箱子里，但是时间藏不住、锁不住。世上没有时间的收藏家，但每个人都可以做时间的主人。

减负以后，学生的作业量减少了，假期里都做些什么？每天的生活怎么安排？必做的事情有哪些？争取做的事有哪些？这些都可以指导孩子早做计划。让孩子明白，假期里的一切时间都属于他自己，节省下来的时间完全由他自己支配，这样孩子就会主动去做事，不会再磨磨蹭蹭、拖拖拉拉了。

家长还要告诉孩子，一旦定下来的计划，就要严格执行。如按时起床睡觉，按时学习游戏，没有特殊情况，绝不可以改动，这样孩子就会慢慢养成分秒必计的良好习惯了。反之，磨磨蹭蹭、拖拖拉拉的不良习惯一旦形成，改起来就难了。

把时间交给孩子，家长要让孩子懂得爱时间，而珍视时间的表现就是紧握“今日”。

有一天，我看了一部动画片《猴子盖新房》。猴子没房子住，它下决心要盖一栋新房子。第一天，猴子干了一会儿觉得天太热了，于是说：“还有明天呢！”第二天，它还是懒得动，又想：“还有明天呢！”第三天，它把要盖新房子的消息告诉了小刺猬，欢迎朋友们来它家做客，可它还是没有动工，又想：“还有明天呢！”第四天，森林里的动物们都来看小猴的新房子，而小猴呢，还在树上睡大觉呢！当天晚上下起了瓢泼大雨，小猴没处躲没处藏，浑身被雨水浇透了，它发誓：“明天一定要盖房子！”

“还有明天呢！”这话听起来怎么这么耳熟？我想起来了，有的少年朋友就爱这么说，喜欢把今天的事放到明天去做。在他们看来，反正明天多的是，浪费一两个没有什么关系。可是，他们没有想到，他们的生命也就是在一个个对明天的期待中浪费掉了。

古代有一首《明日歌》，是专门劝人不要把事情放到明天去的。这首诗是这样写的：

> 明日复明日，明日何其多；我生待明日，万事成蹉跎！世人苦被明日累，春去秋来老将至。朝看水东流，暮看日西坠。百年明日能几何？请君听我《明日歌》。

还有一首《今日诗》，劝人要抓紧今天：

**今日复今日，今日何其少！今日又不为，此事何时了？人生百年几今日？今日不为真可惜！若言姑待明朝至，明朝又有明朝事。为君聊赋《今日诗》，努力请从今日始！**

我们每一个人的生命，正是由一个个今日组成的，我们能抓住的只有今日。

# 第九章　学会自我管理 AB 面

孩子的自我形象塑造非常重要，有一个良好的自我形象，才能拥有自信，在与别人打交道的过程中，成为一个文明优雅有风度有素质的人。

要让孩子做好自我形象的管理，其实并不难，重要的是“做”。从一言一行、一点一滴做起。

说话的时候，先要想一想，我的语言是不是美，不美的话不说；做事的时候，先要想一想，我的行为是不是美，不美的事不做；待人接物的时候，先要想一想，我的心灵是不是美，对别人不好的事不做。

经常先想一想再说再做，你便知道，什么话该说，什么事该做，什么话不该说，什么事不该做。这样坚持下去，日久天长，美好的形象就一定会被你自己塑造出来。

## 一、文明礼貌三句话——写给孩子

一个人所说的话总是与他的人品和修养联系在一起的，优美的语言首先建立在尊敬他人的基础上。

一个人的形象是一封无字的介绍信。人们通过你的语言、行为、仪表，就能判断出你是一个什么样的人。

如果我问你:“你会说话吗？”

你一定会说:“说话谁不会，张口就来！”

其实不然，说话的学问大着呢。一个人所说的话总是与他的人品和修养联系在一起的，优美的语言首先建立在尊敬他人的基础上。

如果你想成为一个高尚的、受欢迎的人，请先要学会说“文明礼貌三句话”。

**见面要说:“早上好！”“您好！”**

美好的一天是从一句亲切热情的问候——打招呼开始的。早上起床后的第一件事是向爷爷、奶奶、父母及家人问一声:“早上好！”这亲切的问候传递着你对长辈的尊敬和爱，营造了温馨的家庭气氛。到学校，见到老师、同学，面带微笑地说一声:“老师，您好！”“××同学，你好！”在这简单自然的问候中，不知不觉地塑造着你自己在别人心目中的良好形象，培植着你与别人之间的友谊。

**道歉要说:“对不起！”“请原谅！”**

人活在世上，没有不出错的。出了错，应该懂得道歉。向人道歉，就是承认自己的言谈举止或某些做法不妥，并把愧疚的心情传达给对方，请求对方原谅。

打扰了对方，给对方带来了不方便，或做错了事，如果你及时说一声“对不起！”“请原谅！”就能修补你已经受到损坏的形象。

事先约好的见面你不能去了，要提前告诉对方:“对不起，我有事来不了。”

别人求你办事，你因故要拒绝，要说:“抱歉，这事我帮不了你的忙。”

**致谢要说:“谢谢您！”“给您添麻烦了！”**

每当别人给了你一点方便和照顾，即使这种照顾帮助是对方分内的事，你也应该说:“谢谢您！”“给您添麻烦了！”

说“谢谢”的时候，要诚心诚意，双眼充满感激之情地注视着对方的眼睛，真诚、自然、郑重地说。

如果你请求别人帮忙，最好说:“能请您帮我个忙吗？”如果对方表现出面有难色，你要说："如果您觉得困难的话，就不麻烦您了！"

## 二、中日孩子公德对比的刺激——写给父母

虽然对于家庭来说，我们只有一个孩子，好像孩子好不好，只影响到一个家庭；但对我们国家来说，这是一代孩子啊！他们的素质好不好，可要影响一个民族。

几年前，我带几名中国少年去日本参加数学比赛。仅仅3天，我处处感到日本国民的素质比较高。

日本的人行横道两侧都是红绿灯，只要红灯亮着，所有的行人都静静地等候，没有人闯红灯；只要人行道上的绿灯亮着，所有的汽车也都静静地等着。

一天夜里，我们在中国青年报驻日记者的陪同下，去东京最繁华的街道观光。在一条小马路旁的红灯下，静静地站着一位行人，而马路上并无一辆车通过。

为此，我很有感触。日本人在没有人监督的情况下，能够如此自觉地遵守秩序。想想在国内，马路中设置着高高的隔离护栏，不是也有人不管不顾地翻来跳去吗？所以，交通安全意识实际上也是国民素质的一种体现。

日本地铁客流量相当大，但不管是在地铁站，还是在车厢里，到处都是静悄悄的。不少人在埋头看书，即使有人说话，也都把声音放得很低，怕影响旁人。

在下榻的宾馆里，人们彼此见面彬彬有礼。上电梯时，外面的人耐心地站在两侧，等里面的人走出来，才顺序进入。而我们的孩子，电梯门一开就往里冲，有时竟和出来的人撞个满怀。于是，他们常常被电梯门口的服务员请出来，等里面的人都出来后，再让他们进去。几次之后，孩子们也懂规矩了。

在东京迪斯尼乐园，游客如云，却秩序井然。每个大型游乐项目前都排着数百人，其中绝大部分是学生。

日本领队先和我们的孩子商量："这个游戏要排一小时的队，大家玩不玩？""玩！"孩子们商量决定后，自觉排好了队。

在排队的这一个小时里，我仔细观察了一番：排队入场的地方就是一根绳子和几根桩子串在一起，排队的人顺着绳子走过去。绳和桩子并不高，一抬腿就能跨过去，但根本没人这么做！日本的孩子很守秩序，一个挨一个地往前走，没有人在队伍里乱挤，没有人大声说话。我们的孩子则老是在队伍里窜来窜去，一会儿去喝水，一会儿上厕所。旁边的日本孩子不时地看他们，以为他们在"加塞儿"，弄得我脸上一阵阵发烧。

在公园的公厕门前，也排着一行队伍。我以为厕所里挤满了人，走近才知道，里面只有几个人。排队的人都站在门口，出来一个人，再进去一个人，大家都很自觉。我看到一个日本小女孩，用厕所里准备的擦手巾擦干手，发现地上掉了一个小纸片，便弯腰捡起来，放进废纸箱。然后她又回头看看，确认没有把洗手台弄脏，才往外走。路过门口她抬起头，发现我正在注意她，便朝我微微一笑。我也朝她笑了笑，赞许地点点头。

没有人监视，没有人提醒，每个人都在自觉遵守着纪律，保护着环境卫生，给后面的人留下清洁的环境。

我们的孩子不爱排队，进餐厅、进厕所都是横冲直撞，好像对那长长的队伍熟视无睹。一个孩子因为自己去逛商店，竟让一车人等了半个多小时，引起别的国家的孩子的不满。吃饭的时候，看到自己爱吃的就拼命吃，一点儿也不顾及别人。

这些看上去是行为习惯的问题，本质上是目中无人、我行我素，这种道德缺陷，在这一代独生子女中具有很大的普遍性。文明礼貌是最基本的国民素质。日本社会尽管有很多不足的地方，但国民的文明礼貌确实给人留下了非常深刻的印象。

有件事，让我感到特别难为情。发奖会那天，几百个来自各国的孩子（大部分是日本孩子）都坐在会场的椅子上，等待着获奖名单揭晓的那一刻。

我带去的四名中国孩子中，有一名获了奖。

发奖的日本教授与著名的数学家华罗庚齐名，在日本很有身份。他颁奖时，给每一位获奖的孩子深深地鞠上一躬。而我们那位获了奖的孩子，接过奖状、奖杯，只微微地一点头就扭身走了。后面领奖的大多是日本的孩子，接受奖品时，都是规规矩矩地深深鞠上一躬。我坐在台下，觉得很不好意思。

在日本，我看过日本小朋友的演出。节目很好，孩子也相当有礼貌，向台下观众反复地鞠躬。这些好像很普通，很平常，但代表了一个民族的礼仪风貌。

从日本回来，我连夜召开家长会。我含着眼泪对家长讲了我在日本所受到的"刺激"。最后，我对他们说："我们都是中国的妈妈爸爸，虽然对于家庭来说，我们只有一个孩子，好像孩子好不好，只影响到一个家庭；但对我们国家来说，这是一代孩子啊！他们的素质好不好，可要影响一个民族。未来世界的竞争，就是人的素质的竞争，而这一代人，就将在我们的手中产生。

"我们培养的孩子是强大的一代，还是弱小的一代？我们培养的一代是文明的一代，还是野蛮的一代？这将决定我们国家强大不强大，决定我们中华民族能否自立于世界民族之林！

"我们当妈妈爸爸的都该认真想一想，我们将把孩子塑造成什么样的形象，我们将给民族带来一个什么样的明天！精神文明建设，我们每个人都有责任。大家想一想，如果一个民族的人民不懂得讲文明、讲礼貌，不懂得守规矩，那这个民族还有什么生命力可言，更谈不上什么发展了！"

当时，我很激动，这些话是发自内心的呼唤。如果你当时在场，你也会受到同样的刺激，有着同样的感受。

人类的文明也是比较出来的。强烈的对比往往会刺激人。

许多家长都流泪了。因为他们和我有同样的感受，他们和我一样，深深地爱着我们的祖国，深深地爱着我们的孩子。同时，也怀着一种内疚，因为他们没有完全尽到父母的责任。

## 三、文明行为三件事——写给孩子

爱护环境，你丢我捡；遵守秩序，你挤我让；待人谦让，你好我学。

一个国家的文明形象，是靠每一个公民在公共场所彬彬有礼的言行举止塑造出来的；一个人美好的形象，是靠自己文明的行为塑造出来的。

文明行为包括很多方面，让我们先从三件事做起吧！

**第一件事：爱护环境，你丢我捡**

优美的环境是人创造的，也要靠人来保护。

全国文明城市四川省绵阳市有个文化广场，广场的绿色草坪上竖立的公益广告牌上写着："爱护草坪，人人有责""同是生命，需要爱惜""给我一点爱，还你一抹绿"……这里没有"严禁"的呵斥，也没有"罚款"的警告，只有对文明行为规范的引导和对社会公德的呼唤。

更为可贵的是，这里的少先队员不但自己不乱扔垃圾，还开展了"你丢我捡"的活动。他们捡拾游人扔下的垃圾，回收有用的废品，并提醒大人们注意改正乱扔垃圾的不文明行为。

**第二件事：遵守秩序，你挤我让**

文明的人都知道"在公共场所要遵守秩序"这个简单的道理。买东西、上汽车、参观展览、进影剧院，都要排队。而加塞乱挤是极不文明、不礼貌的行为。

偏偏有些人不讲文明礼貌，他们在公共场所乱挤乱拥。对这种人该怎么办呢？我主张不仅要制止，而且要"让"，以"有礼"对"无礼"。"让"并不是软弱，"让"不仅是一种风度，而且是一种无言的教育和批评。

有个女生，她是一所大学的学生会主席，一天上大课，同学们要各自占位子。她去得早，坐在了前面。一位男生站在她身后大声吼道："是哪个这么大的胆子，敢把老子的位置占了！"这个女生站起来，对他说："啊，对不起，我不知道这个位子是你的。"然后拿着书包，坐到了教室后面。在场的男同学对这位男生开始了猛烈的"攻击"："你给我们男生丢尽了脸，看人家女孩多有气度！"这个男生深感惭愧，第二天主动来找这位女生道歉。

这就是"礼貌"的作用和"让"的力量。

**第三件事：待人谦让，你好我学**

谦让，是一个人的美德。集体生活中人与人交往常常需要谦让。

一个人要做到待人谦让，必须正确地认识自己与他人、个人和集体的关系。

每次你到大海边或登上高山，都会感到心旷神怡、天地宽阔。大海和高山让人领悟到，人在地球上的地位是多么渺小，天地如此广阔，何必与人斤斤计较呢。

在人生的道路上，如果你能谦让三分，同样能感到天宽地阔，感到周围每个人都有值得自己学习的地方。

学会用欣赏的眼光看别人，看到别人的优点，谁好就向谁学习，这样的人不仅文明程度高，为人谦和，彬彬有礼，受人尊敬，而且自己的心情会平静坦然，生活将愉快充实。

## 四、帮孩子管住自己——写给父母

文明一旦变成人们的自觉行动，就会聚集成一股巨大的力量，使人和环境都变得更加美丽。

一天，我打开电视机，收看中央电视台的《焦点访谈》节目，看见记者正在报道大连市“讲文明，树新风”活动。一位接受采访的大连男孩子说：“管住我的嘴，不说脏话；管住我的手，不乱扔垃圾；管住我的脚，不践踏草坪。”

男孩子讲的“三管住”，给我留下很深的印象。我想，为人父母，天天离不开“管孩子”，管教孩子，是每一位父母的责任，问题是怎样“管”法，是打？是罚？是责骂？我看大连的这个孩子讲出了一个好办法：让孩子自己管住自己，这叫自律。

为孩子塑造文明形象，特别要强调自律，家长不妨做好三件事。

一是家长带头管住自己，不做不文明的事。比如：过马路带头走人行横道，再急也不跨护栏、闯红灯。在公共场所遵守秩序，买东西带头排队；不说粗话，不发脾气……处处为孩子做出榜样。

二是要不断给孩子提个醒，唤起并强化他们自己管理自己的意识。比如，买了冰棍，孩子在剥冰棍纸时，您就提醒他：“想一想该扔到哪儿呀？”去别人家做客，您事先要告诉他，怎样当文明小客人……

三是让孩子学会想到别人，这虽然很平常，却是做人的一条重要守则。

“美德出良才。”良好的文明习惯来自良好的道德品质的培养。只有教育孩子从小事事处处“想到别人”，讲文明，守秩序，他长大后才可能具有文明礼貌的自觉行动。

我的一位中学同学去英国攻读博士学位，住在一个英国人家中。回国后，她对我讲：“在英国，父母教育孩子关心别人是从小处入手的。比如，出入公共场所，父母总要提醒孩子，当自己推门而入时，一定要回头看看身后是否有人。如果有人，你要用手替别人扶着门，等人家接触到门再放手，以免撞伤别人。这虽是一个很小的动作，但我发现，所有的孩子都是这样做的。”

在我们的生活中，这种事常常被人们忽略。很多大人进门时，猛地推开门马上就松手，反弹回来的门有很大的惯性，会撞到后面的人。再比如，有些人在路边乱扔果皮，从不考虑是否会使别人滑倒；有些人骑车随地吐痰，根本不管是否会吐到后面人的身上；还有的人，在公共场所大声喧哗，不去想是否会影响他人的工作或休息。他们不知道，开会时台上的人正在讲话，台下听众中也有人讲话，这是对台上讲话人的不尊重；老师站在讲台上讲课，同学们在下面乱讲话，这是对老师的不尊重；在公共汽车上大声说笑，既是对周围人的不尊重，也是对司机注意力的干扰。

多让孩子想想别人，从别人的角度立场考虑问题，孩子自然而然就会变得文明礼貌，能够尊重别人。

我听人讲过这样一个故事：在德国的一个娱乐场的绿色草坪上，撒落着不少五彩缤纷的小球。原来，草坪尽头立着一块牌子，上面写着："请勿践踏草地。"玩球的大人和孩子，不小心把球扔进了草坪，就让球待在那儿，谁也不会踩到草地上去捡球。绿绿的草坪上，点点彩球构成了一道动人的风景线。

这个故事告诉我们：文明一旦变成人们的自觉行动，就会聚集成一股巨大的力量，使人和环境都变得更加美丽。

正像高尔基所说："哪怕是自己的一点小小的克制，也会使人变得强而有力。"

## 五、待人接物三原则——写给孩子

所谓气质好，就是语言、行为、心灵都美的人。如果你想成为一个气质好、受欢迎的人，请先学一学"待人接物三原则"。

康德说："在这个世界上，唯有两样东西深深地震撼着我们的心灵，一是我们头上灿烂的星空，一是我们内心崇高的道德。"

《钢铁是怎样炼成的》一书的作者奥斯特洛夫斯基也曾经讲过：“人的美并不在于外貌、衣服和发型，而在于他的本身，在于他的心，要是人没有内心的美，我们常常会厌恶他漂亮的外表。”

我国古代大教育家孔子，把人的仪表称为“文”，把人内在的精神称为“质”。他所说的“文质彬彬，然后君子”，意思是说两者都具备的人，才是有修养的人、文明的人。

我们评论别人时，常爱说“这个人气质好”。所谓气质好，就是语言、行为、心灵都美的人。如果你想成为一个气质好、受欢迎的人，请先学一学“待人接物三原则”。

**原则之一：尊重他人**

尊重人，是一切礼仪规则的核心。你如果希望别人尊重你，首先要学会尊重人。这是“待人接物”的一条重要原则。

学会尊重人，可以从以下三点做起。

1. 听他人说。做一个好听众，认真倾听别人说话，鼓励别人说他们的事，让对方觉得他很重要。这样的人，朋友会很多。只会说不会听，或者随便打断别人的话都是不礼貌的。

2. 替他人想。平时我们与替他人着想的人接触时，总是会感到这人很好相处，为人善良，这样的人人际关系总是比较好的，做事也比较容易成功。平时待人接物，我们也应该遵守这条原则，多替别人想一想。

3. 帮他人做。1979 年联合国通过的章程中有这样一句话：“培养具有温暖心灵的人。”人与人之间要相互帮助，如果能经常说：“你有困难吗？我来帮助你！”并且尽力“帮他人做”，你的心中就会充满爱，会觉得活得很充实。你的朋友会很多，你有困难时，别人也会愿意来帮助你。

**原则之二：热情待人**

你是喜欢接触整天沉着脸、闷闷不乐的人呢，还是喜欢接触快乐而热情的人呢？我想人人都喜欢充满热情的人，那么你自己也该成为热情的人。

热情是来源于内心对生活的热爱和良好的心态的，它会洋溢在你的眼睛里、你的谈话中。你心中对生活的热爱，对同学、对老师、对家长的热爱，会通过你的一言一行流露出来，不仅使自己精神振奋，还会感染别人、鼓舞别人，让人愿意和你在一起。

**原则之三：真诚做人**

选择朋友，最重要的标准是真诚。真诚的友谊是无价的。真诚的人，实实在在，不虚伪，说到做到，不说空话。真诚的人，真心地欣赏和感激别人，不指责和抱怨生活和他人。真诚的人，有话当面讲，不在背后说人家的闲话。

在与同学相处的时候，我希望你们还要做到“七不要”。

一不要违约，哪怕小小的约定。有约就要遵守，否则就别相约。

二不要在背后议论别的同学的缺点。记住：“好话在人后说，坏话在人前说。”

三开玩笑要有分寸。不要取笑挖苦别人，特别是他人的外貌和穿着。

四与同学交往不要只谈论自己的事或自己感兴趣的事，不要反复说同样的事。

五不要因为别人对你提意见而生气，要充满感激之情地面对批评你的人，无论批评是善意的还是非善意的，因为他人的批评会促使你不断进步。

六不要乱动同学的东西，就是最要好的朋友，也不能“先斩后奏”。应该先打招呼，得到允许后才用。

七借用同学的东西，用完后要立即归还，不要拖拖拉拉。

最后，愿你选真诚的人做朋友，自己也做真诚的人。

## 六、把热情传递给孩子——写给父母

父母、老师对孩子的热情通过目示、手示、语示传递给孩子，孩子受到激励和鼓舞，也会学会如何热情地对待别人的。

一个人成功的因素有很多，而热情是不可缺少的因素之一。

热情是发自内心的，是一种深存于人内心的乐观向上的精神状态。成功的人和失败的人，在智慧和能力上的差别通常并不很大，但如果两个人各方面的条件都差不多，有热情和百折不挠的人将更有机会如愿以偿。热情，实际上是保持稳定、积极、顽强心态下的一种意志力，它是百折不挠品质的基础，也是一个人事业成功必备的一个重要素质。

在和孩子们的接触中，我发现有的孩子模样很漂亮，也多才多艺，但是总觉得他身上少了点什么。少了什么呢？缺少热情。美丽的脸庞缺少微笑，大大的眼睛里没有放射出热情的光芒。所以，我时常想：为人父、为人母、为人师，有责任把热情传递给孩子。

怎样传递呢？这里介绍三种方法。

目示。妈妈或老师一个亲切的目光会使孩子兴奋不已。有的孩子因老师上课不看他而误认为老师不喜欢他，使他感到伤心。

一个男孩子问我："上课老动怎么办？"我告诉他："找一张白纸，画上一双眼睛，当成是'知心姐姐'的眼睛，放在课桌上。每次你想动时，看见'知心姐姐'正看着你，你就赶紧告诉自己，上课时不能做小动作。"果然，他很快克服了自己的毛病。

手示。不同的手势表达不同的感情。拍拍肩膀，表示的是鼓励和表扬；打屁股则是一种惩罚。许多幼儿园里的孩子、一年级的小学生，他们很需要家长、阿姨或者老师的抚摸，所以他们经常围在你周围，这个时候你摸摸他的脑袋，他就会感到非常高兴。到了高年级以后，在他表现好的时候，你不妨拍拍他的肩膀，表示对他的赞许和信任。家长在教育孩子时要讲究艺术性，否则徒劳无功。

语示。用最热忱的语言给孩子带去希望。话不必多，一两句就能表达出你的爱；声音不必大，要能表现出你内心的兴奋。唠唠叨叨说个没完，是最令孩子心烦的。如果孩子犯了错误，不要大声训斥，或者粗暴地打他，而应该到一间没有旁人的屋子里，盯着他的眼睛，严肃地对他说："妈妈知道你这是第一次犯错误，也是最后一次，是不是？"这时，孩子会感到是自己不好，对不起父母，便会下决心改正错误。

父母、老师对孩子的热情通过目示、手示、语示传递给孩子，孩子受到激励和鼓舞，也会学会如何热情地对待别人的。

## 七、知法守法——写给孩子

做事，一定要想想后果，三思而后行。"思"什么呢？一思，这个忙应该不应该帮？二思，这件事应该不应该做？三思，这样做违法不违法？

在一次纪念三八妇女节的大会上，我见到了一位女律师。她就是全国人大代表、黑龙江省齐齐哈尔市凤生律师事务所的迟凤生。

交谈中，迟律师给我讲了这样一件事：

4名男学生在街上玩，其中一个有劣迹的学生说："走，我带你们兜风去！"于是，4个人上了一辆"面的"。行车途中，坐在前面的那个有劣迹的男生突然亮出一把匕首，对着司机大喊："快把钱交出来！"坐在车后面的3个男生一看到这情景，开始一愣，马上说："哥们儿有事，咱得帮忙呀！"于是3个人一起也大声喊道："快把钱交出来！"司机被迫交出了钱，但后来去公安局报了案，4个人被抓了起来。有劣迹的那个男生被判犯有抢劫罪，另外的3个学生也因为跟着喊了"快把钱交出来"而被认定"参与"了犯罪，也被判了刑。其中一个男生不服气，认为是闹着玩，不认罪，结果又被加判了1年刑期。

迟律师痛心地说："3名学生的父母来找我'救'他们孩子的时候，痛不欲生。这是他们唯一的孩子呀！我的孩子和他们的孩子差不多大，我能不痛心吗？请你告诉孩子们，一定要有法制观念，不是什么玩笑都能开，也不是什么忙都可以帮的，做什么事之前都要先想一想后果！”

我想，你听了迟律师的话一定会领悟到这样一个道理：我们生活在一个法制社会里，每个人都要遵纪守法。如果违法乱纪，无论是谁，都要受到法律的制裁。以后做事，一定要想想后果，三思而后行。

“思”什么呢？一思，这个忙应该不应该帮？不要只讲哥们儿义气，不应该帮的忙只劝不帮；二思，这件事应该不应该做？不要只跟着瞎起哄，不应该做的事一定不做；三思，这样做违法不违法？不要只图一时痛快，违法的事坚决不做。

## 八、说话不算数的家长没威信——写给父母

家长的威信从哪里来？主要基础就是自己的言行。说话算数、说到做到的家长，会使孩子重视他们所说的每一句话，从小向他们学习“有令必行”。

说到守信，我们会记起古代大哲学家老子的一句话：“轻诺必寡信。”意思是说轻易答应别人一件事，就一定没有足够的信用。没有信用的人，不会有朋友，也不会有事业上的成功。因此，答应别人的事情之前，一定要慎重，认真地想一想，自己能够做到的再答应；一旦答应了的事，就要千方百计地去做好。树立诚信的自我，你才值得别人信任，才能赢得尊重与成功。

然而，我常常收到孩子们写的信，诉说他们对“说话不算数的家长”的意见。

一个男孩说：“我爸说，只要我考试得了100分，星期天就带我去公园玩。我真的考了100分，爸爸却说他没有时间。”一个女孩说：“我妈说，写完作业就让我出去玩。我写完了，妈妈却不让我出去玩了，还让我做练习题。”……

家长们就是这样一次次“说话不算数”，所以失去了孩子的信任，也失去

了自己在孩子心中的威信。

家长失信于孩子，害处相当大。

第一，这会让孩子觉得，一个人说话可以不负责任，答应的事也可以不办，于是从小就养成了“轻率”的坏习惯，长大以后就会因为“失信”而失去朋友和大家对他的信任。

第二，家长会失去自己在孩子心目中的威信。家长的威信从哪里来？主要基础就是自己的言行。说话算数、说到做到的家长，会使孩子重视他们所说的每一句话，从小向他们学习“有令必行”。

那么，家长怎样才能做到“说话算数”呢？

重要的是不轻易许诺，不随便许愿。不要为了达到自己眼前的目的，就随便地答应孩子的任何要求。当孩子提出要求时，您一定要认真想一想，这种要求是不是合理的、能不能兑现。只要是合理的、能兑现的，您就认真地承诺，然后一定去兑现。假如这个要求不合理、不可能兑现，您一定不要答应，而要耐心地和孩子一起研究出可行的办法再答应。